乳房の神話学

ロミ
高遠弘美＝訳・解説

角川文庫
19988

MYTHOLOGIE DU SEIN
par Romi
Jean-Jacques Pauvert, 1965
Bibliothèque Internationale D'érotologie N° 16
Sous la direction de J.-M. Lo Duca

目次

第一章　歴史をたどり風俗からみた乳房

第二章　文学にみる乳房の強迫観念

原著にならい、本文中には見出しを示していないが、内容を表す語を抜粋して目次を立て、読者の便をはかった。

第一章　歴史をたどり風俗からみた乳房

神秘の域に達した胸部、それが乳房である。
（ノヴァリス）

○

古代文明がのこした藝術作品をみれば明らかなように、あらわになった乳房は洋の東西を問わず、豊饒《ほうじょう》なるものの象徴であった。

たとえばルーヴル美術館にある、紀元前二千年頃のシュメールの護符に描かれた裸婦立像は、供物を捧げるかのように、自らのゆたかな乳房をかかげているが、それは産卵から土地土地の肥沃《ひよく》度にいたるまでを支配する、豊饒と愛の女神に特有のしぐさにほかならない。エジプト神話の恵みの女神イシスは通常、息子のホルスに乳を与える姿であらわされる。その際、イシスが雌牛、ホルスが若い牡牛の頭部を持ち、場合によってはイシスにいくつもの乳房がついていることがあるのは、信仰厚い彫刻家たちがイシスのそうした恵みの女神としての性格を強調しようとしたからである。

太陽女神ネイト〔ローマ神話のミネルヴァ、ギリシア神話のアテーナーと同一視されるエジプト神話の女神〕を描くとき、二匹の鰐《わに》に乳を与える姿にするのも同様のシンボリズムが働いた結果である。シャンポリオン〔ロゼッタ石を解読したフランスの考古学者。一七九〇〜一八三二〕はその姿が、聖なる湖のほとり〔父神オシリスの死後ホルスが育てられたケミスの沼を指すと思われる〕で秘密裡《り》に育てられたブバスティス〔猫頭女神。イシスあるいはアルテミスと同一視される〕とホルスの幼年期を暗示していると考えていた。

大地〔ゲブ神〕に手をつき、乳房を大気神シュウに支えられた裸の女性の姿に仮託されている「夜の至高神」天空女神ヌトは、特別な尊崇の対象だった。この夜の女神のためにエジプト人たちは献酒の儀を執りおこなったが、そのときに用いられる盃《さかずき》は、ヌトの乳房を象《かたど》ってつくられたものだとされた。

古代エジプトの神話物語に頻繁に登場する、生命の発育には欠かせないこうした恵みの乳房の例は他の神話にも容易に見出《みいだ》すことができる。シリア神話の豊饒多産の女神アスタルテはヴィーナスの前身であり、アプロディーテと同一視される東方の女神であるが、セ

インド。豊穣女神ヤクシーニ（サンチー、仏舎利塔の正門）

ム語族〔セム語を話す西アジアの民族。現代ではイスラエル人、アラビア人を指す〕の初期の文明を生んだ母神として、丸くたわな乳房をかかえた姿であらわされる。セイレーン〔上半身は女、下半身は鳥の海の怪物〕の恰好《かっこう》をしたフェニキアのアデルナギスが乳で張った乳房をしぼっているのは、豊饒の海の擬人化である。バビロニア神話でヴィーナスと同一視されるイシュタールは滋味あふれる乳をほとばしらせているし、インドの聖典によれば、マーヤ〔釈迦《しゃか》の母〕の乳房からは乳の海が生まれたというのだ。

これらの伝説は大部分ギリシアに移入され、他の神格の伝説につけ加えられた。乳房をしぼるようにして乳を撒《ま》き、世界に恵みを与えるデーメーテール〔ギリシアの大地女神。ローマ人はケーレスと同一視した〕や、エジプトの月の女神の祭儀を引き継いだケーレス〔ローマの古い豊饒の女神〕はその好例だが、ユーノー〔ローマ最大の女神。ギリシア神話のヘーラーと同一視されるがヘーラーより豊饒女神としての性格が濃い〕の乳房から天の川が生まれたことも忘れてはならないだろう。ユピテル〔ローマの最高神。ギリシア神話のゼウス〕がアルクメネに産ませた不義の子、ヘラクレスはメリクリウス〔ギリシア神話のヘルメス〕の手によって〔アルクメネが野に捨てたヘラクレスをヘーラーが拾って乳を与えたという説もある〕、眠るユーノーのふところに運ばれ、乳首をはげしく吸ったために、女神を起こしてしまう。怒った女神は罪の子を押しやるが、乳は止まらず、空に乳の道、すなわち天の川ができたという話である〔これは本来ギリシア神話の挿話だが、ロミはローマの神名を用いている。なお、ヘラクレスはヘーラーの乳を吸ったので不死になったとも〕。

ギリシア人にとって、女神たちがどれほど乳房をあらわにしようと、そこには淫《みだ》らな意味あいはまったくなく、乳房をいくつもつけた女神像はあくまで母なる自然の豊饒と恵みと肥沃さの象徴であった。

母なる自然が擬人化される場合、豊かな乳房をいくつもそなえた姿で描かれるのは、エペソスのアルテミス像によるところが大きい〔胴体部分に多くの房が下がっていた。ロミの

恵みの乳房――聖なる多乳女神アルテミス。ギリシア・ローマ（パリ、フォンテーヌブロー城）

度を越した乳房。ローマ近郊フラスカティの「甘いパン」。イタリアのお菓子。

バデール「アルコールと多乳症」

シネ「多乳」。「もし女が多乳の夢をみたとしたら、今後、同じ数だけ恋人を作るだろう」(「夢解読法」19世紀)

貧しき者たちのための「甘いパン」

ディヴィス「ほんとですか？」。1959年。

「後ろ向きの乳房」。ウィーン・性科学研究所、1902年。

デニス「あれしか見えない」。「デュード〔お洒落な人〕」誌、1959年。

コー「後ろ向きの乳房」。「フー・リール」誌、1952年。

言うように乳房という説が一般的だが獲物の睾丸《こうがん》とも言われる」。それは世界の七不思議の一つに数えられる壮麗な神殿に安置された女神像で、巡礼が引きも切らず訪れていた。この女神とギリシア神話のアルテミスは、一方が母なる女神で、他方が処女という根本的な相違があったにもかかわらず、同一視されたのである。[*1]

神話の神々を描く際に、エロチシズムの影がはいりこんだのはアプロディーテが新たな神格を持ちはじめてからだった。もともと東方の豊饒女神の系譜につらなっていたアプロ

ルーベンス「愛神たちの泉」(部分)

ミシェル・デジモン「多乳の女」

ディーテが、かくて男たちを愛の闘いに駆りたてる美と魅力の象徴となる。アプロディーテはもう乳房をしぼるしぐさはしない。その代わりに彼女は乳房をなかば隠してしまう。そうしたほうが男たちの欲望をかき立てることができるからである。

　プラークシテレース[*2]に至って、女神たちの乳房は危険なほどに完璧《かんぺき》な美しさを持つようになった。彼が最初に造った、海の泡から生まれたばかりの裸のキューテーレ〔アプロディーテの別名〕像は、多くの崇拝者たちの賞賛の声につつまれたが、デルフォイの神殿のために仕上げたヴィーナス、実はフリュネ[*3]の像は、ディオゲネス[*4]の弟子、貞潔なクラテース[*5]

＊1　それゆえ一般には、ローマ神話ではアルテミスとしばしば混同される多産の女神ディアーナの神殿とされる。なお、古代世界の七不思議とは、他にピラミッド、アレクサンドリアの大灯台、バビロニアの空中庭園、マウソロスの墓、フェイディアス作オリンピアのゼウス像、ロードス島の太陽神ヘリオスの巨像を指す。

＊2　前四世紀ギリシアの彫刻家。崇拝の対象たる姿勢ではなくて、神々自身の思いに従った姿勢で知られる。彼以降全裸や半裸のヴィーナスが造られるようになった。クニドスのヴィーナスほか。

＊3　絶世の美女と言われたアテナイの有名な遊女。プラークシテレースの情人で、ヴィーナス像のモデルになったと言われる。

＊4　ギリシアの哲学者。樽《たる》に住むなど奇行で知られた。

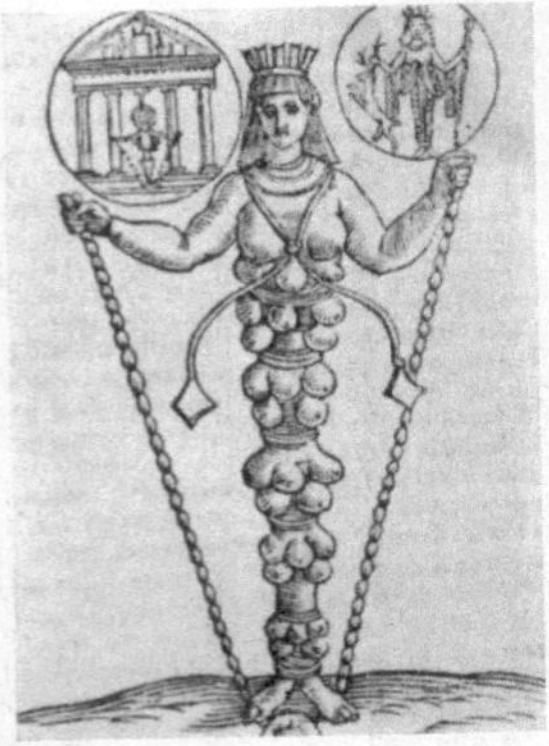
作者不詳「自然の女神」

からは非難を浴びた。ヴィーナスの乳房を前にしてクラテースが言った言葉はよく知られている。「ギリシアの淫猥《いんわい》さの見本がここにある」。
ギリシア人やローマ人はヴィーナスの乳房を好んで描いた。キケロによると、ヴィーナスには四つの種類がある。ただそれらをくまなく分類することは容易なことではなかった。都市ごとにヴィーナスは独自の神格を与えられていたからである。恋愛衝動を司《つかさど》る「激しいヴィーナス」をペリバシア（「全き接吻《せっぷん》」の意）、あるいはディヴォリカトリクス（「去勢男はごめん」の意）の名のもとに尊崇する地域すらあった。
それならばいっそアプロディーテ・ウラーニア、すなわち無垢《むく》なる美の擬人化たる天上のヴィーナスとアプロディーテ・パンデーモス・リビティーネ・ヴュルギヴァーガ、すなわち官能的美の化身である卑俗にして大衆のものなるヴィーナスとを分けて考えたほうがいいのではなかろうか。卑俗なヴィーナスは、エリュクス山頂にあったアプロディーテ・エリュキネーの神殿で行われた官能的な祭典で崇《あが》められていた。そこでは乳房をあらわにした踊り子が神々の狂宴に我を忘れた。

ジュリオ・ロマーノ「ニンフの誘拐」（部分）（P・S・バルトロ彫版）

古典的なヴィーナスの姿は黒い女神、シリアのアスタルテとも共通するもので、片手で腹部を、もう一方の手で胸を隠している。それは入浴する姿を見られた女のしぐさと解してもいいし、あるいは悦楽への誘惑と考えてもよい。

　クニドスのヴィーナス、カピトリーノのヴィーナス、メディチのヴィーナスをはじめ、数々のいわゆる「恥じらいのヴィーナス《ウエヌス・プディーカ》」はいずれも怯《おび》えを宿した恥じらいの姿で描かれている。テオフィル・ゴーチエの言葉を引こう。「まるで目に見えぬ無花果《いちじく》の葉でおおい隠すかのような手つきをした異教のイヴである」。

　波間から姿を現すヴィーナスの、「きらきらと真珠がつたう」乳房は波打つ髪の毛でつつましく隠されていた。

＊5　紀元前四世紀の犬儒派の哲人。

バルトロメオ・アマナッテイ「大地女神」（フィレンツェ、国立美術館）

理想の妻であり、結婚の守護神であるヘーラー＝ユーノーは襞《ひだ》のある布で胸を隠していたが、ある日郭公が来て胸元に寄り添おうとしたときは胸をはだけた。その郭公は夫のユピテルが変身した姿だったからである。

いたずら好きで変身が大好きだったユピテルの気まぐれな恋からは古来、あまたの美術作品が生まれたが、それはあらわな乳房を表現する恰好の機会でもあった。

そうした乳房の勝利は限りないもののように思われた。しかし、キリスト教の教会がそれまでの古代宗教の寺院に入り込み、布教活動をするようになると、突然終熄《しゅうそく》を迎える羽目になった。帝国の公式宗教になったキリスト教は、東方やギリシアの図像学から多くを借用した。キリストの顔はユピテルの顔からヒントを得た、などというのはその好例だが、一方で、裸体は禁じられ、あらわな乳房はことごとく排斥された。といって、いつまでもそういう状況が続いたわけではない。

○

キリスト教の時代になると、裸体を前にした人間たちの振舞いは聖書によって規定されることになった。創世記にある次のような言葉を忘れることはできない。「さて、この男

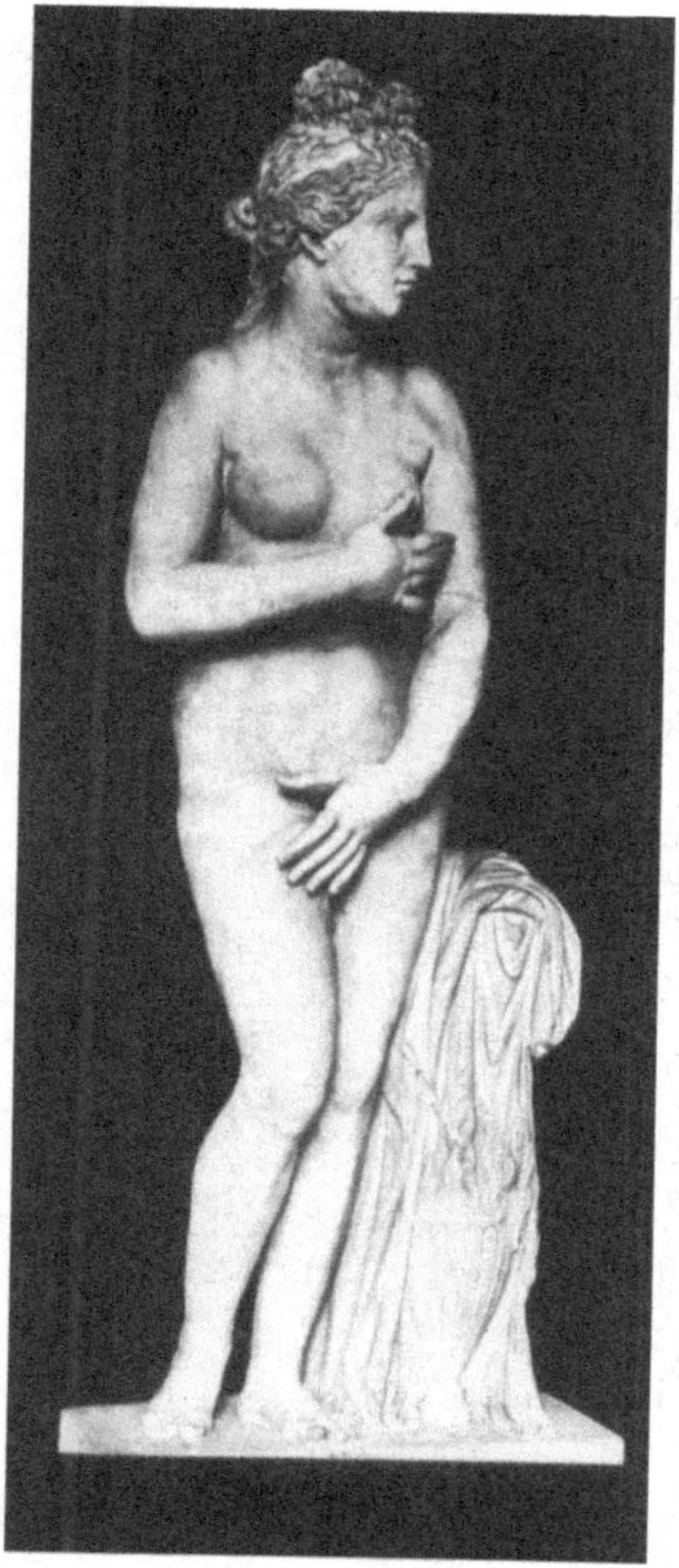

ボッティチェルリは、古代ギリシアの彫刻家の「ウェヌス・アナデュオメネ」(海より出づるウェヌス)のポーズを模して「ウェヌスの誕生」を描いた。(ロミ・コレクション)

と女は裸であったが、二人とも恥ずかしいとは思わなかった」〔バルバロ神父訳。以下同〕。アダムとイヴが自分たちの裸を意識し、恥ずかしくなったのは禁断の果実を口にしたからである。二人が味わった幸福はもろくもくずれ去った。「それから（主なる神は）、女に向かって仰せられた、『私は、おまえの苦しみと身ごもりの数を大いにふやす。おまえは苦しみつつ子を生むことになる。おまえは夫に情を燃やすが、夫はおまえを支配する』」。

悪いお告げがさらに続き、女に苦しみが課せられたあとは、男に苦役が与えられた。「生きつづけるかぎり、おまえは苦労して、地から糧を得るであろう。（中略）さらに、おまえは、額に汗を流して、糧を得るだろう」。

この恐ろしい物語から人間が学んだのはひとえに、裸を自覚するようになったときから自らの悲劇が始まったということで、それゆえに、何世紀もの間、人間たちは裸になるたびに、どこかで最悪の事態を恐れるようになったのである。

人びとが裸体や服を脱ぐ行為、胸元や背中を露出するような衣裳《いしょう》に何らかの規制を加えてきたのはアダムとイヴの不幸の記憶によるのだし、社会的地位の高い人びとがこっそりストリップ小屋に通ったりするのは失われた楽園に対する追懐の情によるものと言っていい。

罪と裸体は密接に結びついており、肉体的欲望は唾棄《だき》すべき情欲にすぎない。これが教会の見解だったから、人びとがあらわになった肉体を、信仰の妨げ（躓《つまず》き）と劫罰《ごうばつ》に至るきっかけと考えるようになったのも当然のなりゆきだった。

初期のキリスト教では裸体はタブーとされたが、実はそのことがみんなの頭から離れなかった。荒野で修行する教会の教父たちは日夜官能的な幻覚に悩まされた。カルキス〔シリアの荒野〕で修行中の聖ヒエロニムス〔四世紀後半に活躍した教父・教会博士。聖書の翻訳と釈義で有名〕は、悪魔の誘惑に苦しんだという。「私の心は欲望のために炎と燃え、体の裡では激しい情欲がふつふつと煮えたぎった。蠍《さそり》と野生動物しかいないはずのかの土地で、私は若い女たちの踊りを目の当たりにしたように思った」。

聖書に罪の香りがただよっているとすれば、それは聖ヒエロニムスによるところが大きい。古代の女神の彫像は乳房をあらわにしているという理由で排斥されたのみならず、あまりに美しいと判断された偶像は、この新来の宗教を奉ずる者たちによって破壊され、新たに作ることも禁じられた。

石棺の側壁や地下墓地の装飾を担当した初期の藝術家たちはそうした禁忌を尊重して、裸体を極力避け、万一どうしても描かなくてはならなくなったときは、優美さと美しさを能《あた》うかぎり斥《しりぞ》けることに精魂を傾けた。

三一三年、コンスタンチヌス*6によってキリスト教が公認され、非合法の闇のなかから抜け出ると、ローマやビザンチンの聖堂（バシリカ）*7はガリアやパレスチナにある聖堂とおなじく、旧約・新約聖書のモチーフを装飾画や彫刻で表現するようになった。となれば、原罪の悲劇の主人公、アダムとイヴも描かなくてはならない。そこで考案されたのが、教父たちの教えに合致した教化的な、必ずしも現実を反映しない体つきであった。アダムとイヴは信者を誘惑の罠《わな》に陥れたりしないような肉体、すなわち、同一の肉体を賦与されたのである。厳密に言えば、男女の相違がなかったわけではないが、それとて扁平《へんぺい》に垂れた乳でかろうじてわかる程度にすぎなかった。

イヴのこの、およそなまめかしさとは対極にある肉体は、彩色挿し絵入りミサ典書や教会の浅浮彫《バ・ルリエフ》のなかで、十三世紀まで命脈を保った。シチリアのモンレアーレ大聖堂の有名な十二世紀のモザイク装飾のイヴが一見男と見まがうほど、あらゆる女性的魅力を剝奪《はくだつ》されているのはその好例だろう。

イヴの胸がふたたび膨らみはじめて優美な曲線を描くようになったのは、豪華時禱書《じとう》の作成を契機にして、修道院で新しいキリスト教藝術が生まれるようになってからである。聖書の教えをよりよく理解させるためには物怖《ものお》じすることなくスザンナ〈旧約「ダニエル書」十三章。長老二人に道ならぬ思いをかけられ、庭で入浴しようというときに襲われそうになった貞淑な婦人。長老たちの悪だくみにより、死刑を宣告されるが、ダニエルによって救われる〉やベトサベ[*8]にも、肉感的な体つきを与えなくてはならない。そうした素朴な欲求を感じた画家たちはギリシア・ローマの偶像に代わって、今度はイヴの堕落、スザンナと長老たち、ヨゼフとポティファルの妻[*9]、ロトと娘たち[*10]といった聖書の挿話を官能的な挿し絵で

*6ローマ皇帝。いくさのさなか中空に、光る十字架と「これにて勝つべし」の文字を見て、勝利を得たと言われる。

*7　本来古代ローマで集会等に用いられた長方形の建物を言う。初期キリスト教徒が礼拝に使ったことから、四世紀以降キリスト教の聖堂の原型となった。バチカンのサン・ピエトロ寺院などが代表的。

*8　旧約「サムエル書」十一章。入浴中の姿をダビデに見られて、その不倫の恋の相手となる。のちダビデとの間にソロモンをもうける。

上／イヴから乳房が消えた。12世紀のモザイク画（シチリア、モンレアーレ大聖堂）　下／隠されたイヴの乳房。12世紀のモザイク画（ヴェネチア、サン・マルコ寺院）

原罪以前——絵葉書。1925年。イヴはいつも林檎を持っている。

彩った。

修道士や司祭さえ遊蕩《ゆうとう》に走り、風俗が頽廃《たいはい》してゆくなかで、教会には挑発的な姿態の裸体画や彫刻が多数飾られた。そうなると一度は自由な表現や解釈を享受していた聖職者たちもやむなく苛酷《かこく》な検閲をせざるを得ない。女の乳房は悪魔の器官と考えられて、またまた隠さなくてはならないものとなった。それは男たちが公衆の浴場や蒸し風呂、果ては尼僧院においてすら、しどけなく湯浴《ゆあ》みする女たちに出くわすようになった時代でもあった。

古代にあってそうだったように、乳房を人目にさらすよう命じられるというのは当時も恥辱的な意味をもっていた。ネロの時代のこと、不義密通を暴かれた男女は衣服を剝《は》ぎとられたうえで、猛《たけ》り狂う野生の牡牛につながれた。中世ではそこまでいかぬまでも、姦婦《かんぷ》は上半身裸で驢馬《ろば》に乗せられ、野次馬が喚声を上げるなかを練り歩かなくてはならなかった。十五世紀の末、ロンドンの中心街の裕福な金銀細工師の不実な妻ジェーン・ショアの評判ががた落ちになったのはひとえにそのせいである。*11 その逆の例もある。英国の学校ではいまだに紹介されているゴディヴァ夫人の話がそれだ。時は十一世紀。夫のコヴェントリー伯レオフリックが住民に課した重税を軽減するために、敢《あ》えて恥辱に身をさらした女性がいた。懺悔《ざんげ》王エドワード〔在位一〇四三〜六六〕の治世下のことである。伯の妻ゴディヴァは「鳩のように優しく子羊のように内気な」女性だったが、あるとき、重税にあえぐ住民からせめて次の税は軽減されるように力を貸してくれと懇願されて、はじめて大胆な行動に出た。

レオフリックはわめきたてた。「神かけて私は言おう。あなたが生まれたままの姿で町を端から端まで、裸馬に乗って行かぬ限り、税は軽くしてやらんとな」。

約束の日時がきた。裸身を覆うものはただ丈なす髪のみ。ゴディヴァは白い儀仗《ぎじょう》馬にまたがって、並足でひっそりと静まり返る町を通り抜けた。伯爵夫人の裸身を見ることはあ

＊9　旧約「創世記」三十九章。ヨゼフを誘惑しそこねたポティファルの妻は讒言《ざんげん》をもってヨゼフをおとしめんとした。
＊10　神に滅ぼされた町ソドマの住民で唯一救われたロトと二人の娘は近親婚によって子孫を残した。
＊11　ジェーンはエドワード四世の愛人だったが、王の死後、政治的奸計《かんけい》に巻き込まれ、姦婦の汚名を着せられ、投獄された。その際、セント・ポール寺院の前を、半裸の姿で歩かされたという。劇などの主題にもなった。

らかじめ固く禁じられていたが、ひとり好奇心のつよいパン職人[*12]が夫人の乳房をぬすみ見たために、その晩ただちに死罪に処せられた。しかし、伯は約束を守って税は軽減された。

○

西洋において女性崇拝が始まるのは十二世紀以降である。東方遠征に赴いた騎士が宝石や絹織物や香料などを持ち帰ったことによって、女性をかこむ環境や衣裳だけではなく、女性の社会的条件も必然的に変わった。愛の情熱を歌った北仏のトルヴェールや南仏のトルヴァドゥール〔それぞれ宮廷風の抒情《じょじょう》詩を作った詩人を指す〕、それに十字軍兵士や巡礼者が恋愛の対象となる新しい理想像を作り上げる。詩人や彩色画家や彫刻家によって「クルトワジー」〔女性への献身を旨とする雅《みや》びな騎士道精神の一形態〕という愛の神話が確立したのである。こうした「気高い心」の追求はそこかしこで力をふるい、野蛮で粗野な状態をしだいに駆逐するようになった。

クレチアン・ド・トロワ〔十二世紀の代表的詩人〕は「トリスタンとイズー」〔クレチアンのものは現存しない。トリスタン伝説自体はベディエ編で読める。ワグナーやコクトーにこれを主題にした作がある〕を書いて、不義の恋と容易に抑えがたい愛を永遠に称《たた》え、女性の理想像を打ち出したが、それはまもなく恋愛の入門には欠かせないものとなる一方で、詩

左／クラナッハ「老人と若い娘」（フィラデルフィア、個人蔵）
右／フォンテーヌブロー派「マルスとヴィーナス」（部分）。ジョルジュ・バタイユ『エロスの涙』パリ、J＝J・ポヴェール社「性科学国際叢書B．I．E」第6巻（1960年）参照。

の世界でも一世を風靡《ふうび》した。
宮廷風恋愛が唱えられるようになっても、荒々しい欲望がただちに詩から姿を消したわけではない。抑えきれない本能の叫びは時として、稚拙なマドリガル〔抒情短詩〕に顔を出すこともあった。勇壮な騎士詩人として知られるベルトラン・ド・ボルン〔十二世紀後半に活躍した。英国の王家に骨肉の争いを招いたとも。ダンテ『神曲』「地獄篇」第二十八歌に切られた首を持つ胴体として歌われる。「わしの名はベルトラム・ダル・ボルニオ。うら若い王をたきつけ、悪事に走らせた者」（寿岳文章

＊12　ふつうは仕立屋のトム。いわゆるピーピング・トムである。

訳〕」は英国王ヘンリーの娘、麗しのマチルダへの思いをクルトワジーの形式にのせて歌ったが、心の奥底までは隠しきれなかった。

うらわかき恋人よ、かのひとの美しさはさても限りなきものかな
胸乳はまばゆきばかりにて、夜の闇を光に変へて
人びとのあひだに来たれば、万人の熱狂をばさそふ
顔容《かんばせ》のいとさわやかに、髪は金いろに輝くばかりなり

まばゆいか否かは問わず、乳房に対するこうした執着が続くと悪しき行為もそれだけ増えてくる。ロベール・ド・ブロワが尻軽な女たちに何らかの忠告を与えたほうがいいと考えたのはそのためだった。「夫たるべき人は別ですが、他の男性にむやみに乳房に触れさせるのは禁物です。そうしたことを許していると、かの男性は燃え上がる激情にまかせて、それ以上のことを要求してくる危険性があります。胸の開きすぎた衣裳は避けるべきです。それが身を持ち崩すもととなるのですから」。

しかし風俗はしだいに洗練され、雪のように白い乳房、雪花石膏《せっかせっこう》のように純白な乳房は十四世紀初頭の詩人や藝術家に大いに霊感を与えた。ブルゴーニュの工房で作られる色彩豊かなタピスリー*13の絵柄のなかに、胸元をあらわにした貴婦人が登場する一方で、彩色挿

し絵には、小さいながらつんと尖《とが》った乳房の、細身ですらりとした、当時の流行の先端をゆく女性の姿が数多く描かれるようになった。ウスターシュ・デシャン〔十四世紀に活躍した詩人。諷刺《ふうし》詩から恋愛詩まで厖大《ぼうだい》な作品を遺《のこ》した〕がそうした女性について「ある処女《おとめ》の肖像」という詩で歌っているので引こう。

このわたしが美しいってほんとかしら
たしかに額はきれいでやさしい顔かもしれないわ
くちびるだって赤いしね
ねえ、だから教えて、すてきかどうか
胸だって固くとがってるし脚も長いの
すらりとした腕に華奢《きやしや》な指先
それにくびれた柳腰
ねえ、だから教えて、すてきかどうか

＊13　ブルゴーニュはフランドル、北仏に次ぐタピスリーの産地。具体的にはディジョンの美術館収蔵の作品がロミの説明するものに近い。

キリスト紀元一三三二年のこと、代数学に夢中になったある詩人が、「婦人に見られる七十二の美」という複雑な一覧表を作った。そこには女性の美点が三つずつに分けられて列挙されていたが、かの詩人に言わせると、三という数字は三位一体の数字であると同時に、女性的なるものをあらわす数字であった。

「三つの白きもの」「三つの黒きもの」「三つの大きなもの」「三つの華奢なもの」「三つのやわらかきもの」と続くなかで、この機知にあふれた詩人は「三つの固きもの」を挙げた。その「三つの固きもの」に含まれていたのが「支柱のごとく固き尖端《テート》」すなわち「支柱のごとく固き乳房《テトン》」である。こうした分類は長い間世にもて囃《はや》された。ブラントーム（十六世紀に活躍した回想記作者）も『艶婦伝』で、スペインの作家による同種の分類（ただし、三という骨法は同じでも美の数は三十六に減っていたのだが）を紹介している（第二講第三章。版によって三十）。「そのスペインの作家に言わせると、能うかぎり完璧な美をもった女性になるには三十六の美が不可欠である。三つの白きもの。すなわち雪の肌え、皓《しろ》き歯、白き手。三つの寛《ひろ》やかなるもの。すなわち胸部、そして額に眉間《みけん》。三つの小さきもの。すなわち乳房と鼻と頭」といった具合である。

「理想の体形をした女性」はそれゆえ、小さくて固い乳房をもつ。となればもはや隠す必要などなく、むしろ自由奔放が尊ばれた十四世紀の中葉には、デコルタージュ（胸元や肩や背をあらわにすること。またその服装）の度合いが強まって、女たちは周囲の人びとの視

乳房と信仰――ムリーリョ「聖ベルナルドゥスの法悦」（部分）

線に、襟刳《ぐ》りいっぱいまで胸元をさらすべく乳房を高くもちあげるようになる。当時の記録作者の言葉を引こう。「そのせり上げ具合ときたら、まるで燭台《しょくだい》を上に乗せてもよいほどである」。

一四〇五年、ジャック・ルグラン〔十四〜十五世紀の著名な説教師〕は有名な説教で、フランス王妃イザボー・ド・バヴィエール*[14]に対し、妃がまとう大胆なデコルテと巨大な円錐飾り帽《エナン》〔十五世紀に流行した婦人帽で、一メートルにも及ぶ飾りがつく〕を公然と非難した。妃は最悪の例だったのである。「お気は確かか。王妃様。円錐飾り帽《エナン》の長さをもっと短くなされよ。婀娜《あだ》なる御身をお隠しなされよ」。

〇

中世を通じて、女性の体形がいくらか変化したとしても、タピスリーや彩色細密画に描かれた乳房は詩人たちが詠《うた》った美の基準から逸脱することはなかった。トゥーレーヌ派のある画家はウェルギリウスの『名婦書翰集』*15のアリアドネを「艶《えん》なる恋」のヒロインとしてとらえ、テーセウスによってナクソス〔古名ディア〕の島に置き去りにされたアリアドネを描くのに、*16一糸まとわぬ姿にした。撫《な》で肩、外を向いた小さな両の乳房、ゆったりとした腰つきといったアリアドネの裸身からすぐに連想されるのはフランソワ・ヴィヨン〔中世最高の詩人。一四三一～六三以後〕の「兜屋小町」〔鈴木信太郎訳と矢野目源一訳「卒塔婆小町」を並べておこう〕だろうか。

すんなりとした優雅な撫肩、
あの長い腕、可愛らしい手、
乳房は小さく、臀《ゐさらひ》は豊かな肉附、
盛上がり、坐りがよろしく、恋愛の
晴の勝負の道場に相応《ふさ》うた舞台。

あの広い腰、がつしりとした
太腿の上に坐つた、小庭の奥の
筑紫つび、今はどうなつてゐるのか。〔鈴木訳〕

さては優しい首すぢの　肩へ流れてすんなりと
伸びた二の腕　手の白さ　可愛い乳房と撫でられる
むつちりとした餅肌は　腰のまはりの肥り膩《じし》
床上手とは誰が眼にも　ふともも町の角屋敷
こんもり茂つた植込に　弁天様が鎮座まします

〔矢野目訳〕

＊14　王妃在位一三八五～一四二二。シャルル六世の妃。フランスは一人の女、つまりイザボーのために取り返しのつかぬ状態になったが、やがて一人の少女によって救われるだろうと言われた。それがジャンヌ・ダルクである。

＊15　ロミの勘違いで実はオウィディウスの作。二十一篇の恋愛詩からなる。

＊16　ミノス王の娘。テーセウスが迷路＝ラビリントスに迷わぬよう糸玉を与え、ミノタウロス退治を助けたが、のち島に捨てられた。

こうした乳房、すなわち、小さくともつんと上を向き、互いに離れた乳房に対する愛着は、ベリー公のためにポール・ランブールが描いた細密画「地上の楽園」のイヴの体つきにも反映している。*17

また黙示録を描いたタピスリーでも、ヨハネの前で長い髪をくしけずる大淫婦〔実はローマを指す。新約「ヨハネの黙示録」十七章〕の乳房は同様に小さい。さりながら大きくゆたかな乳房を好む者たちもいた。たとえばウスターシュ・デシャン『結婚の鏡』〔十四世紀末の作。十五世紀初頭に書かれた作者未詳の傑作『結婚十五の愉しみ』に影響を与えた〕には「大きな尻と豊満な乳房」という表現がみられるし、十四世紀の中葉に書かれた読み人知らずの詩篇にはロボット的とも言える完璧な女性美を讃《たた》えた一節がある。

麗しき女人は如何《いか》にと問はば
面立ちは英国さながらぽつちやりと〔英国は国土の形がしもぶくれの顔に似る〕
されどノルマンディーに似た
貧相な胸乳は御免蒙《かうぶ》る〔ノルマンディーは小さな乳房に似る〕
フランドルの如く
豊かな肉叢《ししむら》〔フランドルは豊満な乳房に似る〕
臀《あきらひ》は巴里そつくりに丸々とした〔パリは当時もほぼ丸い形だった〕

女人がゐれば　かの人をこそ
吾人《われら》の理想に叶ふといふべきか

宮廷風恋愛が大衆化してでたらめな解釈が横行した結果、道徳的頽廃が起こったのは理の当然であったろう。女たちは前世紀以来、高価できらびやかな衣裳をまとい、白粉《おしろい》を塗り、添え髪やつけぼくろや香料を用いて、自らの性的魅力を存分に発揮するようになった。裸体を禁じた教会の規範が忘れられ、「ヴィーナスのように胸を強調する」ことが当たり前になると、女たちはむき出しにした乳首に化粧をほどこし、香水を今までにないほど用いて、身の回りの道具や硬貨、果ては牛馬のたぐいにまで匂いをつけたのである。

フロワサール〔十四世紀の代表的年代記作者〕の『年代記』の写本装飾画のひとつには、賢明王シャルル五世[*18]がランスで戴冠《たいかん》式を挙行した際の王妃ジャンヌ・ド・ブルボンの衣裳が描かれている。ジャンヌは王から「王国の太陽」と呼ばれた美女であった。白貂《エルミーヌ》〔シベリア蝦夷《えぞ》鼬《いたち》の一種〕の毛皮[*19]で縁取りされたドレスは肩から腰まわりのあたりまで胸元が逆

＊17　ランブール兄弟がベリー公の求めに応じて作った豪華時禱書は中世を代表する作品の一つ。
＊18　百年戦争中の王。一三六四年即位。英国から領地の多くを奪還。学芸を重視し、国内の安定を図った。

三角形に開いていたので、乳房は丸見え。その双《ふた》つの乳房を寄せて下から支えるように、粗い織り目の布の帯が巻かれていた。

シャルル六世〔五世の子。最愛王と言われた。在位一三八〇～一四二二〕の宮廷では、デコルテはもっと丸みを帯び、ドレスは現代のコルサージュ[*20]に見られるように、肩を露出し、胸の谷間を見せるようなものになった。そうなると風俗はまた放恣《ほうし》にながれ、しだいに襟刳りが拡がって乳首を見せるような服をまとう女たちが増えてくる。「敬虔《けいけん》なる博士」と言われたパリ大学の学監、ジャン・ジェルソン[*21]は「胸もあらわに、むき出しにした乳房をせり上げ、身体の線を際立たせるコルセットや袖《そで》を着用した」貴婦人を目の当たりにして大いに慨嘆した。

ウエストの位置が高くなるにつれて、乳房も上向きに持ち上げられるようになる。貧弱な胸をした女性たちはコレ・ウヴェール〔オープン・カラー〕のコルサージュを着るときはパッド〔詰め物〕を入れたし、娼婦《しょうふ》は娼婦で、きわどく胸を開けた衣裳を身にまとったりしたので、高等法院は一四二〇年、有名な裁決を出す。それは、爾後《じご》、娼婦たるものは金色の帯を締めてはならぬし、コレ・ウヴェールの衣裳を着用することもまかりならんというものであった。娼婦たちが脇の部分で、紐《ひも》でむすぶコルサージュを着るようになったのはその裁決があったからだと言えようか。

高等法院が命じた「コレ・モンテ」[*22]はある種の成功を収めたかに思われたが、それは背中から見た場合だけの話で、前から見れば、「可愛《かわゆ》き胸乳」が顔を出していた。
十五世紀の聖史劇[*23]『我らが主の復讐』にはこうした「コレ・モンテ」をつけた娘たちの姿が描かれている。

汝ら昂然《かうぜん》と大股《おおまた》にて歩む
汝らの襟はさながら槍《やり》の如し
汝らの歩みは豹《へう》にも似て威風堂々
麗しき髪を風になびかせ
麗しき前身頃、可愛《かはゆ》き胸乳を見せつけんとす

＊19　身分の高い者だけが着用を許された。純白。無垢の象徴。
＊20　胴着。ボディーズ。ブラウス。
＊21　中世末期の大説教家。「色欲外道」他で有名。
＊22　ハイ・カラー。転じて「勿体ぶった女」を表わすようになった。
＊23　中世フランスで行われた宗教劇。一五四八年、高等法院によって禁止令が出るまで盛んに上演された。

シャルル七世[24]の治世を描いた細密画は王妃マリー・ド・ファイエル（マリー・ダンジュー）のしどけないコルサージュ姿を今に伝えているし、王の愛人だった美姫《びき》アニェス・ソレル[25]は歴史上もっとも有名な乳房の持ち主の一人であった。アニェスの胸の曲線があまりに美しいので、腰のあたりまでデコルテにした衣裳が流行したほどである。ジャン・フーケ（一四二五（二〇）～七七（八一）。宮廷画家）はアニェスが惜しげもなくはだけてくれた胸を、幼子イエスに乳を与える聖母の姿におきかえて描き、その美しさを永遠のものにした。

ナントにあるフランシスコ会教会のガラス絵に描かれた、ピエール・ド・ボーフォールの長女アンヌは角張ったデコルテをまとい、肩と背中を露出している[26]。ルイ十一世時代のファッションの特徴をひとつ挙げれば、従来のデコルテでは前しか開けていなかったのに対して、コルサージュによって背中までもむき出しにしたということだろうか。そしていわゆる「ゴルジアス」[27]、薄もので作られ、肌と衣裳の境界部分につけられていた一種の飾《ゴル》り襟《ジュレット》がますます薄い布地になり、デコルテと相まっていっそうエロチシズムを掻《か》きたてるようになった。

「淫らさ」はこれみよがしに誇示され、印刷物で公然と推奨されることさえあった。ピエール・ミショー（十五世紀の詩人。一九八〇年になって文庫版詩集が刊行された）は一四六六年刊行の『宮廷教訓集』（現在では刊行年不明とされる）で、女たちに魅力的な肉体を見せるよう奨《すす》めている。「貴女《あなた》が麗しい肉体をお持ちなら、乳房をあらわにしなさい」。乳房はコルサージュに入れた切れ目《クルヴェ》〔下着や肌を見せるためにわざわざあけた切り込みを言う。英語のスラッシュ〕から見えるので、説教師たちはそうした切れ目《クルヴェ》を「地獄の門」と呼んだ。説教師というものはつねに虎視《こし》眈々《たんたん》といまの時代の出来事を見張っているものであり、また一方では彼らの反応があってこそ、その出来事は大きな反響を呼ぶのである。

どれほど反対されても、またいかなる脅しや禁止令があっても、「地獄の門」は開かれつづけた。それもむやみやたらにと言えるほどに。エロチシズム（そして時には猥褻《わいせつ》さ）への嗜好《しこう》はしだいに卑俗化していった。一四八〇年〔恐らく一四九九年の誤記か〕、機は熟

＊24　在位一四二二〜六一。ジャンヌ・ダルクの協力を得て、ランスで戴冠。全仏から英国軍を退け、百年戦争を終結させた。
＊25　絶世の美女として盛名を馳せる。一四〇九〜五〇。二十年にわたって王の寵愛を一身に受けた。
＊26　チュレンヌ子爵ピエール・ド・ボーフォール・ド・チュレンヌ（一四〇〇頃〜四四年）。は教皇グレゴリウス十一世を生んだボーフォール家の血筋を引く家系で、その娘アンヌ（一四三五〜七九年）も子爵領の一部を受け継ぎ、ルイ十一世の侍従を務めたトゥールの貴族アネ四世と結婚した。ナントにあるいくつかの教会はステンドグラスの美しさでも知られている。
＊27　本来は薄く透明な布で作られ、首や喉や開いている胸元を覆ったかぶり物をいう。

せりと判断した印刷業者のアルデ・マヌーチェ[*28]がエロチックな絵を入れた最初の書物を出版しようと思い立つ。フランチェスコ・コロンナ〔イタリアの文学者。代表作に一四九九年、アルデ・マヌーチェ書店から刊行した『眠りと愛の闘い』など〕の下らない文章に添えられた、ベルリーニ〔ジェンティーレ。カルパッチオと同様、ヴェネツィア派の画家〕やカルパッチオ〔ベルリーニ兄弟の影響を受ける〕の描く、奔放きわまる神話の情景は江湖の喝采《かっさい》を浴びた。

○

もはやいかなる動きもこうした露出傾向に歯止めをかけることはできないように思われた。「民衆の父」と呼ばれたルイ十二世〔一四六二～一五一五〕は、紐の結び方しだいで形を変えられるデコルテの、いわゆるジェノバ〔北イタリアの港湾都市。レースや綿布で知られた〕風ドレスを禁じようとはしなかったし、胴をしめつける窮屈なコルセットからは乳房が顔を出すといったありさま。宮廷附きのある説教師などは、「上半身をかほどにきつくしめつけられた女性にどうして自由な呼吸ができましょう。愛らしい妙《たえ》なる肉体にするためにしばしば大きな苦痛が求められたのです」という言葉をのこしたほどである。

一五〇二年、フランシスコ会の説教師オリヴィエ・マイヤール[*29]は四旬節《カレーム》[*30]におこなった四十五番目の説教で、デコルテの濫用を論難した。マイヤールはそこで「胸もあらわに昂然と歩むうらわかき女性たち」に、「外出するときはレプラ〔ハンセン病〕を患う者に倣って、人びとが近づかないように拍子木を鳴らす」ことを奨めている。この不屈の説教師のデコルテ批判はそれにとどまらず、デコルテをまとった女性がエスカルゴに譬《たと》えられたこともあった。餌にありつくためにエスカルゴが生身を出す様子が似ているというのである。「腰回りまで衣裳をあけた〔帯マデヒラケル《アペルタス・ウスクエ・アド・ゾナム》〕尻軽で陽気なご婦人連は、殻から身を出して葡萄《ぶどう》の木の上を這《は》いあがる蝸牛《コリマソン》と似ているではありませんか。身の半ばを出す蝸牛のように、そうしたご婦人連も身の半ばまで、つまり帯のあたりまでと下半身とで二つの部分を持っているのですが、そこまでしてあとは一体何を見せるというのでしょうか」。

悪魔的とも言えるこの流行の中心地の一つだったトゥールで説教したミシェル・ムノ〔当時の有名な説教師。「黄金の舌」と称えられた。ヴォルテールがムノの説教集を愛読したことは有名〕は、駄洒落《だじゃれ》を言って聴衆を驚かした。「ご婦人の皆様方、四旬節は本来ですと聖《サ》

＊28　イタリアの代表的な出版者。学識にあふれ、ギリシア・ラテンの古典を出版したほか、自らも著作をよくした。

＊29　ルイ十一世やシャルル八世にも仕えた当時の著名な説教師。毒舌を以《もっ》て知られた。

＊30　カトリック用語。灰の水曜日から復活祭の前日までの日曜を除いた四十日間。荒野のイエスの断食になぞらえる。

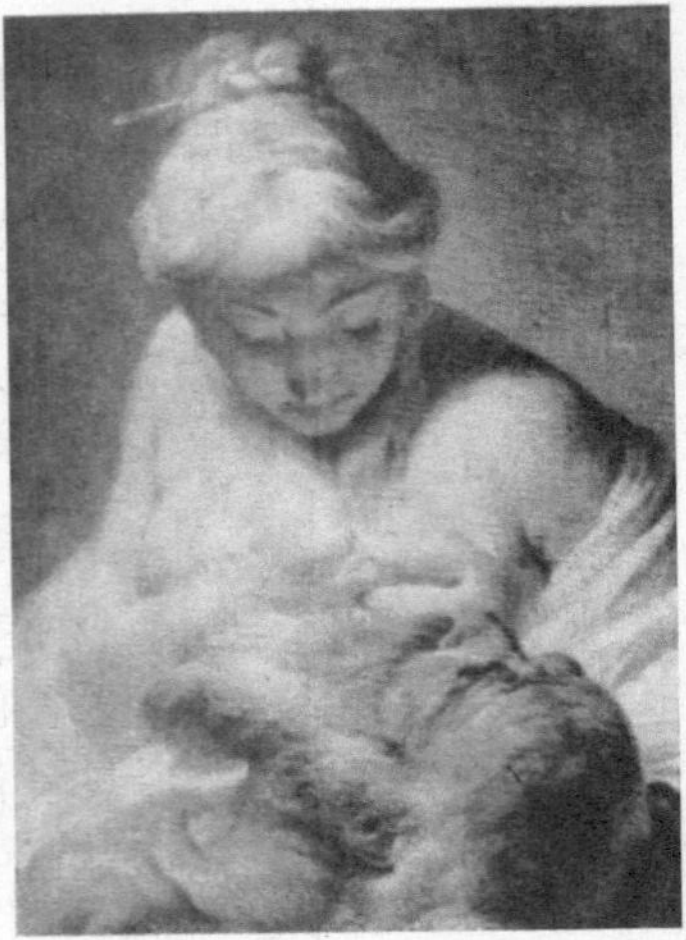

J＝J・バシュリエ「至高の慈愛」（部分）（パリ、美術学校）

人《ン》の方々をヴェールで隠さなくてはならない（聖人ヲ覆フ《アブスコンディムス・サンクトス》）期間ですが、いやはや驚きました。あなた方が胸乳《サン》（貴女ノ乳《ヴオストロス・シヌス》）をまったく隠していらっしゃらないからです。市場で肉を売るように教会で肉体を売りに出すばかりか、色欲の道具たる乳房、猥褻と淫乱の炎をかき立てる肉の器官を見せて顔を赤らめもしないのですか」。

胸に七宝仕立ての金の鳩を飾っている婦人を見たジュダンディなる司祭はこう叫んだという。「それこそ新たなる罪でなくて何としようぞ。聖霊〔鳩は聖霊の象徴〕の御場所は断じてそこではありませぬぞ。その胸の飾り物をお取りなされ。代わりに蝦蟇《がま》を乗せるがよかろうて。あの卑しい生き物は嬉々《きき》として汚穢《おわい》の中にいるのですからな」。蝦蟇は墓石の彫刻にはつきものだった。

慎みがいかに求められても、また聖職者の忠告がどれほど烈《はげ》しいものであっても、ある種の祭典の際に、公的な形で乳房を用いる伝統はすたれることがなかった。

王子たちが騎士修道会〔信仰を守る目的で各地に設立された。騎士団とも〕に正式に入会を許されたとき、父の美王フィリップ四世[*31]が民衆のために執りおこなった各種の催しのなかに、人びとの喝采を浴びた出し物があった。それは薄衣《うすぎぬ》をまとったアダムとイヴの「戯れ」で、イヴの乳房は讃辞の対象となった。

一四三〇年、友好都市アブヴィル[*32]に入市せんとする英国国王ヘンリー六世[*33]を迎えたのは、心優しきセイレーンに扮《ふん》した若い娘の一団だったが、みな乳房を出したままポーズをとっていた。それから三十一年後、ルイ十一世〔在位一四六一〜八三〕を国王として迎えるべく開かれた心尽くしの催しの際、ポンソーの泉〔現在のパリ二区、サン・ドニ通りの近くにあった泉水。今はない〕で三人の娘が水浴びする姿が見られたが、彼女たちが身にまとっていたのは「太陽の光」のみ。「生まれたままの姿だった」とジャン・ド・トロワ[*34]は書く。

＊31　一二六八〜一三一四。カペー王朝最盛期の王。教皇クレメンス五世を擁立して教皇庁をアヴィニョンに移した。それがいわゆるアヴィニョン捕囚のはじまりである。
＊32　フランス北西部の町。しばしば英国領となった。
＊33　一四二一〜七一。在位一四二二〜六一、七〇〜七一。ロミは四世と記しているが恐らく誤記。
＊34　生没年不詳。パリ市庁舎書記。当時のスキャンダラスな出来事を多く記した『ルイ十一世年代記』（実はある年代記の盗作）の作者に擬せられていた。

「つんと外を向いて立った丸くて堅い、麗しい乳房。まさに眼福であった」。

クレマン・マロ〔ルネサンスの代表的詩人〕の父ジャン・マロ[*35]は、ルイ十二世のミラノ入市〔一四四九年。ミラノ占領〕を祝う祭典のときに、美しいミラノの女たちが窓辺にのり出して繰りひろげてくれた光景に特に筆を割いている。

堅く可愛《かはゆ》きふたつの乳房は
譬へばふたつの可愛き林檎《りんご》
白き胸元かくあらはれて
透きとほるがに耀《かがよ》へり
臈《らふ》たき五月の薔薇《ばら》にまさりて

奢侈《しゃし》と遊蕩に明け暮れたこの時代は、衛生思想が普及する一方で性的羞恥《しゅうち》心が無視された時代でもあった。中世を通じてフランス人たちはじつによく風呂《ふろ》に入った。田舎では男女を問わず大きな木桶《きおけ》に浸《つ》かる農民の姿がしばしば見られたし、都会ではあまたの風呂屋が隆盛をきわめたのである[*36]。それは男女がともに入浴し、食事をすることのできる快適な場所で、音楽の伴奏はついたりつかなかったり、けれど時に応じて色恋沙汰《ざた》の舞台ともなった。公衆浴場は人びとの日常生活と切り離せぬほど普及したので、十二世紀からは粉挽《ひ》き場や鍛冶屋《かじ》同様、領主の支配下に置かれるようになる。

公衆浴場の客はまさに貴賤《きせん》を問わず。修道女さえ乳房もあらわに、旅の道すがら立ち寄った貴族や宮廷風抒情詩人《トルヴェール》らと湯に浸かった。

ブロワ伯ギー・ド・シャティヨンおかかえの吟唱詩人《メネストレル》*37、ヴァトリケ（十四世紀初頭に活躍した）は代表作「ケルンの三人の修道女の歌」*38で、三人の修道女と風呂をともにした経験を歌っている。女たちは「もっと笑える咄《はなし》」を聞きたいと言って、詩人をそばに呼ぶ。それは主の昇天《アサンシヨン》の大祝日（復活祭の四十日後）の前夜のことだった。三人の修道女はそれぞれ詩人の眼前で、形の良い乳房を隠すことなく風呂に入り、湯に浸かったままで、一緒に食物を口にした。

*35　押韻派の詩人。王妃アンヌ・ド・ブルターニュの秘書官。イタリアの思い出を書いた二冊の紀行文集もある。

*36　ちなみに日本では江戸初期までは蒸し風呂。村の共同浴場は平安時代からあったが、いわゆる営業用となったのは十七世紀以降と言われる。湯屋と湯女《ゆな》のいる風呂屋とがあった。

*37　中世の詩人の一種。封建領主や国王に仕え、しばしば旅をしながら詩作に励んだ。

*38　教訓的な作品で知られるヴァトリケがのこした数少ないスカトロジックな歌物語。

聖母の乳房――ジョヴァンニ・ペドリーニ「聖母」（部分）（ローマ、ボルゲーゼ美術館）

おのおのが真裸で湯に浸かり
三人目もやさしき笑みを湛《たた》えるままに
衣脱ぎ捨て、湯に浸かる
今までかほどに危険なことがあったか
されどとにかく食べ始めたのだ
我が食膳《しょくぜん》は女どものすぐ近く
上気した美しき顔がすぐ近く
暑いと見えて汗でびっしょり

一二九二年のパリには二十五軒の風呂屋があった。それが三人の親方率いるいくつかの組に分けられていたが、各店では公序良俗を尊ぶことが要求された。いかなる風呂屋も不道徳な行いを認めたり、身持ちの悪い女性を入れたりしてはならないということになってはいたが、たいていの風呂屋が時をおかずして淫行の場と化した。そしてルネサンス前夜まで、フランスのあらゆる都市で、最も人の出入りする場所となった。

教会側は過激なデコルテのときと同じ理由で風呂屋を糾弾する。オリヴィエ・マイヤールは説教で次のように語った。「皆さんは風呂屋に行って他人の前で裸身をさらすことを何とも思っていらっしゃらない。湯治にゆく方々。そして風呂屋に出かけるご婦人の皆さん。それならいっそ硫黄《いおう》煮え立つ地獄の風呂にてお会いするとしましょうか」。

ムノはさらに烈しく風呂屋に通う人々を攻撃した。「あなた方が胸乳から足の先まであらわにして風呂に入るとき、どれほど淫らな眼をし、いかに罪深い愛撫《あいぶ》に身をゆだね、破廉恥な言葉を口にしているか、神のご照覧なきものとでも思っておられるのか」。

他人とともに入浴するというのがごく普通になったこともあって、多くの婦人が入浴中の姿を絵に描かせたりした。代表的な作品を一枚挙げれば、胸はあらわにしているものの、高貴な人物にふさわしく凛然《りんぜん》たる表情をしたガブリエル・デストレ〔一五七三〜九九〕とその姉妹の肖像画ということになろうか〔フォンテーヌブロー派によるこの油彩画は澁澤龍彦《しぶさわたつひこ》鍾愛《しょうあい》の一枚。『エロスの解剖』から引いておこう。「二人の若い貴婦人が並んで一つの浴槽に入っている図で、その一人がもう一人の乳首を指でつまんでいる。これは、その乳首にふれられている女、アンリ四世の寵姫ガブリエル・デストレが、妊娠していることを暗示しているのだそうである」。ルーヴル美術館所蔵〕。

◯

歴史の教科書では、フランソワ一世〔在位一五一五〜四七〕は文藝復興の立役者〔レオナルド・ダ・ヴィンチやチェルリーニらを招き、イタリア・ルネサンスをフランスで開花させた〕にして、コレージュ・ド・フランスと印刷局の設立者であり、絢爛《けんらん》たる宮廷の面々を引き

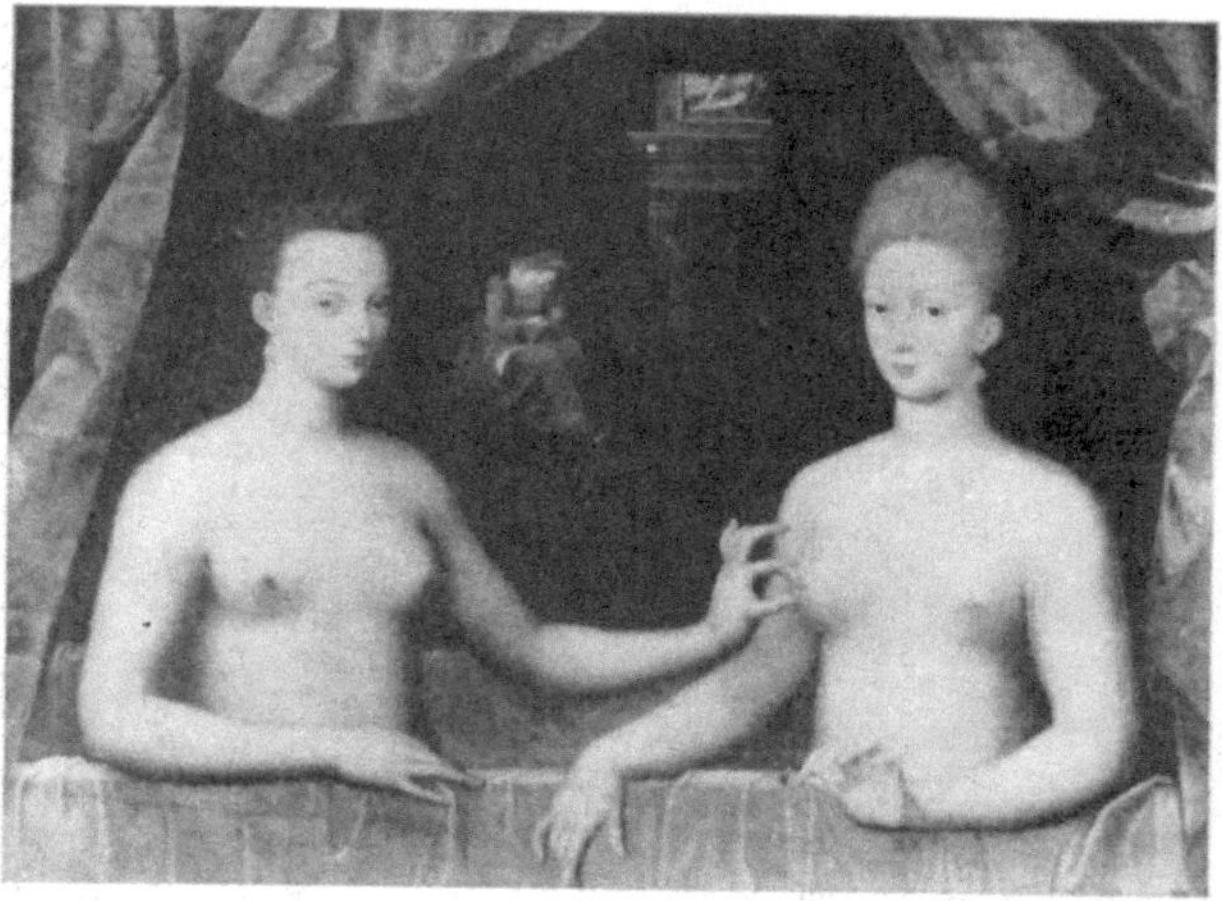

フォンテーヌブロー派「ガブリエル・デストレとその妹」。乳房に捧げられた、世界で最も有名な絵の一つ（ルーヴル美術館）

連れてイル・ド・フランス〔パリを中心とする地方名〕やロワール渓谷の幾多の城館をめぐったということになっているが、[39] もうひとつ肝腎なことをつけ加えるべきであろう。娯楽と祝祭をことのほか愛した王はまた、絵画、彫刻を問わず、裸体藝術の刮目《かつもく》すべき蒐集《しゅうしゅう》者でもあった。それらの裸体は古代の女神像に倣ったもので、そこに騎士物語の記憶が介在する余地はほとんどなかった。

　恋愛と美の追求が宮廷を席捲《せっけん》して

*39　シャンボールやサン・ジェルマン・アン・レーなどが王の創建にかかる。没したのはやはりイル・ド・フランスにあるランブイエの館。

いたこの時代、画家や彫刻家たちは一種の義務感から、ヴァランティノワ侯爵夫人ディアーヌ・ド・ポワティエ[40]を、女神ディアーナに擬して表現した。もっとも恋愛の女神ヴィーナスのほうがぴったりだったとは思うけれど、とにかく二代にわたる国王の寵愛を受けて権力をふるったディアーヌはかなりの年になるまで、均整のとれた乳房、おそらくは藝術家の媚《こ》びやへつらい、それに若いころの肖像画の思い出もあずかって理想化された完璧な乳房を剝き出しにした姿で描かれている[41]。

　若きアンリ二世〔一五一九～五九。在位四七～五九〕が正妃カトリーヌ・ド・メディシス〔一五一九～八九。三三年、十四歳で結婚〕よりも、年齢から言えば母になってもおかしくなかった豊満なこの女神を愛したことに首を傾げる歴史家も少なくない。なにしろカトリーヌにしても、ブラントームによれば、「白くゆたかな胸」をしていたのだから。

まだ少女だった王妃カトリーヌがイタリアから携えてきたコルセットはパリで大流行した。同時代のある女性の証言を引く。「ご婦人がたは佳《よ》い香りのするシャルミュール〔コルセットの一種〕で持ち上げられ、かたちよく隠されたふくよかな胸をしております。黄金のりんご〔ギリシア神話。ヘラクレスが奪った貴重な林檎〕よりも堅くて好もしい自然の生命の泉、りんごのように丸々としたふたつの胸乳がシャルミュールの上部でそれぞれ別々に持ち上げられながら、ともにふくよかな胸をかたち作っているのです」。

同じころ、パリ市立病院の医師アンブロワーズ・パレ〔フランス外科学の父。澁澤龍彦

『胡桃の中の世界』「怪物について」参照〕は医学生たちに、「惨めなほどに膨らんだ胸にするためにコルセットをきつく締めすぎて、脊柱が圧迫され、本来あるべき姿を失い、背骨が曲がってしまう美《うる》わしの乙女たち」について語っている。

アンリ・ド・ナヴァール、のちのアンリ四世は、王国の政務におとらず女の乳房を愛撫することに情熱を注いだ〔王は「老好色男」と呼ばれた。ロミ『悪食大全』二十章参照〕。宰相シュリーが「恋文の遣いや遊蕩仲間」と呼んだものたちに囲まれたアンリ四世は、当時のフィレンツェ大使の言葉を借りれば、フランスの宮廷をまごうかたなき放蕩の舞台にしてしまったのである。*42

国王の閨房《けいぼう》をめぐってそれほど色恋沙汰が渦巻くとなれば、どんな気まぐれも正当化さ

＊40　一四九九～一五六〇。夫の死後、最初フランソワ一世の寵姫。次いでアンリ二世の寵姫。王より十九歳年長だった。カトリーヌ・ド・メディシスとの確執は有名。その主な舞台になったのが、ロワールの城で最も美しいと言われるシュノンソーである。

＊41　ブラントーム『艶婦伝』第四講に、ディアーヌは老年を迎えても三十そこその美しさと瑞々《みずみず》しさを保ったとある。

＊42　シュリーの言葉に「耕作と牧畜とはフランスのふたつの乳房」というのがあるが、王と宰相とではどうやら乳房の意味が大きく違ったようである。

れようというもの。宮廷の貴婦人たちが身につけたデコルテは極端なほど下まで開いていたので、乳首も丸出し。そればかりかわざわざ乳首にうすく赤い色をつけることさえ必要だった。

かような行き過ぎを諷刺する二つの四行詩がしばしば引用されてきたが、それについては街角で歌われたものだという説もある。ともかく引いておこう。

奥様、お乳を隠しなさいな
薔薇色のきれいな乳首も一緒にね
誰かがそこに手を置いたなら
別のものだって置きたくなるから

胸をあらわに歩く女性は
ほんとは隠して歩きたいと
まわりに知らせているんじゃなかろうか
あなたはそうは思わない？

一五九九年、アンリ四世は離婚についてのとても上品とは言いかねる声明を発表したが、あれこれ理由を述べたなかで彼は、王妃マルグリットが週三回、聖体拝領台〔信徒席と内陣の仕切りとしてかつては置かれていた〕に「胸から肩まであらわにして」近づいたことも忘れずに挙げている。*43

マルグリット・ド・ヴァロワは、離婚されたのちも下品な女の代名詞的存在だった。ピエール・ド・レトワール〔一五四六～一六一一〕の『アンリ四世の日記』にこんなくだりがある。「一六一〇年五月六日火曜日。ノートルダムの説教師、シュフラン〔一六二五年以降マリー・ド・メディシスの聴罪師〕という名のイエズス会士が、女性の放縦さと淫蕩ぶりを嘆いてこう語った。現今のパリでは王妃マルグリットに倣って、たいていの浮かれ女が胸乳を出していると」。もっともそのイエズス会士は次のようにつけ加える用心深さを忘

＊43　マルグリット・ド・ヴァロワ（ド・フランス）はアンリ二世とカトリーヌ・ド・メディシスの娘。シャルル九世の妹。美貌《びぼう》で才女なれど性放縦にして愛人あまた。不品行を理由に教皇から離婚を求められた。通称王妃マルゴ。デュマに「王妃マルゴ」の作があり、一九九四年にパトリス・シェロー監督イザベル・アジャーニ主演で映画化もされた。二〇一二年からは萩尾望都の連載も始まった。後を継いだマリー・ド・メディシスはメディチ家出身。ルイ十三世を産んだ。生没年は以下の通り。アンリ四世、一五五三～一六一〇。マルグリット、一五五三～一六一五。マリー、一五七三～一六四二。アンリとマルグリットの結婚は一四七二年。マリーとの再婚は一六〇〇年。

れなかったのだが。「王妃たる方々に許されていた多くの事柄は他の者には禁じられていたものなのに」。

ふくよかな乳房がもてはやされた結果、いまやすっかり豊満な乳房の時代となった。ルーベンスの創作意欲を大いにかき立てたマリー・ド・メディシスの乳房が好例と言えよう〔二十一枚に及ぶ連作の『マリー・ド・メディシス一代記』他〕。周知のように、大世紀〔ルイ十四世の世紀。すなわち十七世紀〕の最初のころ、たくましいほどの乳房がもてはやされたのはひとえに、この威光に満ちた王妃によるところが大きい。ダントレーグ嬢*44はマリーのことを「肥《ふと》った女銀行家」と呼び、ガリガイ*45はマリーに「のろで愚図な女《バルルド》」という綽名《あだな》をつけていた。

「人体形態理論」でルーベンスは理想の乳房についてこう説明する。「ふくよかにして統一のとれた、すこし上向きの、こころもち外に開いた丸い乳房。ぶよぶよでもぐにゃぐにゃでもなく、慎ましげながらつんと前に出た乳房」。この白くて豊満な、母親を思わせるフランドルの女の乳房はそのまま美しいエレーヌ・フルマンの乳房に通ずる。ルーベンスは再婚相手となった姪《めい》のエレーヌ〔実際には、最初の妻イザベルの妹が結婚した男の妹がエレーヌ〕を、何度も胸をはだけた姿で描いている〔二人の妻の肖像は多数あるが、とくにエレーヌの肖像は名作の呼び声が高い。再婚当時画家五十三歳、エレーヌ十六歳〕。

ルイ十三世の時代〔在位一六一〇〜四三〕は、王の性的コンプレックスがデコルテにも影響した。筆頭侍医エロアールの『日記』〔ルイの誕生から一六二八年までを綴《つづ》った回想録として名高い〕を見ると、将来の君主がほんの子どものころから変わった振舞いをしていたことがわかる。「まだ二歳のときだったが、乳を吸っているとき、かの童子は木のごとく堅く直立した陽茎をこすったかと思うと、父王の愛妾《あいしょう》ヴェルヌイユ夫人のコルサージュに小さな手を入れたりもした」。五歳になるかならないかのころには妹の乳母に恋着を示し、乳房に延々とキスをしたという。それも「おまえにずっとキスするからね」などと言って。これはしかし子どもの言葉にすぎなかった。

長ずるに従って、ルイは女性の胸をまさしく厭《いと》うようになる。あるときなどはポワチエで、若い娘のむき出しの乳房に、汚いというほかないやり方で口に含んだ葡萄酒を吐きか

＊44　ダントラーグとも。カトリーヌ・アンリエット・ド・バルザック。のちヴェルヌイユ夫人。アンリ四世の愛人で、マリーを妬《ねた》み、陰謀に加わるも破綻《はたん》した。一五八三〜一六三三。

＊45　本名エレノール・ドリ。マリーとともにイタリアからフランスに来たが、わずかに年少の妹マリーに対し絶大なる影響力があった。のち処刑される。

○

けたこともあった。その出来事についてはメルシエ・ド・コンピエーニュ〔文学者・出版者・編纂《へんさん》者。一七六三〜一八〇〇。軽妙な作が多い〕が『乳房礼讃』〔一八〇〇〕で詳細を採録しているので引いてみよう。「ある旅行の途次、ルイ十三世がポワチエに立ち寄ったときのこと。盛大な料理が用意され、国王がそれを召し上がるのを一目見ようというので人びとが押しかけた。それはまるで見せ物見物のようだったが、違っていたのは入り口でお金が下賜されたことだろうか。王の食事を見守る人びとのなかに、乳房をあらわにした若い娘がいた。ルイ十三世はこの非礼な姿にちらりと視線を投げかけるや、帽子をまぶかに被って、食事を終えるまで眼を上げなかった。そこまでは貞潔な行為だったと言っていい。だが、そのあとに行き過ぎがあった。性的な事柄に対しては妙に上品ぶるところのあったルイは最後にグラスを空けたとき、口中に含んだ葡萄酒を練達の猟師のように狙いをさだめて、慎みなくむき出しになった乳房に吐きかけたのである。かけられた液体で汚れた哀れな娘は動顛しきって隣室で卒倒したのだった」。

イエズス会士の著作家バリ神父もこの不祥事を筆にとどめたひとりで、「かのあらわなる胸乳《ゴルジュ》は口中の葡萄酒《ゴルジエ》に十分に値した」と書いているが、この下手な駄洒落では王の振舞いを赦《ゆる》すわけにはいかないだろう。

この偏執狂の国王が、オートフォール嬢〔マリー・ド。マリー・ド・メディシスの侍女だったが、彼女を愛《いと》しく思ったルイの意向で妃のアンヌ・ドートリッシュの侍女になった〕のコルサージュに挟まれた恋文を取るのにピンセットを使ったという話も有名である。彼は令嬢の美しい乳房に絶対触れまいとしたのだ。

『夢想』のなかでビオ〔不詳。あるいは十八世紀から十九世紀にかけて活躍した科学者、文学的文章や回想録等も書いているジャン＝パティスト・ビオか〕は、王のコンプレックスがどういう結果を招来したか記している。「ルイ十三世は乳房を地獄の責め苦とみなし、しばしば侮辱を加えることすらあった。だからこそ、ジョゼフ神父〔リシュリウーに心服した神秘主義のカプチン会修道士〕もヴァンサン・ド・ポール*46も、美女をいっそう美しくする女体のかの部分を論難して倦《う》むことがなかったのである」。

それゆえ、十五世紀にある程度流行った「コレ・モンテ」が再び脚光を浴びたのは当然だったといえようか。しかしそうした厳しさは長くは続かなかった。紐をゆるめたコルサージュの流行は王国全土にゆきわたっていたからである。その席捲ぶりたるや、胸をあらわにした女性は破門も辞さないという脅しと介入を、法王みずからあえてしなければならなかったほどだった。

*46　ルイ十三世の臨終にも立ち会った当時最も尊崇を集めた聖職者。ヴィンケンティウスとも。「慈悲の友会」等を設立した。一七三七年列聖。『十九世紀ラルース』では「フランスが生んだ最高の人物の一人」と絶讃されている。

デコルテは教会で男たちの心を惑わしかねないとして非難を浴びた。『二人のフランスの詩人による尋問と論争』(一六一〇)にこんな一節がある。「さりながらなお悪いことがある。説教を聴きに教会に行ったとしよう。そこには乳はおろか臍《へそ》までむき出しにした血色のよいご婦人方がいるのだ。眺めて愉しんでいるうちに、有り難い御言葉などどこかへ飛んでしまうではないか」。

それとは逆に、娘たちに媚態《びたい》を奨めている興味深い小冊子もある。一六一八年に出たもので、題して『ノルマンディーの遊女からパリの遊女に贈られし、英国の一遊女創案にかかる淫らな流儀の考案集』という。「白く形よき胸乳、上向きの雪のごとき乳房を持った女性は見る者の視界をさえぎるようなことをなすべきではありません。見る者が安らぎを覚えたいと思うようでなくてはならないのです。それとは逆の胸を持った女性は襟や衣裳に大きな折り返しをつけて、一部しか見えないようにしなくてはなりません」。

乳房を持ち上げてコルサージュからこぼれんばかりにふくよかに見せる帯《サングル》に触れた韻文詩などはどうだろうか。

御身《おんみ》の言の葉いとつつましき
されぱこそ余韻もありとよ
御身のうなじは脂と水銀を以て

塗られしごとく〔白くなめらかな様を言う〕
白くかがやく
油断せし我らを攻めるは御身のわざか
前をはだけてあらはに顔だす乳房しも
帯のちからでまさに膨らむばかりかな

胸を持ち上げるファッションは社会のあらゆる階層の女性に浸透していた。『宮廷諷刺集』（一六二四）と題された、衣裳に関する韻文詩がそれを証《あか》している。

庶々《しもじも》の妻は移り気
尻軽の
いかにも仏蘭西《フランス》の妻にふさはし
かつて慣はしてゐたごとく
こればかりは真実なれど
いまだ外《と》つ国ではしてゐるごとく
襟元まではよも締めまいが
縫い目をたくみにつくろうて

セバスチャーノ・デル・ピオンボ「聖アガタの殉教」(フィレンツェ、ピッティ宮)

〔シチリアのアガタ(聖アガタ。生年不明。250年頃殉教。「アガタ」はギリシア語で「善良なる女」の意)は当時シチリアを支配していたローマ人の権力者から懸想され、その意に従わなかったため、キリスト教徒たるを以て迫害され、拷問の末に両の乳房を切り落とされた。乳房を皿の上に載せた表象で描かれるため、鐘職人や乳母や宝石職人の守護聖人とされたが、近年では乳癌患者の守護聖人ともされる。また、処刑を、たまたま起こった地震で免れたことから、アガタに祈りを捧げて難を逃れたマルタ島やシチリアやパレルモの守護聖人としても尊崇を集める。アガタの聖遺物は最初コンスタンチノープルに移されたが、その後1126年以降は、カターニア の大聖堂に安置されている。〕

ベルナルディーノ・ルイニ「聖アガタ」(ローマ、ファルネーゼ宮)

形ととのへ
かくす胸乳の意地らしさ
さりながら身分尊き上臈《じやうらふ》は
胸乳かくすは思ひも寄らぬ
むしろ好んで胸はだけ
胸乳もあらはに平然と
雪なす白き双の乳房を
すすんであたりに見せんとす
その色香の魔力は矢のごとし
秋波の遠く及ばぬところ

しかしその時代でも、デコルテの蔓延《まんえん》を嘆いた詩がなかったわけではない。「仏国なる婦女子に与う諌言《かんげん》。預言者イザヤの書第三章抜萃《ばつすい》〔旧約。第三章には「シオンの娘たちはおごり、首を高くあげて進み、色目をつかい、小股で歩み」云々《うんぬん》の一節がある〕」という詩を紹介しておこう。

我が口もて大いなる神、汝らに言ひ給はく

汝らの乱れし金の鬘《かつら》の根元まで
疥癬《かいせん》の広がりゆくべし
汝らの開ける胸ももろともに
帯の下まで、なべてあらはし給はん
汝らの恥《は》づべき隠しどころを白日の下にさらし給はん
いまだ廉恥の心ありなば
時は来るべし、不思議なる変化の時はきたるべし
汝らは素足にて泥中を走り回らん
いきつく果ては高き靴にて上るべき
刑死の台場
さる時は、粗き糸目の
たくみの業なる服をまとひても
汝らの恥づべき胸乳の膨らむことこそなかりけれ

しかし悪魔は決してまどろむことなく、孜々《しし》営々《えいえい》と力をふるい、女たちは隠すのがふさわしいとされていた乳房をおおっぴらに見せ続けた。『世俗婦人蠱惑実例集』（一六三二）にも同様の嘆きが記されている。「淫らで恥知らずの乳房がいかに哀れだとて、同情など

できるものだろうか。それを考えるだけでこの身は憤りで震え、正義の怒りがこみ上げてくる。そこにあるのは手に負えぬ頑迷至極な反逆気質と途方もない無分別である。もし神がかような者たちにも憐《あわ》れみを示すということがなければ、そのような輩《やから》は二度と取り返しがつかぬ道をゆくのみであろう。（中略）

　聖バルナバ〔使徒たちの弟子。パウロに協力した。新約・使徒行伝他〕はあるとき、寺院で、男たちの眼前で乳房をあらわにした女たちを眼にし、その寺院と女たちを呪ったという。寺院は崩れ落ち、女たちを一人残らず押しつぶした。それはやむを得ない仕儀だったと思う。フィロストラトス〔二世紀末から三世紀にかけて活躍したギリシアのソフィスト〕は『テュアナのアポロニオス伝』〔一世紀頃のギリシアの哲人。遠くインドまで旅したという〕で、若い男を貪《むさぼ》り食らう怪物ラミア*47について語っているが、好色な女の乳房《ゴルジュ》はそんなものではない。若い男は生きながらにずたずたに切り殺《エゴルジェ》されるのだ。女たちはまるで匕首《あいくち》を手にしているようなものではないか」。

　一六三五年になっても事態はまったく変わらなかった。三月の末、各管区の司教猊下《げいか》あてに、聖父ローマ法王の名で回状が出された。筆者は北仏の町アラスに住むストラヴィウスなる副司教。それは「不謹慎きわまりない衣服に身をくるみ、信仰すら疑わせる不穏な婦女、胸をむき出しにし肌もあらわに、平然と教会にやってくる婦女たちの救いがたい厚顔無恥ぶりを今こそ鋭く糾弾して」くださるようにという依頼状だった。

カンブレー〔やはり北仏の町〕の神学教授ジャン・ポルマンの『潰瘍《シャンクル》または婦女の乳を覆うもの』が出て多大の反響を呼んだのも一六三五年である。篤信の念にあふれたこの糾弾の書で著者は、乳房にできる潰瘍《かいよう》と衣服の潰瘍たるデコルテを比べている。デコルテは最初、コルサージュの縁を貪り食らうと、じわじわと下着に浸透し、やがては素肌に達するというのだ。『潰瘍または婦女の乳を覆うもの』は「いと畏《かしこ》く、いと勁《つよ》く徳高きルイーズ・ド・ロレーヌ夫人、リーニュ大公夫人、アンブリーズ大公夫人、サン・タンピール大公夫人」〔いずれも当時の名家の夫人〕に捧げられている。この敬虔なる風俗矯正家の言葉にしばし耳を傾けてみよう。

「人体のあらゆる器官は、截然《せつぜん》として相異なる機能をもっている。それこそ自然のなせるわざとして考えなくてはならない。自然は各器官に固有の役割をこまごまと割り当てたのだ。それゆえ眼は見、耳は聞き、足は歩み、手は物に触れ、乳房は必要に応じて授乳するがそれ以外のときは姿を隠すという機能を持っている。自然によって割り振られた本来の機能にそむく使い方は自然の秩序とあるべき姿を混乱に導き、自然の法を犯す行為と言わなくてはならない。

＊47　ふつうは子どもをさらう怪物。ゼウスに愛され、子を産むたびにヘーラーに殺されたため、他の子どもを食らうようになったと言われる。

貞潔な娘たるもの、善良な婦女たるものは公衆の面前で、堂々と乳房や乳首を見せることがあってはならない。（中略）博物誌によれば、男性の死体は水の上で顔を上にして漂うのに対して、女性の場合は顔が下に来るという。恥を知らぬ女たちに、乳房や乳首を隠すべしと自然が教えているかのようではないか。自然は女たちが死んで羞恥心も何もなくなったときに、かくのごとく隠してあげるのだから」

この神学教授が言葉たくみに援用する論拠は古代の律法から聖書、歴史上の逸話から預言者や使徒たちの言葉、昔ながらの劫罰をかざしての脅しというようにじつに多岐にわたっている。「そう。たしかに我々は開かれた自由な心の時代に生きている。だが、それは胸が開かれむき出しになった時代でもあって、かの恥ずべき胸元が開けば開くほど、地獄の口があんぐりと開くというしかけである。しかもその口は並外れて大きいのである。確かなことだからこそ私は言いたいのだが、悪魔がいやらしくむき出しになった乳房にひどく執着し、あの象牙《ぞうげ》の山、白い丘たる乳房に嬉々《きき》として戯れるのはひとえに、その魔力をおとりにして用い、魂に不意打ちを食らわせ、我が物にしたいからにほかならない。ご婦人方にはとくとお考え頂きたいと思う。あなたの胸が悪魔の隠れ処《が》になり、胸乳がサタンの褥《しとね》か悪魔たちの枕に、乳首が地獄の業火に火をつける薪になることをみすみす受け入れるのかと」。

とにかく罪の観念で頭が一杯なものだから、乳房を前にした男たちの月並みな欲望も、この著者の想像力にかかるとこうなってしまう。「世俗の者、生身の人間たち、バビロンの末裔《まつえい》どもは開かれた白き胸元に好色な眼差《まなざ》しを投げつける。彼らはこの二つの肉の塊に肉欲に満ちた思いをぶつけ、はだかの胸（きちんと単数にしていることは褒めていい〔原語の sein は複数で「両の乳房」、単数だと「片方の乳房」のほか、乳房ないし胸全体をも表わすことがある〕）の谷間に卑しい欲望を宿らせ、双の丘に貪欲《どんよく》なまでの欲望を押しつけるのだ。彼らの淫欲は乳房を臥所《ふしど》や隠れ処にする。そこでは心中の淫らな放蕩が行われているのである」。

○

ルイ十四世〔在位一六四三～一七一五〕の治世の初めの頃はそれでも、上品な貴婦人たちのデコルテには相当の慎みが保たれていたと言っていい。だが、それもスペインの貴婦人たちが大胆にも、肩と胸をむき出しにするファッションを宮廷や町や教会に持ちこむまでのこと。非難の声がふたたび上がり、説教師たちが先陣を切った。闘いは長く続き、婦人たちはただ一つだけ譲歩をした。それは「パラティン」という名前の肩掛けで肩と胸を覆うというもので、一六七六年頃のことである〔一六七一年という説もある〕。パラティンなる名の由来は、それを流行させたのがパラティナ侯女、シャルロット・エリザベート・ド・バヴィエール*48だったからである。

大世紀の女性からは、フランソワ一世の宮廷の女性たち、すなわち狩猟の女神ディアーナにも比すべき女性たちの優雅さは失われていた。女たちは長々と続く宴席につらなり、香辛料をひどく利かせた料理を口にし、閨房〔当時貴婦人たちは閨房でサロンを開いた。ランブイエ夫人の「青い部屋」はその代表的な例である〕でのおしゃべりに余念がなかったから、たちまち肥満に達した。レンブラントやフランス・ハルス、プッサンといった画家の作品に登場するのは、重たげな乳房をかかえた、肥った女性たちである。乳房はもはや青い林檎ではなくて、たわわに実った果実であり、下から支えるような衣裳をまとう以上、コルサージュからはみ出すよりほかなかった。

心優しいジャンリス夫人[49]が書いているところに従えば、乳房をあらわにした十七世紀の貴婦人方の肖像画は顔だけが本人で、あとはプロのモデルの肉体を借りたものということになるが、それはあくまで心優しい嘘というほかない。よく知られているように、若くて美しい女たちは自尊心からというだけでなく、他の女とは違うということを示したくて、みずから進んで画家の前に立ったのである。ティアンジュ夫人もそのひとりで、乳首まで出した肖像画を好んで客に見せたという。夫人が愛用のデコルテとともに乳房の絵をしまい込んだのは信仰に身を捧げたときだった。

最初リュイーヌ大公に嫁いだマリー・ド・ロアン[50]はモルセルシにむき出しの乳房の絵を描かせ、貞潔の誉れ高かった美貌の閨秀詩人デズリエール夫人〔一六三八～九四。数ヵ国語に通じた学殖詩人。多作家だが、とくに田園詩で有名〕も流行に従って、ランベールに胸をあらわにした肖像画を描かせている〔モルセルシ、ランベールは恐らく当時の宮廷画家。詳細不明〕。

いくら画家のモデルになったからといって、フランス一の聡明《そうめい》さを謳《うた》われた女性にして、本来の模範的な振舞いが変わることはなかった。

マリー・マンシーニ[*51]は肖像画家ピエール・ミニャール[*52]のために左の乳房を出した恰好でポーズをとったし、モンテスパン夫人[*53]にも両の乳房をあらわにしたマルタン・フレミネ[*54]筆

＊48　ルイ十四世の弟妃。一六五二～一七二二。結婚後も生国ドイツの慣習を捨てず、それがために宮廷では冷遇された。書簡集は当時の宮廷の貴重な資料である。

＊49　一七四六～一八三〇。小説家・教育家。『城館の夜話』は教育学の書として著名。

＊50　後のシュヴルーズ公爵夫人。一六〇〇～七九。絶世の美女の名をほしいままにした。ルイ十三世の妃アンヌに従って、反リシュリウー派の中心人物として活躍するなど、波瀾《はらん》万丈の生を送った。『箴言集』の著者ラ・ロシュフーコーもその色香にまよった一人である。

＊51　「王をたらしこむ女たち」と言われた宰相マザランの姪の一人。姉のオランプ同様ルイ十四世に愛された。一時は結婚すると思われたほどの仲だったが、マザランに阻まれ、以後はこれまた波瀾万丈の生活を送った。

の肖像画がある。王の寵姫をモデルにした、この偽善的とも言える母子像についてミシュレ〔一七九八〜一八七四。民衆的歴史家として著名〕は皮肉な言葉をのこしている。「このとき夫人は二十七歳。大柄で太り肉《じし》の、陽気なポワトゥー〔フランス西部の州。夫人の出身地〕気質の美女であった。肖像画では腰を下ろして、子どもたちに乳を与える姿で描かれている。子どもの一人は美しい乳房にかじりついているかのようだ。ふつうそうした年増には少女の頃には見られない、豊満な魅力や心打つ特性があるものだが、ここには皆無である。その絵にいったい誰が母親の匂いを感じることができよう。どんな子どもが夫人に近づいてゆくだろう。子ども嫌い、そう自分の子どもすら、いやもっと言うなら他人はすべて嫌いだったという女性ではないか。題して『慈愛』とはつけもつけたり、何とも小莫迦にした話である」。

ブダペストの国立美術館にあるジョヴァンニ・ロマネッリ作のポモーナ〔ローマの果物の女神〕の肖像は左の乳房を昂然と突き出したポーズで知られるが、モデルになったのはフランソワーズ・ドーヴィニェ、のちのマントノン夫人だった〔十七歳のとき、二十五歳年上の作家スカロンと結婚し、ルイ十四世とモンテスパン夫人の子どもたちの養育係をしていたが、夫の死後国王の寵姫になった〕。この魅力的な肖像画について、シャルロット・エリザベート・ド・バヴィエールが書きつけた「ぶよぶよで皺《しわ》だらけの下司《げす》女」という辛辣《しんらつ》な評言をそのまま受け入れることはむずかしいのではなかろうか。

最も有名な乳房——ここでは「最も有名な肉体の持ち主」と言わなくてはならないだろう。マンシーニ姉妹。マリー、オルタンス、マリー＝アンヌ。国王の寵姫たち。

一六六一年に話題になった乳房の話をしよう。八月十七日、財務卿《きょう》フーケ*55がルイ十四世のために、ヴォー・ル・ヴィコントで豪奢な饗宴《きょうえん》を催した際のことである。各種の催しのなかに、裸の呼び物《スペクタクル》があった。現代のミュージック・ホールではどんなにつつましいレビューであっても莫大な費用がかかる。*56公式の大祝典

＊52 一六二一〜九五。ルイ十四世の庇護《ひご》を受け、晩年には王室付首席画家となる。マリーの絵はベルリン美術館所蔵。

＊53 ルイ十四世の寵姫。一六四一〜一七〇七。王との間に七人の子をもうけた。

＊54 当時の宮廷画家。アンリ四世に庇護された同名画家の息子。

＊55 フーケの手により同年完成した。設計ル・ヴォー、内装ル・ブラン、庭園ル・ノートルという贅沢《ぜいたく》な城館。フーケが濫費を廉《かど》にコルベールに摘発され、終身刑になるきっかけの一つになった。鉄仮面は実はフーケだったという説もあった。

となればなおのこと。ルイ十四世金貨で何と千八百万フランかかったという。[57] スペクタクルに登場した女たちの乳房がいくら雪のように白く、引き締まった完璧なかたちをしていたといっても、ルイの激怒は収まりようがなく、浪費家ぶりをとことん発揮した財務卿はついに逮捕された。

モリエールが舞踊喜劇「うるさがた」〔最初、貝殻のなかで水浴していた女が水から上がって前口上をいう〕を初演したのもこのときのことである。招待客たちがフーケの秘書ペリソンの書いた前口上を何とか聞いていられたのは、それを朗読したのが葦の葉陰で水浴する女だったからだが、乳房は葦《あし》にほとんど隠れず、あらわというに近かった。人のいいラ・フォンテーヌがいたく感激したのも無理はない〔ラ・フォンテーヌはこの芝居について、友人に手紙を書いている〕。現代のレビューの先駆者というべきこの小柄な女こそ翌年春にモリエールと結婚したアルマンド・ベジャールその人だった〔モリエールの二十歳年下。当時十六歳〕。

町ではみだらで気まぐれな振舞いがまたみられるようになる。『当代婦女に見られるフォンタンジュ[58]並びに虚飾多き装いの濫用に就いて』と題された小冊子から引いてみよう。「往年の名説教を彷彿《ほうふつ》とさせるではないか。「かくのごとく肌をあらわにして、聖母像に恥じることがないのだろうか。聖母像はいともつつましく身を包んでいるというのに。裸の胸やむき出しの肩はヴィーナスの付け木〔「肉欲に火をつけるもの」の意〕とどこが違うというのか」。

礼節を幾度呼びかけても、皆目効き目のないことに業を煮やしたトゥールーズの司教連中は思い切った手段に出る。一六七〇年三月十三日、司教総代理たちは「守るべき教会の特権を踏みにじり、腕や胸をあらわにして、信者の心に不純な愛欲の火を付けた女たちを非難し、向後《きょうこう》かような出《い》で立ちで教会に入り、秘蹟《ひせき》〔洗礼、聖体、改悛《かいしゅん》、婚姻など〕を受けることがあれば、破門に処す」旨を明らかにしたのである。

厳格なるブルダルー〔ルイ。一六三二～一七〇四。ルイ十四世時代最大の説教師といわれる〕の先輩格にあたる説教師クロード・ド・ランジャンド師〔一五九一～一六六〇。当代随一と謳われた〕も下品にならぬよう気をつけながら、世の婦人に呼びかけている。「この聖なる場所に来たりて、なにゆえかほどに身を飾り立て、体形をわざわざ見せつけてまで、

＊56　カフェ・コンセールなどを経営していたロミならではの言葉。

＊57　ルイ十三世以降、歴代のルイの肖像を刻印した金貨が作られた。一ルイが十リーヴルから十二リーヴル――後には二十四リーヴルまで――に相当。当時はフランとも言った。一リーヴルはもともと銀約五百グラムに値する通貨。

＊58　ルイ十四世の寵姫フォンタンジュ嬢にちなむ。頭の上に高く結い上げた髪型。十七世紀末から十八世紀初頭にかけて流行した。

人々の視線を集めようとなさるのか。胸も肩も腕もむき出しにするのみならず、贅を凝らした服装をするのがふさわしいとお考えか。ここは偉大なる救世主であられる主が、至高の肉体を通じて、不滅を願う魂に滋養を与え、貞潔への愛を吹きこみ、色欲の焔《ほのお》を消してくださる場所。だのにあなた方ときたら、あえて申し上げるが、自分の肉体で人々の目を奪い、魂を惑わせ、官能をかき立て、情欲の火に油を注いでいるではないか。

この不信心はいかなるものか。イエス・キリストの肉体にあなた方の肉体を、神の慈愛にあなた方のみだらな愛欲を並べようとでも言うおつもりなのか」

当時は豊満な胸のラインがよしとされたから、さほど胸の大きくない婦人はさまざまに工夫をした。それを証拠立てる小冊子がある。一六七五年、ベルギーのナミュールで刊行された『世俗婦人虚栄鑑《かがみ》』がそれで、筆者はカプチン会修道士ルイ・ド・ブーヴィーニュ。「両の胸を大きく見せ、きれいなコルサージュを身につけて人前に出るためとあらば、毎日二時間や三時間を費やすのはあたりまえというような、虚栄心でいっぱいの女がいる」。

このような放埒《ほうらつ》さに心を痛めたインノケンチウス十一世（第二百三十八代ローマ法王。在位一六七六〜八九。ルイ十四世と対立した）は一六八三年十一月三十日、すべての婦女に対して、「透けて見えない布で」乳房と肩を首まで隠すべしという教皇令を出した。施行は発令の六日後。それ以後に違反した女たちは容赦なく破門を申し渡されることになっていた。

若干の例外を除けば、女たちは依然として、コルサージュからはみ出すばかりの豊満な乳房を見せつづけたし、大きな乳房が原因となった破廉恥な恋愛沙汰が一再ならず人々の口の端に上った。

ルイ十四世の王太子ルイ〔一六六一～一七一一〕は父親譲りの漁色家だったから、妃のマリー＝アンヌ・ド・バヴィエール〔一六六〇～九〇〕のほかに愛人がいることを知らぬものはなかった。とはいえ、妃が一六九〇年に世を去ったとき人々は、ルイがレザン某なる婦人〔レザンは葡萄の意〕と情人関係にあったことを知って驚倒した。レザンはある役者と正式に結婚していたのだ。

ルイ十五世〔在位一七一五～一七七四〕の主馬寮の役人だったボワ＝ジュルダンは下品な筆づかいで、レザン夫人がルイから愛された理由についてこう書きつけている。「それは太り肉《じし》の美しい女で、胸は大きく、腰回りの肉づきもみごとだった。王太子はそうした肉体の魅力にご執心だったというわけである。劇場で見初めたのがそもそものきっかけで、子どもも一人いる。だが子どもは恐らく意に反して出来てしまったというのが真相だろう。王太子がことさらに執着していたのは、子どもをつくる愉しみを措《お》いても、愛妾の心尽くしの技巧のほうを、すなわち、レザンのすてきな乳房が与えてくれる、もっと刺戟《しげき》的な愉しみのほうをえらぶことであったと言われているからである」。

妃が死んで四年が経ったころ、王太子はコンティ大公夫人〔マリー・アンヌ・ド・ブルボン」の侍女、エミリー・ショワン嬢を「見初めた」。ショワン嬢も胸と腰回りがひときわ発達した女性だった。そんな王太子の性癖を、パラティナ侯女エリザベート・シャルロット・ド・バヴィエールは歯に衣着せず、嘲笑《ちょうしょう》している。こんな調子だ。「それは背の低い醜女でした。でも胸の大きいことと言ったら、どんな女性もかなわないほど。それが王太子殿下にはたまらなかったのですわ。まるで太鼓みたいに、かのひとの胸をたたいていましたもの」。

王妃のマントノン夫人は王太子がのぼせ上がっているのにつけこんで、エミリーとの秘密結婚を承諾させたが、それは自分の義理の息子である王太子を夫たる国王と同じ立場におくということでもあったろう〔マントノン夫人がルイ十四世とひそかに結婚したことを指す。当時、「秘密裡の結婚」を意味する「良心的な結婚」mariage de conscience という言葉があった〕。

一六九二年には、胸を隠すファッションが流行した。といって、まったく隠してしまうのではなく、「スティンケルク」[*59]という薄手の肩掛《フィシュー》〔両肩に掛け、前で結ぶ〕をかけるだけだったのだが、それはその年の夏、ベルギーのスティンケルクで、取るものも取りあえず戦闘に加わり勝利を収めたフランスの将校連中が、ぞんざいにネクタイをしめたままで戦ったことに由来する、いわば戦勝記念のファッションであった。

仮借なく非難を続ける説教師が跡を絶たない一方で、乳房の魅力を詩にして歌う、風流な聖職者もいた。モリエールが『女学者』で衒学者《げんがく》トリソタン〔「三倍の莫迦」の意。才人ながら品位下劣な男として描かれる〕のモデルにしてからかったシャルル・コタン神父〔一六〇四〜八二。ロミ『悪食大全』『おなら大全』参照〕は、宮廷で十六年にわたって説教をし、国王付司祭、バイユーの司教座聖堂参事会員、アカデミー・フランセーズ会員にも名を連ねた聖職者だったが、聖務の間を縫って、詩作に励み、その大部分を彼のいわゆる「王女殿下」*60に捧げた。題がふるっていて、「トゥルー・マダム・ゲーム〔卓上玉通しゲーム。十五世紀から十七世紀にかけて流行した。「奥方」と「穴」の結びつきが思わせぶりな名前と言える〕」「ピュスラージュ〔「ベルトから下げる壺型飾り」のほか、「童貞、処女」の意もある〕」「ある貴婦人の胸乳」などなど。王女殿下の乳房はコタンには悩みの種だったらしく、手で触れえないことをいろいろな調子でかこつ詩がのこされている。たとえば、「つれなき仕打ち」と題された作品。

＊59　ファッション用語としてはふつう「スティンカーク」と表記する。主に男性用の一種のネクタイをいう。

＊60　モンパンシエ夫人を指す。ルイ十三世の姪。従兄弟《いとこ》のルイ十四世と結婚しようとしたが、失敗。マザランと対立した。フロンドの乱ではバスチーユ司令官を務めた。セヴィニェ夫人をして「フランスで唯一ムッシューの名に値するマドモワゼル」と言わしめた。通称グランド・マドモワゼル。

他に比べやうのない貴女の唇
それに近づくのはだめと仰言《おつしや》る
貴女の御胸はまさしく奇蹟
見るも触れるも叶《かな》はぬわざか

時に応じてリズムは変わるが、同じ思いがみてとれる。

美しく雪なす胸乳に触れはせじ
日ごとの誓ひに嘘はなけれど
この身のうちはされど苦しき
思へば甘くやさしき習はし
いかに無縁でゐられるものかは

〔いずれもコタン『雑詩集』より〕

当時大流行していた謎かけ歌の名人でもあったコタン神父は乳房についてこんな謎かけ歌を作った。題して「乳房の謎」。

隣同士でありながら

決して一緒に暮らさない
二人のことを嫌いな者は誰もない
昂然としたその様子
生き生きした優雅さも
二人に共通
誉れも同じく
二人のものよ
生まれたときが十五歳
同じ鋳型でつくられたかのよう

ラ・フォンテーヌの友人で、ランスの司教座聖堂参事会員だったフランソワ・ド・モークロワ〔一六一九〜一七〇八〕も、聖務の間に、当時の女たちの乳房を称えるアナクレオン[*61]風の詩を作っている。

＊61　酒や恋を歌った古代ギリシアの叙情詩人。「さればわれ恋しつつ／また恋をしらず、／まよひつつなほ／迷ひを知らぬ」――呉茂一訳。

そなたの胸には雪とて羞《は》じらう
百合もそなたに敵うわけなく
色さえうしなうにきまってる
麗しのボージューよ
かくも白い肌をして
エジプト女と思えと言っても
それはとうてい無理というもの

このマドリガル〔叙情短詩〕は、エジプト風衣裳をまとい、揚々と仮面舞踏会に臨んだボージュー夫人〔ボージュー家は代表的な貴族の一〕を歌ったものだが、もっと親しかったレオー夫人〔『小伝集』の作者・詩人タルマン・デ・レオーの夫人〕にはエロチックな夢までも語っている。

わたし自身の快楽の虜《とりこ》となり
大胆不敵な唇と手は
欲望の赴くところに駈《か》けつける
キューピッドもあこがれる

百合なす君の乳房の上で
わたしは失神
気高きイリスよ
夢ではさらに悪さもしたが
言葉にする勇気とてない

「ディアーヌ哀歌」では、女友だちの一人が婚約したことを知って味わった嫉妬《しっと》が歌われる。

あなたを床につれこむとは何と幸福な夫だろう
その美しい唇に触れ
年中失神というわけか
そしてその手は
厚かましくも
けがらわしくも
あなたの胸の
ふたつの百合をけがすのだろう

罪の概念——色欲の罰。ブルゴーニュ地方スールのノートルダム寺院内陣。「ご婦人方にはとくとお考え頂きたいと思う、……、乳首が地獄の業火に火をつける薪になることをみすみす受け入れるのかと」（カンブレーの神学教授ジャン・ポルマン『潰瘍（シャンクル）または婦女の乳を覆うもの』、1635年）

罪の概念——色欲の罰。コラン・ド・コテール作「最後の審判」（部分）。1500年頃（ケルン、聖アルバヌス教会）

ルイ十四世時代の堂々としたデコルタージュは摂政時代〔ルイ十四世没後のオルレアン公フィリップによる。一七一五～二三〕になると、淫猥で挑発的な、わざとらしい切り込み〔三日月形やV字形が多い〕に変わっていった。乳房を隠すのは滑稽《こっけい》なほど保守的だとされ、胸を見せたいという強い欲求は、教会で献金を集める役目の娘たちをもとらえたのである。デコルテの度合いが大きければ大きいほど、集まる献金も多かった。それは興味深いことだと言わねばならない。フュルチエール〔一六一九～八八。小説家・学者。辞書の編纂でも著名〕の小説『町民物語』[*62]には、献金の際のそうした、およそ道徳的とは言いがたいやり口が描かれている。この慣習があまりに一般化した一七一〇年、ある道学者が『献金集めの娘たちの不謹慎ぶりを排す』と題した諷刺詩を発表した。仰々しいアレクサンドラン〔十二音綴《おんてつ》による代表的詩法〕を用いて作者が糾弾したのは、貧者に施す銀貨一枚もらうために、まるで愛情の証しを求めるかのような恰好をする娘たちだった。

主よ、われ何を見るとかや、荘厳なる日に何を見んとや
ひとの寺院に来たれるは神を称へんがためにあらずや
弱きこころに厭はしき焔を吹きかけしは
神のわれらが魂を救はんとするを嫉《ねた》みける悪魔にあらずや

われは見ん、喜捨を求むるおみなごの
悪魔のしもべさながらに、慎みのかけらもなしに装ひて
おのが美貌を自慢するさま、傲慢なりし牧羊神《パーン》に似ずや
聖なる家居《いへゐ》にありながら俗臭芬々《ふんぷん》ただよはせ、
胸はだけるにをさまらず、耳や腕《かひな》も出して回るは
げにいまはしき姿にあらずや
信徒のこころを焦がしてやまぬ瀆聖《とくせい》の火のいと強ければ
巌《いはほ》のごときこころありとも
いかに抑へん、身のうちに罪の焔の燃えたつを

年齢はなんら関係がなく、若いころの艶《つや》をとうになくした婦人連も、流行に遅れまいと必死になった。風俗の皮肉な観察記録をのこしたクレキ侯爵夫人〔十八世紀のサロンの立役者の一人。ルソー『告白』第七巻などにも登場する〕が、本来なら敬愛してしかるべき代母のユルサン大公夫人について酷評した一節から――「驚くほど化粧をするのです。胸と老

＊62　風俗小説の開祖的作品。一六六六。美しい町娘ジャヴォットは教会で献金を集めているとき、弁護士に見初められる。

いさらばえた肩をあらわにするために」。

大公夫人のこうしたデコルテのために、たとえ間接的にとはいえ、ある貴族が死にそうになったことすらあった。マンスフェルト大公がその人である。ある日のこと、大公はクレキ侯爵夫人に、どうしてユルサン大公夫人はあのように肌をあらわにしているのか尋ねた。「それはわたくしたちを、そう、わたくしたち若い女性を喜ばせるためですわ」。クレキ夫人はこう答えたあと、つけ加えた。「とりわけファニャーニ伯爵夫人をね」。ところで、引きあいにだされた伯爵夫人はまたとないほど美しい胸と肩をしていたが、マンスフェルト大公に狂おしいほどの恋情を抱いていたので、「示し合わせたかのごとき、かような態度に腹を立て」、匕首で一突き。大公はあわや一命を落とすところだった。

十八世紀は乳房や乳首をあまりに露出した時代である。『百科全書』があり、フランス藝術史にのこる傑作があまた生まれ、王国がとみに繁栄したにもかかわらず、軽薄で、遊蕩に明け暮れた時代と考えられてきたのはそのせいもあるだろう。

放蕩という点でいうなら、まずもって王族が範を示した。ルイ十五世はみずから王国一の「遊蕩児」であることを隠さなかったし、遊蕩は社交界の人士には必要欠くべからざるものであった。徴税請負人は公然と愛人を囲い、オペラ座やコメディー・フランセーズの女優は一番金払いのいい客に身を売った。ポンパドゥール夫人は一流の彫刻家をつかって、「奔放な作品」をつくらせたのである。

女たちの体形に変化が見られ、裸体の表現も変わった。ヴァトーやブーシェ〔ともにロココを代表する画家〕によって新しい美のかたちが定着し、女は適度に太り肉《じし》、腰のあたりにえくぼのような窪《くぼ》みがあって、腹はむっちり、乳房はただ男の手にあまる程度の豊かさというのが理想になる。パリの女たちについてブーシェが述べた次のような体形がやがて世の中を席捲していった。「女性の体は奥に骨があると思えるようではいけない。ぽってりした肉づきだがぶよぶよではなく、優美ですらりとしていながら痩せぎすではないというふうでなくてはならないのだ」。

画家や版画家や彫刻家が、腿《もも》や臀《でん》部《ぶ》や胸を露出した部屋着姿の女性を好んで描くようになり、造形藝術一般に、プライベートな下着をまとった女性の姿が浸透した。それは神話の場面を再現したようなときでも同様で、一種の流行になったほどである。たとえばヴァトーの描いたヴィーナスは、肌着を脱いで、パリスに乳房を見せようとしているではないか〔ルーヴルにある「パリスの審判」を指す〕。

感覚や嗜好という点からみても、また色恋ということからいってもルイ十五世の世紀は古代の神話時代に逆戻りした、とゴンクール兄弟は言う。なるほどそういう点はたしかにある。だが、この時代のオリンポスの神々はロココ風の典雅な色合いをつけられた神々であって、女神も完全に威厳を失っている。マルモンテル〔百科全書派の作家〕の言によれば、ヴィーナスを描くのに、女優たちをモデルにしたのがブーシェだった。

乳房の表現は絵や彫刻、さらには歌にまでも及んで、薔薇の蕾《つぼみ》〔しばしば「乳首」を指した〕に喩えられることもあった。果ては嗅《か》ぎ煙草入れやキャンディーの箱の蓋《ふた》にも描かれたりしたのである。

ジャン゠ジャック・ルソー〔一七一二〜七八〕は『告白』のなかで、デピネー夫人〔当時の文学サロンの主宰者〕の過度の痩身《そうしん》にふれているが、それは乳房に対する強迫観念が当時、社会全体に拡がっていたことの証左でもあるだろう。「彼女の痩せかたと来たら並大抵ではなく、乳房はなきに等しかった。その欠点だけで、私がひるむには十分だったろう。胸の平らな女性など女性ではない。私の心も感覚もそう教えていた」〔第九巻〕。

ルイ十五世も、終生変わらず同じような意見を抱いていた。孫のルイ〔のちの十六世。在位一七七四〜一七九二〕と、うら若きオーストリア皇女との結婚を取り決めたときも、ルイ十五世は皇女マリー・アントワネットの肖像画をためつすがめつ見るだけだったし、彼女の肉体的魅力について誰も説明できないとなるや、老王はマリーの乳房のかたちと大きさを躍起になって知りたがったという〔結婚当時ルイ十六歳。マリー十五歳〕。

マリーを迎えるためにコンピエーニュ〔パリ北東の町〕に赴かんとしていた老王のもとに、国境で結ばれた皇女引き渡しについての協約〔ツワイク『マリー・アントワネット』〔岩波文庫〕第一章によれば、「フランスとドイツの中間、ライン川の人の住まぬ小さな砂洲の一つに、つまり無人島に、花嫁を引きわたすための式場として木造の離れ家をつくるという案である。〔中

罪の概念――「年を取った好き者たち」。P・A・ウィル作、J＝J・クロサン版画。

略）ライン右岸に面して二つの控室を設け、ここへはマリー・アントワネットはまだオーストリア皇女としてお通りになり、ライン左岸に面してまた二つの控室をしつらえ、この部屋をお出ましになる時は、彼女はもう儀式を終えてフランス皇太子妃の御資格であるという仕組。その真中に花嫁引渡しの大広間をつくるが、そこで皇女は決定的にフランス王位継承者の配偶者に変わられるという手筈である〕）を知らせるべく、ストラスブールから秘書官ブーレが押っ取り刀で駆けつけてきた。ブーレがこまごまと報告をしていると、老王が突然話の腰を折った。

「王太子妃〔マリー〕を見たかね。

ローマ・キージ宮殿に飾られたラファエロの12枚のフレスコ画の一枚の部分。法皇レオ十世は枢機卿とともに、この「美の三女神」を見て愉しんだ。

どんな女性だった？　胸はあったか？」

ブーレは困惑を隠しきれぬ様子で、妃は愛らしいお顔で、眼がすこぶるお美しいと答えた。

「余が言っているのはそんなことではない。胸は大きいかと訊《き》いているのだ」

「陛下。わたくし、とてもそこまで眼を向けるわけには……」

国王は激怒して言った。

「この阿呆《あほう》めが。女を見るならまず胸を、というのが鉄則ではないか」

ルイ十五世の期待は裏切られなかった。一七七〇年五月十四日、馬車から降りた王太子妃マリー・アントワネットが王に向かって挨拶《あいさつ》をしたときのこと。「咲き誇る花のように輝かしい皇女は、十五歳という年齢ながら、コルサージュからはみでんばかりの胸をしていたのである」*63

四年後、さしもの好色なルイ十五世も天然痘《てんねんとう》にたおれ、膨らんだ体にはそこかしこに膿《のう》

宗教的検閲――コルレッジオ「美の三女神」（パルマ、サン・パウロ修道院）。「この乳房を隠せ」――宗教的検閲が介入する。「美の三女神」を注文したジャンヌ・ド・プレザンス修道院は法皇の命により、閉鎖された。

*63 同じくツワイク『マリー・アントワネット』（岩波文庫）には次のようにある。「ぴちぴちした乙女の肉体については通人であり、愛くるしい優美さに大いに感じやすい王は、この食いつきたいほど可愛いブロンドの少女に、こまやかな愛情と満足をこめて身をかがめ、孫の嫁を抱きおこし、両頬に接吻する。

牢獄のジャンヌ・ダルク。ロマン派のリトグラフィー。

疱《ほう》ができていた。死が近いことを予期した王はもう一度、愛妾の乳房に触りたいと願った。スーラヴィ〔一七五二〜一八一三〕逸話にあふれた回想記作者として知られる〕の『歴史的回想録』から引く。「従僕に導かれたデュ・バリー夫人が、国王のもとに近寄った。王は瀕《ひん》死《し》の病人で、息も絶え絶えだったにもかかわらず、愛妾の手と乳房をつかむだけの力はのこっていた。かくも美しい女人を失うことを悔やむ様子がはっきりと看《み》て取れた」。

ヴェルサイユに暮らすようになったマリー・アントワネットは宮廷の貴婦人がたの気晴らしが、必ずしも褒められたものでないことに気がつく。ヴァランチノワ伯爵夫人が六月に催した、人々の意表をつく破廉恥な夕食会の話は彼女をひどく傷つけることになった。

招待客は夕食会の奇妙な趣向について、当日臨席するまで一切知らされていなかった。食事が始まるまえ、女主人が口を開いて、当夜の会の規則について語った。「新しいお料理がはこばれるたびに、皆さまには身につけていらっしゃるものを一つずつ取っていただきます。同時にはだかになられた殿方と御婦人が組になるのですけれど、そうなったら何をしてもいいということにしますわ」。

となれば各自、脱ぐ回数を、これと目星をつけた相手と合わせることに細心の注意を払うのは当然というもの。「妙な駆け引きが見られた。男性も女性もそれぞれ好みの相手の脱ぎ方に合わせようとしたのだ。だが、必ずしもうまくいくとは限らず、計算を間違えたり、躊躇《ちゅうちょ》したり、挑発したりといった連続だった」（ジャン・ド・クラヴォン『ルイ十五

宗教的検閲——パウロ三世の墓所の正義の女神は、パウロ四世の命令で大理石でできた布で覆われることになった。

世の宮廷の愉しみと秘密の戯れ』)。

なかでも、ヴァランチノワ夫人と同時に脱ぐべく努めた貴顕紳士が十人を数えた。カラメルのデザートが出たとき、夫人はようやくコルサージュを脱ぎ、「丸くて白い、つやつやしたふたつの乳房をあらわにした。燭台の灯がひときわ輝きを増したのは夫人の乳房のせいだった」。

翌日、宮廷中に伝わったのはこういう話だった。ヴァランチノワ夫人が七人の殿方と同時に裸になり、七人すべてと最後までゲームを全うした、と。

若きマリー・アントワネットはこのときまだ、夫と肉体的に結ばれていなかったが、この話を知って怒り心頭。おまけに、ヴァランチノワ夫人はデュ・バリー夫人とは昵懇《じっこん》の間柄だったから、王の寵姫、デュ・バリー夫人に対するマリーの憎しみはいっそうつのったのである。

十八世紀の最初、版画家のクロード・デュフロ〔一六七八〜一七四七〕が発表した、授乳を主題にした作品が当たりをとると、一七一七年にはベルナール・ピカール〔一六七三〜一七三三〕による、愛の感情を表現した作品が大成功を収める。それはやはり子どもに乳を与える乳母の絵ながら、いささか艶っぽいとも言えるもので、蠱惑《こわく》的な乳房をした若い女が右の乳を裸の子どもにあてがい、もう一人の子どもが、乳母のコルサージュの端を引っ張って、胸をむきだしにしようとしている図柄だった。版画に付された韻文詩は、やがて猖獗《しょうけつ》をきわめる乳マニア《ラクトマニー》、ルソーによって煽動《せんどう》すらされることになる乳マニア《ラクトマニー》を証拠立てる先駆的資料のひとつとなった。

うるはしき女たちよ
御身の愛の結実を望むなら
この絵によりて知りたまへ
実を世に出だせしその後は
かく乳を与ふべしと

それから数年後、グルーズ〔一七二六～一八〇五。当時最も有名な画家の一人〕の挿し絵が入ったルソーの教育論[*64]が出たのをきっかけにして、授乳という母性的な行為が称揚されるようになり、乳房を露出する新たな理由が生まれた。

自分の子どもは次々に捨てたモラリスト、ルソーは版画によって輝かしい栄光に包まれる。たとえば、子どもに乳を与える母親に小さな花束を捧げているルソーを描いたオーギュスタン・ル・グラン〔一七五九～一八三二〕作の版画。この教育的とも言える作品に付された説明文は、社会道徳を顧みなかったこの哲学者を讃えてやまない。「ジャン＝ジャック・ルソー。あるいは自然の人。彼は母親を本来の務めに戻し、子どもを幸福にした……」。授乳に関してルソーが取った態度は、世の人々を激しく突き動かした。エルムノンヴィル〔パリ北東の町〕にあるルソーの墓が、古代風に六つの乳房をそなえた女神「自然」の彫像の蔭《かげ》で子どもに授乳する、慈愛の女神を主たるモチーフにして作られたのもむべなるかな。現在でも、感謝の念にあふれた母親たちがその彫像のまわりにやってくるほどだ[*65]。

授乳に対するこうした熱狂は、「乳母風の」極端なデコルテの流行（ただしそう長くは続かなかった）さえ生み出した。一七七八年の版画には、襞になった縁にリボンの飾り結びが付いたコルサージュから、そっくり乳房を出しながら、帽子をかぶってしゃなりしゃなりと歩いている貴婦人たちの姿が描かれている。

アルベール・ラシネ〔十九世紀の画家・史家。『衣裳史』は一八七七〜八六年の発表〕の『衣裳史』に収められたクロード・ルイ・デレのデッサンの一枚は、一七七八年の流行にしたがって、両方の乳房をむき出しにし、妊娠したかのように腹を突き出している若い女を描いたものだが、その流行は、当時妊娠していた王妃マリー・アントワネットに由来するもので、なんと「ジャンヌ・ダルク風の身なり」[*66]と呼ばれていた。

R・ニュートン「ブレストの雷！〔「畜生！」の意味だが、英語の breast にかけてある。「おっぱいの一撃」というところ〕」。版画。1794年（パリ、国立図書館）

*64 「数年後」ではないが、『エミール』（一七六二）を指す。ルソーは一七一二〜七八。『エミール』第一篇には授乳の重要さが詳しく語られている。ルソー自身は次にあるように、自らの子どもを次々に捨てた。

*65 一七九四年、ルソーの遺骨はパリのパンテオンに移されたが、『十九世紀ラルース』によれば、その行列の最前列には藝術家などと並んで、ルソーに感謝する母親たちの姿があったという。なお、『告白』第七巻には、一方の乳首を欠いた美しい娼婦の話がある。

画家・イラストレーターのリュシアン・メティヴエ（1863－1932）は、世紀末に元老院議員ベランジェ一派のえせ道徳家によって告発された「踊り子」に、こんなアドバイスをした。1. 露出してはいけない部分。2. 瞬間的に見せるだけなら、例外的に許される部分。3. 自然のままに露出するのは、決して好ましいことではないが、合法的な部分。4. 弾力のある生地をまとっていれば、形がわかっても許される部分。5. 多色のペーストなどで覆うことを官憲が推奨する部分。6. 手袋や靴などで覆う部分。7. ご立派な紳士諸兄が、父親のごとく、各種宝石類にて飾ってあげることを当局が勧める部分。

次のシーズンに流行ったのは羊飼いの娘の恰好だった。社交界の観察者、クレキ侯爵夫人は財政総監ネッケル〔一七三二〜一八〇四。七六年から五年の間、赤字財政処理に当たる〕の妻シュザンヌ*67が示した場違いな媚態《びたい》について書いている。「煙草屋の赤い看板〔人参形〕みたいにがっしりした体にコルセットをはめ、紐で締めつけた」シュザンヌは胸をむき出しにしたコルサージュを身につけていた。「彼女の眼にはそうした恰好はすこぶる上品で、貴族的習慣の最たるものと映っていたのですけれど、身分の高い御婦人方はすでにそんな流行から遠ざかっていましたから、ネッケル夫人のように胸を見せるのは、そこに何か別の目的があるのではないかと思われてもいたしかたなかったのです」。

○

＊66　ふつうはジャンヌが着ていたような、当時の農村の少女服を指す。つまり、ギャザーの入った足首まであるスカート。首に紐をまいたギャザー入りのブラウス。紐で締めたコルサージュ。ジャンヌ・ダルクは「ドンレミの羊飼いの娘」と言われた。ただ、ドミニック・アングルの有名な絵をはじめ、彫像も含めていくつかは甲冑の両胸の部分が乳房に見えぬこともない。

＊67　一七三九〜九四。文学者。進歩的サロンを開く。著書に『離婚論』など。ギボンとの恋愛にやぶれ、ネッケルと結婚した。

胸をかくも大胆に露出していたネッケル夫人が、話すときは若鶏の仙骨部〔croupion de poulet〕を「家禽《かきん》の司教冠《ミトラ》」〔mitre de volaille〕、山鶉《うずら》の腿肉〔cuisse〕を「脚」〔jambe〕と言い換えたりして、過剰なまでの上品さを保とうとしていたのはまことに面妖《めんよう》な対照というほかない。「作法についてそれほどに麗しい品のよさを強調する夫人の胸はあらわなままでした」。ネッケル夫妻の娘ジェルメーヌは母親譲りの豊満な体形をしていた。後に有名になるスタール夫人[*68]である。「十九歳でぽちゃぽちゃした赤ん坊のようにも見えた彼女は農婦そっくりの体形をしていました」。母親譲りといえば、必要以上の恥じらいについても触れないわけにはいかない。ジェルメーヌは家で飼っている小犬の前では決して体を拭《ふ》いたりしなかったのだ。

　革命前夜、ふたたび豊満な胸がもてはやされるようになる。またしてもクレキ侯爵夫人に御登場願おう。貧弱な胸をした娘たちが用いた細工について。「若い女性たちは、寒冷紗《リノン》かペルシア織りの亜麻布、あるいはお粗末な絹織物で作ったフーロー〔体にぴったりつくスリムラインの婦人服〕に、糊《のり》の利いたモスリン地の肩掛《フィシュー》といった出で立ちですが、ごわごわした肩掛は頰まで届くばかりでなく、胸の上で、波打つようなプリーツをこしらえて結ぶために、一見とんでもない隆起があるように見えるというわけです」。「藝術協会」を作った美の擁護者たちは、美の観点から、「女性の最も心なごむ魅力を覆い隠す、あの滑稽なほどにふくらんだスカーフ」の廃絶を求めている。

だまし絵《トロンプルイユ》的なこうしたファッションを批判した「哲学旬刊《デカード・フィロソフィック》」（正式には「哲学・文学・政治旬刊」。一七九〇～一八〇七）の記事から――「乳母とも思うことだろう、大きく張り出した彼女たちの胸をみるならば。（中略）だが、さにあらず。花婿募集中の若い娘たちである。皆がみな、揃いもそろってドレスの襞を大きくふくらませているのだ」。

○

十八世紀は、色事に明け暮れた摂政時代に始まって、女たちが肌をあらわにした総裁政府時代（一七九五～九九）で終わったと言える。露出趣味がパリ風のおしゃれのひとつになった。流行に敏感な女たちは胸元が開いて、脇に切り込みの入った透けるような衣裳をまとった。たとえば「巫女《みこ》風」（遊女風ともとれる）から、「ディアーナ風」「ガラテイア風」[*69]にいたるまで。総裁政府時代の記録をみると、エロチックな衣裳についての記述が少なくない。「ヴィヴィエンヌ通り[*70]を闊歩《かっぽ》するギリシア風の女たちはパーケール（目の詰んだ平織り綿布）の肌着に、袖無しのモスリンの小さなドレスで、胸と肩をあらわにしている」。

そうした着こなしは慎みに欠けてはいたが、一方で、道徳や愛国心に補完されていた。当時は子どもを産むことが奨励され、妊娠した女性はよき市民と思われていたのだ。一七

＊68　一七六六～一八一七。『文学論』『ドイツ論』等で著名。

九六年には、「人工的腹部」なる代物が売り出されたほどで、いかにも妊娠しているかのような様子は「半臨月《ドウミ・テルム》」と呼ばれた。

重たげな乳房は未来の母親たちであふれかえったこの時代にみごとに合致していたから、挑発的なデコルテはいたるところに姿をあらわした。なかでも、パリの歓楽の中心地だったパレ・ロワイヤルあたりに出没する女たちのコルサージュは、これ以上ないというほど襟刳りが大きかった。その附近は革命勃発以前から娼婦たちの根城だったので、革命前後の慌ただしい世情からいっても、その手の女たちの溜《た》まり場になっていたのである。当時の諷刺作家はこう書いている。「そこは小商いの女が娼婦になり、娼婦が小商いもするという場所である」。

事実、両者になんら違いはなく、臍までデコルテにした若い別嬪《べっぴん》の売り子が、手袋や煙草や版画を売るふりをして、通りすがりの客の袖を引いた。その界隈に詳しくない者はま

＊69　海のニンフ。さらに、キプロスの王ピュグマリオンがアプロディーテに似せて彫った女の像の名前になった。ピュグマリオンは裸のガラティアを見て、恥ずかしくなり、服を彫りこむ。アプロディーテは王の願いを聞き入れて、人間の娘に変身させた。ここは前二者と同様、当時のモードの呼称で、要するに、古代ギリシアにヒントを得たきわどい衣裳であろう。

＊70　セーヌ右岸。パレ・ロワイヤルの北東にある。

左／ドミニコ・クネーゴ〔版画家〕によるラファエロ「フォルナリーナ」の摸作。1772年。

右／それをさらに摸作したアシル・ドヴェリアの石版画。ルーセルのリトグラフィーによる。

ず服屋に行って女たちのリストを手に入れる。そこには名前、住所、料金、特技などが書いてあるという按配《あんばい》。筆者の手許《てもと》にあるものだけでも六十は下らない。正真正銘、売春の手引きもあれば、卑猥な冗談が書かれただけの小冊子等もある。だが、いずれにしても、ほとんどの資料から読み取れるのは、客が豊満な乳房をいかに好んでいたかという一事。いくつか例を出す。まずは『パリで一番可愛らしい蓮っ葉《はすっぱ》娘プロフィル集』に載っているエミリー嬢。「シャルトル通り〔現在の北駅裏。ピガール街の近く〕三百五十五番地。金髪。パレ・ロワイヤルで最高にきれいなおっぱい。巨乳にして、ひきしまった感触。顔に似あわない肉体（略）」。

ついで『パレ・ロワイヤル遊女料金一覧』より。「ジュリー。八十八番。褐色の髪。かなり美形。巨乳。何でもしてくれる。（中略）六リーヴル」。さらに、別の小冊子『ヴィーナスの巫女〔娼婦の意〕料金一覧』。そこには、エメ嬢なる小商いの娘が、四人の同輩とともに、「おっぱいセックスを得意」にしていたことなどが書かれている。代金は「ひとり当たり十二リーヴル」。

毎日処刑が行われ、多量の血が流されていたからだろうか。一種独特なエロチシズムのかたちが出現した。女たちは、護送馬車で悲惨にもギロチン台に運ばれてゆく死刑囚に乳房を見せることに、鮮烈な歓《よろこ》びを見出すようになった。複数の証言が残っている。ロベスピエールがサン・トノレ通り〔セーヌ右岸の目抜き通りのひとつ〕を引かれてゆくとき、露台から半身を乗り出すようにして、「殺せえ」と叫んでいた多数の「しどけなく胸をはだけた女たち」を目の当たりにして、驚いたという証言もいくつか。「大枚はたいて借りた窓から乳房を見せつける、淫蕩なる女ども」（このあたりミシュレ『フランス革命』にほぼ拠った記述と引用）。ミシュレはそうした女性たちを「娼婦も恥じらうていたらく」と評した。

総裁政府時代、ファッションのエロチシズムは狂気じみた風俗を追いかける。半透明の薄衣を通して見える乳房は、女性の衣裳には欠かせない飾りと化した。

パリの女王の異名をとったタリアン夫人[*71]は、ある夜、乳房のまわりにダイヤモンドを飾って現れた。「波打つかのごとき鎖で結ばれたダイヤモンドが」と、ある色事師は書きつける。「きらきら火花を放って乳房を囲んでいた。その大きなふくらみを下から照らすフットライトのようだったと言ってもいい。呼吸のたびにダイヤが上下し、艶のない肌を燃え立つ千もの星で飾っていた」。

麗しいテレサ（タリアン夫人の名[*72]）はまさしく流行の最先端をゆき、もっとも大胆なファッションはグロボワかリュクサンブール宮[*73]で御披露目された。ヴィクトル・ド・ブログ

＊71　一七七三〜一八三五。「テルミドールのノートルダム」とも言われ、総裁政府時代の流行の先端に立ち、ことにギリシア風衣裳を流行らせた。

リー侯爵（一七一八〜一八〇四）の回想――「美しいタリアン夫人がラヌラーグ（ブーローニュの森にあった舞踏場。一七七四年開業）へやってくるのをよく見かけた。胸をなかばあらわにし、ギリシア風の編み上げ靴を履いた夫人はディアーナに扮しているかのようだった」。透き通るチュニック（狭義には古代ギリシア・ローマ風の貫頭衣。時代によって数種のデザインがある）を考案したのもタリアン夫人である。「ジュルナル・デ・ダム・エ・デ・モード（婦人流行誌）」には、タリアン夫人風に「美しい乳房の百合《ゆり》のような純白を際立たせ、乳房の本来の飾りである薔薇の蕾（乳首のこと）をいやがうえにも輝かす」方法についての記事が載っている。

パリの女たちは夫人に倣い、黒や青のリボンを「薔薇の蕾の上のあたりまで」乳房を囲むように結び、そのことで、「薄紅色の乳首がチュニックを透かして目立つようにした」のである。

○

執政政府時代から第一帝政時代にかけて、それまでのギリシア風ラインに代わって流行したのがローマ風スタイルである。モスリンの代わりに絹が使われるようになり、乳房は、ドレスの上部にあてがわれたブラジャーにおさまることになった。[*74]

ナポレオン（一七六九〜一八二一）は女性の手足をことよなく愛していたから、乳房に対しては格別関心を示さなかった（ロー・デュカ『ナポレオン・ボナパルトの秘密の日記』（J＝J・ポヴェール社。一九六三）参照）。ジョゼフィーヌは「扁平な垂れ乳」で、マリー＝ルイーズは「乳母さながらに大きな胸」をしていたが、ナポレオンの目からすれば、二人の美点は何よりも、きれいな足と優雅な手をしていることにあった。その逆に、マドモワゼル・ジョルジュは、ナポレオンに言わせると「不恰好きわまる家禽の足」（ロー・デュカ同書参照）をしており、ベッドに入っても靴下を脱がなかったのはその大きな足を隠すためだった……〔マドモワゼル・ジョルジュは当時の人気女優。本名マルグリット・ジョゼフィーヌ・ヴェンメル。一七八七〜一八六七。ナポレオンとは十七歳のときから関係があった。『回想記』がある。ロミ『悪食大全』参照〕。

＊72　パリ東郊の町。美しい城館があり、当時しばしばパーティが開かれた。

＊73　一七九五年以来総裁政府、執政政府などが置かれた。今では元老院がある。

＊74　余談だが、ブラジャーはもともとフランス語の brassière に由来する言葉。ただし、フランス語では「かつて婦人が身に付けた一種のネグリジェ」や「子どもの袖つき胴着」「救命胴着」などのこと。ブラジャーのことは bandeau＝「幅の狭いブラジャー」などの専門用語を別にすれば、ふつう soutien-gorge「乳を支えるもの」という。本来が乳房の形を整えるためのものなので、アンダーバストはずり落ちないようにしなければいけないが、上は如何様でもよい、とファッション辞典等にはある。

ジョルジュ嬢が『回想記』で書いている話を紹介しておこう。サン・クルー〔パリ西郊。ブーローニュに隣接する。ナポレオン鍾愛の地〕で退屈をかこっていたナポレオンは、ある晩、愛人のジョルジュ嬢をかたわらに呼び、翌朝早く、ブーローニュの駐屯地に行かなければならないと告げる。ジョルジュ嬢がまったく悲しみを表に出さなかったので、皇帝は女優の左の乳房に手をおいて言った。「この胸のうちに、ぼくの占める部分はないんだね（略）」。

ジョルジュ嬢は泣けなかったことを大いに悔やむ。「涙が出てくれるなら、わたしは何でもしたでしょう。でも泣きたいとは思わなかったのです。そのまま黙って時間が過ぎてゆきました。すると涙がなんとか二粒出てきてくれて、わたしの胸のうえに落ちました（略）」。皇帝は「いま演じてみろと言われてもとうてい真似のできないほどやさしく」、急いで彼女の胸に顔を寄せて、「涙の粒に唇をあて、飲んでくださったのです。そうした愛の行為にわたしはひどく感動して、こんどは本当にわんわん泣いてしまいました。その夜、皇帝はぶあつい札束をわたしの胸の谷間に入れてくださいました。それも『ぼくのジョルジーナが一人でいる間、お金に困らないように』とおっしゃりながら」。

その晩、ナポレオンはタレーランと執務することになっていたのだが、タレーランは空しく主人を待ち続ける羽目になった。その話はまたたく間にひろがり、口さがない連中はこう噂した、「皇帝がはじめて、ご婦人の乳房のあいだに、何かを入れた」と。

その時代、最も有名で、さながら軍人の栄光に近い称讃を勝ち得た乳房の持ち主は、ナポレオンの妹、ポーリーヌ・ボナパルト〔一七八〇〜一八二五。一八〇三年、ローマの名門ボルゲーゼ家のカミロと再婚〕である。カノーヴァ〔アントニオ。イタリアの彫刻家。一七五七〜一八二二。当時の新古典主義の代表的存在〕は、乳房もあらわに、左手に勝利の林檎を持って寝椅子に半身を横たえたポーリーヌ〔パオリーナ〕をモデルにして『水浴を終えたヴィーナス、または勝利のヴィーナス』と題する作品をつくり、その完璧な裸体を不滅のものにした。[*75]

彫像がボルゲーゼ宮殿で公開されるや、ポーリーヌの乳房を一目見ようと、あまたの人びとが押し寄せ、讃嘆の声をあげた。彫像を守るために、堅固な柵が設けられ、暗くなってからの見学は、松明を煌々と灯《とも》して行われたほどである。

スキャンダルに満ちたポーリーヌの生活はまさに、彼女の胸が膨らみはじめたときに始まった。十五歳にして、彼女はイタリアの征服者となる兄のもとで、女王のごとくみなされていた。将校連はこぞってポーリーヌに言い寄り、兵士たちは行進曲のルフランにのせ

＊75　当該作品はローマのボルゲーゼ美術館にある。美しい作品だが、乳房自体はそう目立つものではない。当時のカトリック社会のなかで、これだけ有名で、美貌を謳われた上流夫人が、画家のまえですすんで裸体になったという点がむしろ衝撃的だった。

てその魅力を歌った。

さあ、みんなで讃えよう
イタリアを解放せんと
やってこられた征服者を
威風きわだち、堂々たるや並ぶものなし
ひきかえポーリーヌの可愛らしさも並ぶものなし（繰り返し）

ポーリーヌを結婚させることが急務となった。かくて十六歳にもなっていないポーリーヌはミラノで二十七歳の将軍ルクレール〔一七七二～一八〇二〕と結婚式をあげる〔一七九七。このあたりロミの記述する年齢に誤りがあるが、注をつけて、原文をそのまま訳す〕。蜜月は長くは続かなかった。ともに旅立った遠征地サント・ドミンゴ〔現ドミニカ共和国の首都。コロンブスの墓がある〕で、将軍は黄熱病に倒れて、一八〇二年、あえなく他界。未亡人となったポーリーヌはパリに戻るや、あまたの恋人をつくって悲しみを忘れようとする。ナポレオンはそんな妹を見かねて、急ぎ再婚話を進めた。相手はローマ有数の名門の家長、カミロ大公〔一七七五～一八三二。一八〇七～一四年ピエモンテ総督。一八〇三年結婚、一八一五年離婚〕。

左上・右上／スキャンダル——東南アジアに派遣されていた英国の総領事と当地の女性の写真。シンガポールの年鑑「ストレイツ・タイムズ」に載ったこの写真は、ロンドンで物議をかもした。しかし、ジョージ六世がすでに、サラワクのイバンの女性とともに、切手に印刷される（1950～52）という前例があったのである。

左／1920年来、西洋の絵葉書のモデルたちは、サラワク風の恰好をするようになる。（パリ、個人蔵）

大公夫人ポーリーヌが取巻き連を一堂に集めたローマではスキャンダルの絶えることとてなく、彼女はみごとに成熟した乳房を嬉々として見せびらかした。

忠実な従僕コンスタンは『回想記』のなかで、言葉こそ丁寧ではあるが、美しいポーリーヌの露出傾向について語っている。「肌着をお渡ししてから実際にお肌につけられるまで、かなりの間があくこともしばしばでした。その間奥様はきちんと服を着ていらっしゃるかのように、部屋のなかを歩き回られるのでした」。

彼女の性的放縦は病気が原因だと主張する者もいた。実際、ポーリーヌは何人もの婦人科医の診察を受けている。そのなかの一人、アレ博士〔一七五四～一八二二。当時最高の碩《せき》学《がく》と言われた医師〕の下した診断。「妃殿下はヒステリーであらせられます」。

ポーリーヌの衝動的感情を抑えることのできるものは皆無で、下腹部にいくら吸い瓢《ふくべ》療*76法を施しても、仔牛の腸間膜を用いた浣腸《かんちょう》をし、乳漿《にゅうしょう》*77風呂に入れても何ら効果がなかったのである。もっとも、彼女が完璧なまでに美しい乳房のかたちを保てたのは、毎朝乳漿風呂に入ったおかげだという説がもっぱらではあるのだが〔ポーリーヌはその後、兄とともにエルバ島に渡り、兄の失脚後はイタリアで暮らした〕。

○

王政復古時代〔一八一四～三〇〕に入ると、帝政時代のさまざまな抑圧から解放された藝術家たちがリトグラフの技術を身につけて、乳房をあらわにした女性の絵を格安で売りさばくようになった。藝術品《アート》という看板をぶら下げて、労働者の寝室にはじめて「ピンナップガール」が入りこんだのだ。

ナポレオン戦争への反動から、人びとの心に一種の生きる歓びが生まれ、デコルテが一般に拡がった。その反面、サロンや行政側では、過剰な廉恥心がふたたび頭をもたげてくる。

美術学校の校長だったソステーヌ・ド・ラ・ロシュフーコー子爵、一名ドゥードーヴィル侯爵〔一七八五〜一八六四。過激王党派として名を馳せ、踊り子の衣裳の丈を長くするよう命じたりもした。一八二四年以来美術学校校長〕はルーヴル美術館の彫像の下腹部に、亜鉛で造った葡萄の葉をつける運動を起こしたたし〔資料によっては「紙製の葡萄の葉」とある〕、カストリ侯爵夫人〔夫は国王補佐官を務めたアルマン・カストリ侯爵〕は、「見た目に不快なたくさんの裸像を収めたルーヴルが、天の劫火で焼尽せんことを」祈願するミサを行わせたりした。幸か不幸か、葡萄の葉はルイ十八世〔在位一八一四〜一五〕によって取り去られ、

＊76　「中空のガラス瓶の一端にゴム球を取りつけた器具。皮膚に吸着させて悪血や膿汁なとを吸い取るのに使用。すいだま。吸角」（広辞苑）。
＊77　かつては一般に緩下剤・利尿剤として使われた。

善良なる侯爵夫人が願った奇蹟はついに起こらなかった。

司教たちは代表団を組み、チュイルリー宮に伺候して、国王に「若者を蝕《むしば》む現今の卑俗な裸体絵画」を根絶せしめるように懇願する。これほど過激に裸の乳房が排斥されたことは珍しいと言わなくてはならない。

アルフレッド・ド・ミュッセ〔ロマン派詩人。一八一〇〜五七〕は詩篇集「ナムーナ」[*78]で、ブルジョワと宗教者側からのこうした排撃運動に、敢えて抗議の声をあげた。

肩の凝らない恰好をして何の不都合があるだろう
やさしく愛されるときに、しかも暑いとするならば
広い椅子のうえ、裸で心地よいではないか

『夜』〔ミュッセの代表作。絶望と愛を激しくも澄んだ響きで歌う四篇の長詩〕の詩人は快楽主義者で凝り性でもあったから、未刊の作品で、ある種の愛撫についてこともなげに語っている。「ぼくの足をおっぱいの上に置くけどいいね。かわいい乳首でそっとこすってほし

---

*78　一八三二年公刊され、ミュッセの文名を一気にあげた劇作集『肘掛け椅子で見る芝居』に収録。「東洋の物語」という副題を持ち、全百四十七篇からなる。引用部分は第一部第五篇冒頭。

発明が普及すると、誰もがヌードのリトグラフを買うようになった。作者はどうでもよかった。ジョゼフ・フェロン（1818 － 1897）のリトグラフ「ニンフたち」（ロミ・コレクション）

いんだ」〔ミュッセ作とされる好色譚《たん》『ガミアニ』の一節。秘密出版で少部数発行されること幾度か。引用部分に先立つ箇所には「君の褐色の髪は刺戟的だ。真っ白いおっぱいもよく引き締まってる」とある〕。

○

細いウエストに、息苦しいまでのコルセットでふくよかに盛り上がった胸。これが一八三〇年前後の流行だった。当時のシャンソン酒場《ゴゲット》で歌われたコルセット讃歌をひとつ。

あたしのパッドはパリからローマ
あちらこちらの宮廷にまで流行ったわ
あたしのことを愛を織りなす女って
みんなが言うけどもっともね

あなた〔乳房〕は子どもにとってはやさしい枕
たとえて言うなら誘惑の実か百合の花束
愛と無垢のおもちゃと言ってもいいけど
あたしがもっときれいにしてあげるわ

しなやかな鯨のひげ〔今のワイヤー〕が
出不精なあなたをもっとすてきにするわ
敏感な男なら、あたしの中で息をひそめるあなたに
心惹かれることうけあいよ

第二帝政〔一八五二～七〇〕になると、皇帝の色恋沙汰がたてつづけに話題に上るようになる。ナポレオン三世は美人が大好きときていたから、ときどきスキャンダルを起こしては、臣下に色恋の手本を与えた。

皇妃ウージェニー〔一八二六～一九二〇。スペインの大貴族モンティホ公の娘。一八五三年、皇帝と結婚〕は、うっとりするような肩と魅力的な乳房をしていたこともあって、チュイルリー宮での舞踏会やコンピエーニュにおける晩餐会《ばんさん》に、当時の流行である深い襟刳りのデコルテをすすんで着用したが、それを快く思わないものもいた。廷臣として宮中にあったメリメ[*79]は『未知の女への手紙』〔一八七三〕のなかで、ウージェニーの妹、アルブ侯爵

＊79　一八〇三～七〇。『カルメン』の作者は一八五三年以来、元老院議員になり、皇帝の生活をつぶさに観察した。多くの女友達に書いた手紙が公刊されている。

夫人〔一八二五〜六〇〕の招待客たちが身につけていたドレスの品のなさに憤慨してみせている。

「女性たちのデコルテはあまりといえばあまりのもので、この目を疑わざるをえないような英国女性も一人ならず見かけました。X卿の子女は愛くるしい方で、ニンフ、いや、木の精ハマドリュアス〔ギリシア神話〕というのでしょうか、ともかく神話に出てくる何かのような恰好をしていたのですけれど、巻き布で蔽《おお》わなかったら、胸がそっくりはだけてしまうようなドレスでした。一目見ただけでおなかのあたりが全部わかってしまうくらい切り込みの深いマタニティ同様、私には強烈に思われました。（中略）肌を小麦色に塗ったマチルド大公夫人[*80]は、アフリカはヌビアの女の姿をしておりました」。

カスティリョーネ伯爵夫人[*81]のデコルテは、それとは別の意味でセンセーションを巻き起こした。夫人がはじめて宮廷にお目見えしたとき、皆がこぞってその美貌を讃えた。女性たちも夫人の非のうちどころのない美しさを讃美したのである。メッテルニヒ夫人[*82]が書いている。「美の奇蹟というしかないこの方のまえで、私は動けなくなってしまいました。腰つきはニンフもかくやと思われましたし（中略）、デコルテも、過激でしたけれど、ちっとも下品ではありませんでした。この麗人はそれほど古代の彫刻に似ていたのです」。

パリで最も悪口にたけた作家、オラース・ド・ヴィエル＝カステル〔一七九八〜一八六四。『回想記』で、当時の貴族のスキャンダルを筆鋒鋭く暴露した〕でさえ、これほど完璧な胸には頭を下げずにはいられなかった。「気位の高い伯爵夫人はコルセットをつけてはいなかった。ふわりとした紗こそかけてはいたものの、はっきりと形のわかる夫人の胸は、まさに讃美に値するもので、昂然と前に突き出ていた」。

ナポレオン三世に対する政治的陰謀と情事の果てにパリを離れたカスティリョーネ伯爵夫人は、一八六三年にふたたびパリに戻ってくる。だが、それは嫉妬深い連中からすれば、積年の恨みを晴らす機会が到来したということでもあった。チュイルリー宮で催された公式舞踏会で、エトルリアの女王に扮した夫人について、当時の社交界の記録作者アンリ・ド・ペーヌ〔一八三〇～八八〕は簡単に、「彼女はエトルリアの女王に扮していた。すこぶ

＊80　一八二〇～一九〇四。ナポレオン三世の最初の婚約者。当時最も華やかなサロンを主宰していた。ウージェニーとルイ・ナポレオンはそこで出会った。

＊81　一八三五～九九。イタリアのピエモンテ地方出身。本名ヴィルジニア・オルドイーニ。ピエモンテの王の命を受けて、ナポレオン三世の愛人になった。少女のころから絶世の美貌を謳われ、男たちに「待っていてくださいな。大きくなりますから」と言っていたという。それに対する男たちの返事は「早く大きくなって。早く大きくなって」だった。

＊82　一八三六～一九二一。夫はオーストリアの政治家メッテルニヒの息子の大使メッテルニヒ大公。チュイルリー宮廷で最も華々しく活躍した女性の一人。

る簡素ながらまったく気品がある」と記しただけで、残念ながらいきなり、極端なデコルテを着ていたもう一人の外国の美女、リムスキー＝コルサコフ夫人〔パリの社交界では美貌と気まぐれで知られた。一八七七年没〕の話に移ってしまう。この美しいロシアの女性がサランボー〔古代カルタゴの処女。フローベールの小説以外にも、歌劇や映画の主人公になった〕に扮したのはチュイルリー宮の舞踏会ではなく、ワレウスカ伯爵夫人〔一八二五年生まれ。優雅な衣裳と仮装の巧みさでチュイルリー宮廷の花形となった〕の舞踏会だった。最初は勘違いだったかもしれないが、やがては悪意で、というべきだろう、リムスキー＝コルサコフ夫人の行き過ぎたデコルテはカスティリョーネ伯爵夫人のものとされた。

「サランボーのコルサージュ・モンタン〔本来ならデコルテとは逆に、襟のあるものをいうが、この場合はデコルテながら、上部が襟のような形になっていたと思われる〕は、開いているところから白い肌があちこちで顔を出していた。袖無しのこのコルサージュは乳房の下側で終わっていた」。アンリ・ド・ペーヌの記事はかくのごとし。しかし、まもなく、どこのサロンやカフェでも人びとが口々に、カスティリョーネ伯爵夫人はむきだしの乳房に紗をかけただけの出で立ちで「サランボー」に扮して、王宮に出向いたと言うようになった。

人は金持ちにしか金を貸さぬもの〔諺《ことわざ》。「他人の性格や行動を判断する基準は世間の評判にある」ということ〕。口さがない連中は、美しい伯爵夫人の乳首の色はどうだった風の下品きわまる細部までつけ加え、事はスキャンダルと化した。「事情をよく知らなかった」メリメは早速女友達の一人ラグルネ嬢に書き送る――カスティリョーネ夫人がサランボーの衣裳のせいで、メッテルニヒ夫人のサロンから追放されたと。

いわゆるスキャンダルが広まった当の場所ですら、間違いばかり。カレット夫人も御多分に漏れず、自著『チュイルリーの宮廷の私的回想』〔当時の風俗資料としてしばしば引用される〕に、事実に反した証言を書きつけた一人である。いわく、「カスティリョーネ伯爵夫人はサランボーに扮し、ほとんど肌をあらわにして現れましたが、それはふつうサロンの女性たるものが人に見せない姿だけに、人びとの嘆賞を浴びもしたのでした」。

麗わしいカスティリョーネ伯爵夫人はいたく傷つき、私的日記にそうした中傷を書き留めている〔夫人の『私的日記』は一九五一年、歴史家のアラン・ドゥコーの手で、ローマで発見された〕。「こうした意地の悪い女たちは、ついには下着もつけずなどと言いだす始末。破廉恥にもほどがある。新聞もみんな。サロンもすべて」。嫉妬深い夫の伯爵は、「イタリア」紙で偽りの記事を読み、妻に警告した。パリの舞踏会で今後も乳房をあらわにし続けるなら、子どもをとりあげるというのだ。

夫人は烈火のごとく怒り、新聞に訂正記事を要求した。「宅で作ったわたくしの衣裳の写真などありません。よそ様の破廉恥な言動を云々するのに証拠などいらないと思っておりましたから（中略）。わたくしは貴紙の重大な誤りを、とまで言わなくても、記者のか

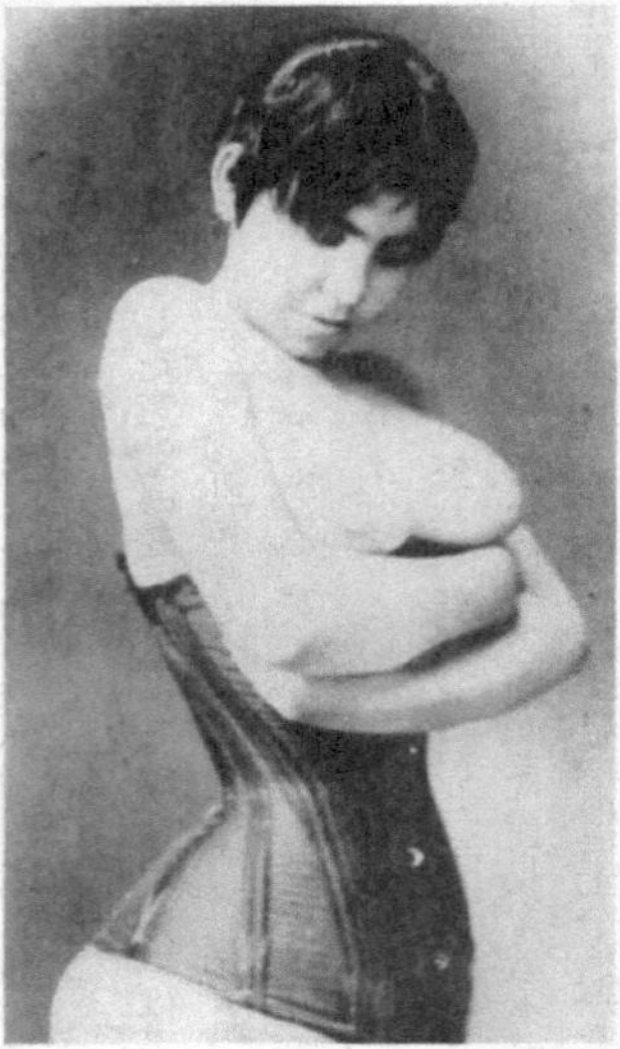
クリノリンのために拡がった、盥風コルセットを身につけた若い女。1870年頃の写真。

たが名前を混同なさったので、それを訂正していただきたいのです。サランボーの服装をなさったのはコルサコフ夫人ですわ。わたくしはあのような衣裳を持ってはおりません」。

いかなる訂正記事も出なかったので、ナポレオン三世のかつての愛人、カスティリョーネ夫人は皇妃に個人的に頼むことにした。正義の名のもとに、「ジャーナリズムという恥ずべき手段を用いて破廉恥な言動を続ける、嫉妬深い者たちの悪意」をお止めくださいというわけである。かの舞踏会から四カ月後、内務大臣のペルシニー侯爵が介入し、夫人は晴れて公衆に向けて、サランボーの衣裳で裸の乳房など見せてはいないと言明することができたのだった。「イタリア」紙にも曖昧《あいまい》ながら訂正記事がでたが、それは伯爵が新聞の主筆に、訂正しないなら剣で決闘を申し込むと脅したあとのことだった。

そのころには、別のデコルテがパリの人たちの噂に上っていた。コーラ・パール（一八四二～八六。以下の二人同様、ゴンクールの『日記』にしばしば登場する第二帝政時代の有名な高級娼婦。ナポレオン三世の愛人だったことも〕、アデル・クルトワ、アンナ・デリオンやその友人たちといった素性の正しい「雌鹿《ビッシュ》」〔高級娼婦の意〕たちが競馬場や劇場、カフェ・アングレ〔現在のモンマルトル通りにあった有名なカフェ〕などに、フランスで最も値の張る胸を見せて現れたのである。

ゴンクール兄弟はアンナ・デリオンの贅沢を非難する一方で、彼女の「壮麗なる胸」は称えたし、コーラ・パールについて、顔は道化のようだとまで言ったネストール・ロクプラン〔ダンディーな文士。ロミ『悪食大全』参照。一八〇四～七〇〕も、その肉体を「ディアーヌ・ド・ポワティエ」になぞらえて讃美した。

当時の新聞雑誌のたぐいにもれなく紹介されたものに、コーラが自慢していたボンボン入れがある。それは「乳のように白く、堅く冷たいまでの」コーラの乳房を忠実にかたどった品で、片方の乳房とそれを支える彼女自身の手が器、もうひとつの乳房が蓋になっていた。

ナポレオン三世が、マルグリット・ベランジェ〔大衆演劇の女優。一八三八～八六。華麗な男性遍歴で名を馳せた〕にぞっこんで、そのスキャンダルに二年もの間耐えたのは、かつて女曲藝師だったマルグリットが、愛の手管にとことんたけていたという理由だけではなく、その乳房がほれぼれとする形をしていたからにほかならない。彼女みずから著した

『回想記』から引く。「私の胸の線はまろやかで、しかもすこし前にでるようにしていたので、けちのつけようがなかったでしょう。私の乳房は大理石のように締まっていました」。ナポレオン三世はデコルテの魅力にことのほか敏感で、マチルド大公夫人はご婦人のコルサージュに皇帝が手を入れている現場にたびたび遭遇している。夫人によれば、なかでも一番多かったのはワレウスカ伯爵夫人の場合で、皇帝は「お相手の女性の膝に馬乗りになって」、そのささやかな作業に没頭していたのだった。

模範たるべき存在がすでにしてこうである以上、第二帝政時代のパリの人びとが同様の浮薄さに我を忘れたのも無理からぬところ。皇帝の愛人たちの突飛な振舞い、上流社会の人びとの寝室のゴシップ、ヴィオレ＝ル＝デュック〔一八一四～七九。ノートルダムの修復などで知られる大建築家〕とカバネル〔一八二三～八九。神話的題材を得意にした画家〕によってコンピエーニュに飾られた彫像のあられもない姿勢。どれをとっても人びとが知らぬものはなかった。

神話を題材にした芝居で、どこそこの伯爵夫人がかくかくの役、侯爵夫人某《なにがし》はしかじかの役といった細目が載ったプログラムの写しを人びとは回し読みしながら、笑いの種にした。慎みを知らぬ写真家たちは、偽造した写真の複製を売りさばく。一八六七年の万博の際、会場入口で、どんな見物客も買える三十スー〔一・五フラン〕という値段で、乳房をむき出しにしているか、肌着を臍までたくしあげるかしたワレウスカ伯爵夫人やモルニー侯爵夫人〔美貌を謳われた夫人。一八九六年没〕や皇妃ウージェニーの写真が売られていたという。有名人の顔だけを手際よく切り取り、別の写真に貼りつけて、また写真を撮るのだが、客はつゆほども疑わなかった。しかも、警察はふしぎなことに、この商売には目をつむっていたというのだ。パリで流行り始めていたカフェ・シャンタン〔カフェ・コンセールは当初こう呼ばれた〕では、際どい唄が歌われるようになる。「絵を描く男」のメロディーにのせた「ロジーヌのおっぱい」が数カ月にわたって喝采を浴びた。

あの娘のおっぱい、締まって丸い
あんなどきどき滅多にない
肌はすべすべ、かたちもそそるよ
見たあとも見るまえ同様心ときめく
恥ずかしがるから、いっそうきれいに見えるのさ
なんてきれいなロジーヌのおっぱい
みせかけだけじゃないんだぜ
自然がつくった藝術品さ
あの娘《こ》の体は完璧さ
魅力はみんなほんとうさ

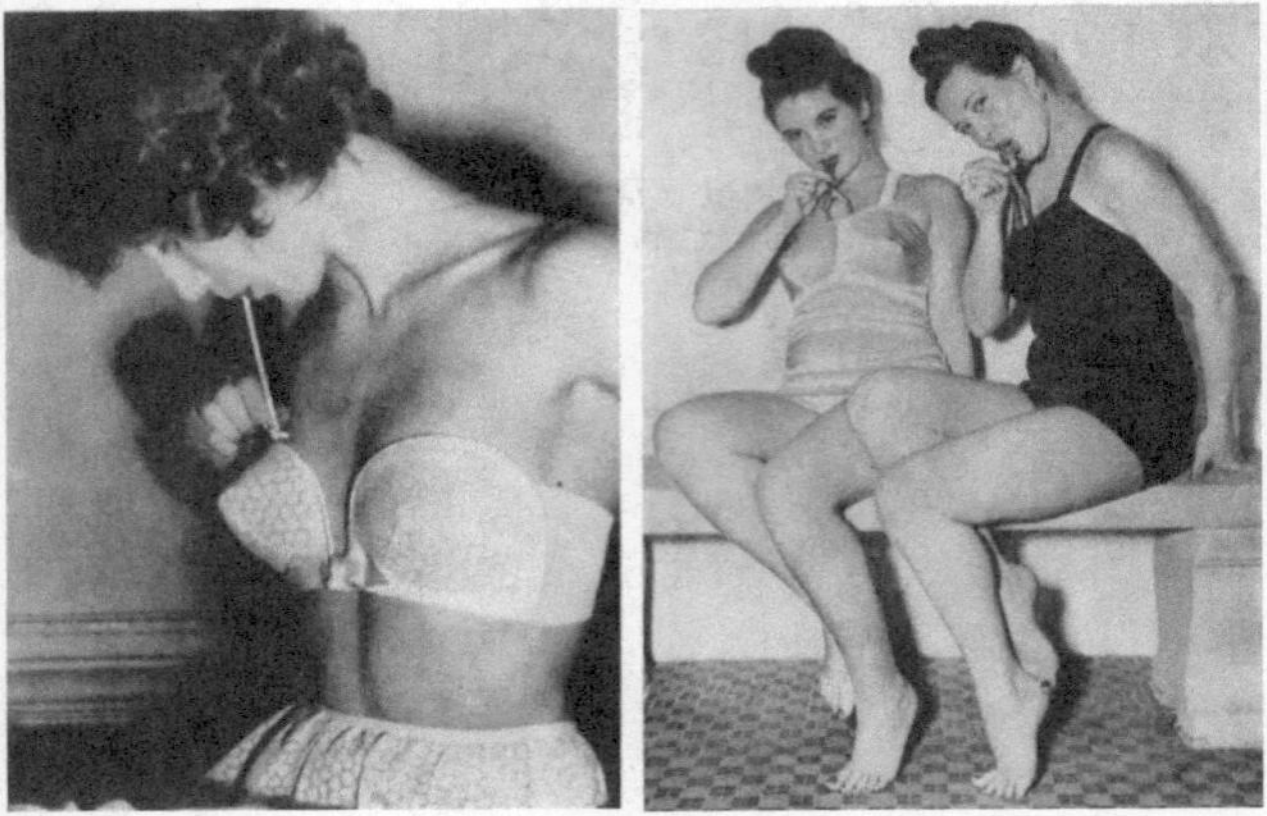

自分で入れる空気乳房。英国、1954年（左）。米国、1955年（右）

ポンプで入れる1900年の空気乳房（左）から、息を吹きこむ1952年の空気乳房（上）まで。

綿やクリノリン〔鯨の髭《ひげ》等で拡げたペチコート。第二帝政期に流行〕の
お世話になってる女たち、
君たちみんながっくりくるさ
そしてうらやむにきまってる
きれいなロジーヌのおっぱいを

この小唄には「欺瞞《ぎまん》的なコルサージュ」をほのめかした一節がある。事実、劇場その他で、オルタンス・シュネーデルやシュザンヌ・ラジエといった肥満女優が成功したのをきっかけに、痩せぎすのコケット〔なまめかしい女、浮気女をいう〕たちは人工的な乳房を愛用するようになった。コルサージュ自体にどんなに詰め物をしても十分ではない。そこで、一八六六年、コルセット業者は現代の企業家よろしく、「本物と見間違える、張りつく乳房」を売り出す。

翌一八六七年二月二十三日附けの「パリ生活」誌には、この人工的な乳房をおどけた調子で賞讃した記事が載った。紹介しておこう。
「扱いやすく、思うがまま。生身とほとんど変わらないこの乳房はあなたと一心同体。どんなにかすかな動きも表現。(中略) 軽くて、暑すぎもせず、あらゆる動きに対応。触感はまことに柔らか。

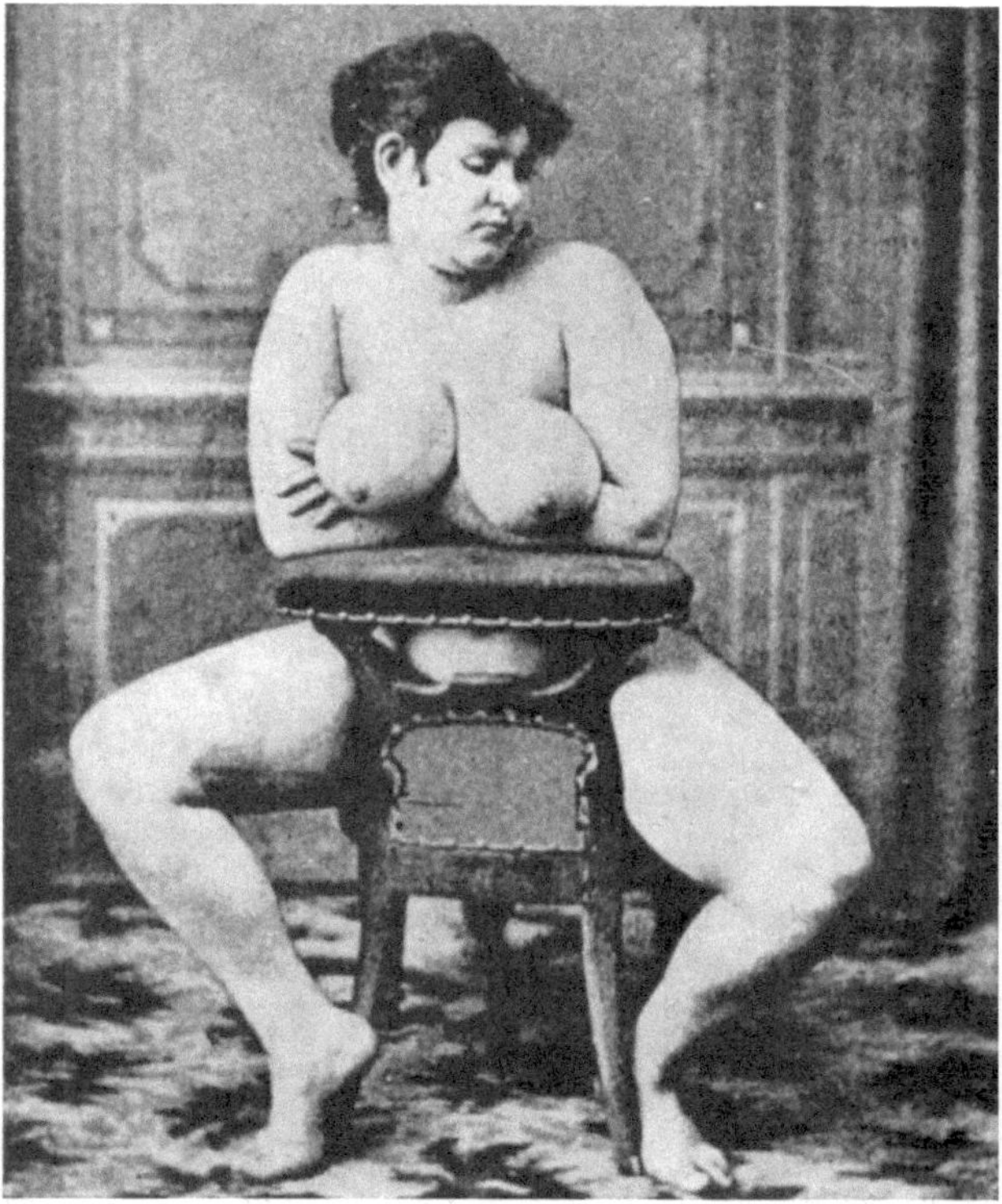

「パルミラのでぶ女」。1875年頃の写真。

唯一の難点は突然空気が抜けてしまうこと？　いや、その心配はご無用。ヒューというかすかな音がするので、すぐに直すことができるというわけ。日傘の柄に収納されている小さな管を使って、勢いよく空気を入れるだけで元通り。まことに簡単」

考案者は広告のなかで、もっと単純に言う。

「新しい乳房は、本物の乳房の色をそのまま出すべく、研究に研究を重ねた結果、じつにデリケートで繊細な出来上がりとなっていますから、見たところ、本物と寸分も変わりません」

スキャンダラスな噂の収集家でもあったゴンクール兄弟は、『日記』に、フローベール宅で聞いた人工的乳房について記している。一八六三年二月二十二日のことである〔ロミはゴンクールの原文をかなり表現を変え、要約して引いているので、ここはゴンクールの原文をそのまま訳す〕。二人のつよい関心を惹いたスカトロジックな話題のあと、話は男色について、というより、ある男色者の噂に移っていった。「彼女〔同席していた女優ラジェ〕はアンドレという名の男色者と関係がある。アンドレはオペラ座の舞踏会のシーズンに出ていた時、千八百フラン稼いだという。彼女の話では、そうした男色者は相手の愛撫にこたえるために、乳房をつくるそうだ。仔牛のモツを煮込み、乳房の形に切るのだが、先日アンドレはかんかんに怒ったらしい。何でも、さまそうと思って屋根裏部屋の雨樋《あまどい》に置いておいたモツを、「げす猫野郎」――彼はドイツ訛《なま》りのフランス語を話す――が食べてしまったというのだ」。

大胆な版画や奔放な写真がでまわり、破廉恥な見せ物やエロチックな文学が盛んになると、またいつものことながら、聖職者やブルジョワが騒ぎ始める。

ボードレールはかようなブルジョワ的偽善に腹を立てた一人である。一八五五年から一八六六年〔ボードレールはこの年倒れ、翌年没〕まで、詩人は『赤裸の心』や『火箭《ひや》』と題されることになる覚書を書きつないでゆくが、そこには、愚かにも藝術を道徳化の道具に使おうとする者たちに対する憤りの念を表明したこんな一節がある。「絶えず、不道徳だの背徳だの藝術における道徳性だの、下らぬことばかり口にするブルジョワの阿呆どもは皆、五フランで買える売女《ばいた》ルイーズ・ヴィルデューに似ている。いつかルーヴルにつれて行ったときのことだ。ルイーズにしてみればそんな所に来たのは初めてだったのだが、すぐさま真っ赤になって、手で顔をおさえ、絵画や彫刻の傑作の前に立つたびに、私の袖を引いて、どうしてこんな恥ずかしい恰好を公衆の面前でできるのかと聞いたのだった」。その後の出来事がそれを証明してゆくことになる。『悪の華』で司直の手に委《ゆだ》ねられた詩人ボードレールの言葉は正しかった。

フェリックス神父〔一八一〇〜九一〕は一八六七年、ノートルダム寺院の説教壇から、裸体の危険性について説教をし、乳房や尻を見せるのにもさまざまの区別が成り立つことを言葉巧みに説明した。「貞潔な裸体、慎み深い裸体は精神の光によって、肉体を忘れさせてくれますが、それと放埒な、恥ずべき裸体、いたずらに挑発的な裸体とははっきり区別しなくてはなりません」。

　不幸なことに、賢明なる神父の教えは間違って解釈されたのだろう。二年後、オペラ座〔オペラ座は一八六二年から七五年にかけて建てられた。設計者ガルニエ〕が放火されそうになった。皇帝の肖像彫刻の師ジャン＝バチスト・カルポー〔一八二七〜七五。ロダン以前の最大の彫刻家とされる〕が造った踊り子の彫像が乳房を突き出した恰好だったからである〔½の原型像がルーヴルにある〕。

　オペラ座のまえに囲いが建てられ、彫刻家はそこで不用意にも、作品を一部のジャーナリストに公開した。それが間違いのもと。記者たちは群舞する姿が「乱痴気騒ぎの描写」にほかならず、「フランス藝術を誹謗《ひぼう》」し、「廉恥心を攻撃するもの」だと喧伝《けんでん》した。板の囲いが撤去されるや、あらかじめ待機していた群衆が憤りの叫びをあげた。商工業の発展によって誕生したブルジョワ階級は、かつてマネを理解しなかったごとく〔マネ『草上の昼食』（一八六二）と『オランピア』（六三）は不道徳だとして物議をかもした〕、カルポーの藝術をも理解しようとしなかった。彼らは「公衆道徳の名において」と猥褻な群舞像を即時撤去するよう要求した。カルポーの作品を認めようとしない者たちがやってきては声高に罵声《ばせい》を浴びせ、新聞雑誌は読者のご機嫌取りのために、道徳擁護のキャンペーンを張った。建築家のガルニエにも非難が集中。フランス人に卑猥な彫像を見せぬよう求める

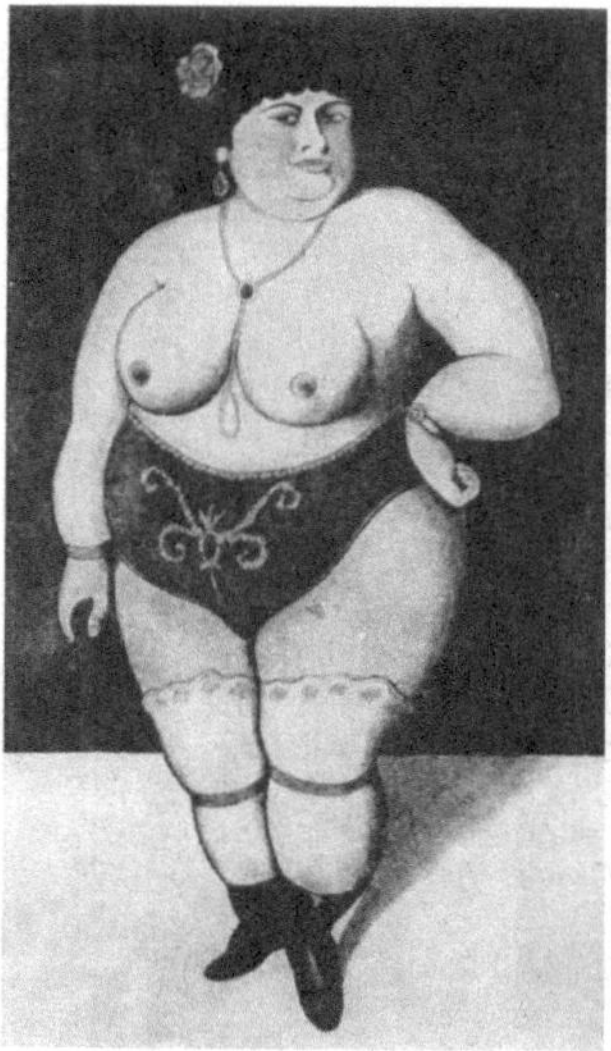

左／「ロイヤル・サーカスの美女」。ドイツのリトグラフ。1865 年。
右／「理想の美女」。ドイツの写真。1867 年。

声が相次いだ。

国立舞踊音楽アカデミーの将来に暗雲が立ちこめる。音楽好きな家庭の父親がそろって抗議する側にまわり、彼らが出した公開状が新聞に載った。「私には音楽好きな妻と娘がいる。彼女たちはしばしばオペラ座に通っていた。だが、もう不可能になるだろう。いかがわしい場所と同じ看板の出ているようなところに、妻子を連れていけるはずがないではないか」。

そんなある朝、オペラ座のまえを通りかかった人びとが拍手喝采する事件が起こる。夜の間に、道徳派の誰かが、カルポーの作品の「猥褻な部分」にインクを一瓶ぶちまけたのである。彫刻にはインクがべったりと付いていた。

新聞雑誌は「スキャンダルとなるような淫らな乳房をあらわにした女性の裸」に対して、公権力が介入することをつよく求め、事は政治事件の様相を呈する。ナポレオン三世はそうした要求に進んで屈服し、ヴァイヤン元帥〔一七九〇〜一八七二。美術行政をも管轄する宮内府長官でもあった〕は群舞の像を撤去するよう命令を下した。ガルニエが抵抗。傑作を守るために、それを、反対する群衆の目にはふれない舞踊練習室に設置する許可を得る。こうすれば、世論も作者も皇帝も新聞も家庭の父親も、八方丸くおさまるはずだった。

これで万事解決と誰もが思ったとき、別の抗議が起こった。バレエ団の女性たちが、「慎みのない彫像があるせいで、まじめに働く女たちのチュチュ〔バレリーナのスカート〕

が汚される」のを拒んだのだ。

踊り子たちの抗議は冗談どころの騒ぎではなく、本物だった。しかも、たいていの踊り子が政治家や銀行家や有力な実業家をパトロンにしていたから、彼女たちを満足させる解決策がすぐさまとられた。カルポーの群舞像はもう少しで完全に姿を消すところだった。

幸い、一八七〇年の七月、普仏戦争が勃発し、撤去の話はどこかに消えてしまった。ジョルジュ・ルコント〔一八六七〜一九五八。劇作家〕が書いているように、「普仏戦争がカルポーの作品を救った」ということになる。

オペラ座はエロチシズムに対する攻撃に耐え抜いた。その後フランスで、オペラ座からみで禁止の憂き目にあったことは一九六四年の十二音階のオペラ、アルバン・ベルクの『ルル』までない。ナポレオン三世は時代についてゆくことができなかったのだ。

○

十九世紀末のフランスは、乳房や艶めいた脱衣姿に文字どおり陶酔していたと言えよう。写真家は「画家や彫刻家のための藝術的ヌード」をさかんに撮り、カフェ・コンセールではあらゆる種類のあけすけな唄が歌われた。ストリップのはしりとなった「ディヴァン・ジャポネ」*83には、優雅な衣裳に身を包んだ人びとが多数やってきたし、大衆新聞は刺繍《ししゆう》入りのストッキングを履き、乳房と太腿をあらわにしたコルセット姿の娘たちを紙面に載せた。

一八七五年以降、女性の胸に対する強迫観念が種々の分野で過激にあらわれてくる。一八七七年のオペレッタ『コルヌヴィルの鐘』〔作曲プランケット〕は上演回数記録を樹立した作品だが、そこには、乳房を連想させる唄がはさまれ、一躍有名になった。

俺たちの郷里《くに》ではこんなことがあったのさ
スツールに腰掛けた色男のニコラが
りんごをいくつも投げるんだ
ババのエプロンめがけてね
りんごを投げられるたんび
ババは喜び
コルセットを鳴らしたもんさ
色男のニコラはニコラで
りんごを投げるたんびに
こう言った
すごいぜ、これは
ひとつっきり投げないのに
りんごがふたつに増えてるぜ*84

流行は世につれ、変化する。普仏戦争後の一八七〇年代に流行った「ビュスク・ポワール」（梨の形に似た、コルセット胸部の張り骨）のあとに現れたのが、もっと短く、もっと上までくる形のコルセット。一八八〇年には、乳房を顎《あご》の下まで持ち上げる「鳩胸」型。エ

＊83　ディヴァンは一九世紀末に流行した東洋風カフェ。ディヴァン・ジャポネはジュアン・サラザンがモンマルトル近くのマルティール通り七十五番地に開業したキャバレで、有名な歌手イヴェット・ギルベールらが唄った。

＊84　フランス語ではしばしば二重三重に意味が隠されていることがある。たいていの場合、卑猥な意味と言っていいのだが、この詩も「りんご」＝「乳房」は当然として、「スツール」「バベ」「エプロン」「投げる」「鳴らす」等と訳した単語が、さらに直截的に性行為を暗示しているともとれる。耳でこの詩を聞いた観客は爆笑したはずである。辞書や参考書には載っていない雑知識をひとつ。写真を撮るときの「チーズ」をフランス語では、**Attention! Un petit oiseau va sortir!**「気をつけて。小鳥が飛び出るよ」と言う（第一層）。写真を撮る行為を手品の一種と考えれば、「カメラから小鳥が飛びだすから気をつけてね」という風にもとれるが（これが第二層。子どもならここでクスッと笑うかもしれない）、実は第三層の意味としてあけすけにいえば、射精を意味する「イッちゃう」ということで、フランス人はよほどうぶでない限りこれを知っているから、可笑《おか》しくてつい笑ってしまうというわけである。

ッフェル塔が造られた一八八九年の万博の際、パリで発表されたのは低い位置の、柔らかなコルセット「スイス・ベルト」であった。ただし、これでは胸の位置が低すぎて、失敗。女性たちの熱いまなざしはどうみても不健康な、ワイヤー入りコルセットに注がれた。そのタイプがあまりに売れたので、代議士のプラニョル氏は議会にコルセット税の導入を提案したほどである。

コルセット産業が隆盛を極め、エレガントな女性たるもの、一日の時間に合わせてコルセットを替えるまでに至った。「ワイヤーはほとんど使わず、乳房をそのままの位置に置いて休息させるバチスト〔平織りの薄地綿布〕製の〈朝のコルセット〉。下部にワイヤーを入れて、乳房をかなり上で支える柔らかな〈移動用コルセット〉。不快な揺れから乳房を守る〈乗馬用コルセット〉」といった具合だ。専制的な猛威をふるうコルセットは一種危険な存在と見なされるようになった。

夜になると乳房はコルセットという鎧《よろい》から解放される。挿し絵画家たちは大衆紙に、そうした魅力的な光景をやたらに描きまくった。この手の絵がまかり通っている現状に、時の司法大臣が嚙《か》みついた。一八八八年六月二十四日、法相のフェルイヤ氏は「クーリエ・フランセ」紙を摘発。フェリックス・ジエム〔一八二一～一九一一。風景画家〕とルイ・ルグラン〔一八六三～一九五一。ロップスの弟子の挿し絵画家・版画家〕のデッサンが猥褻だというのである。一八八九年一月、責任者が処罰されるや、ジャーナリズムが弁護の論陣を張った。ある記者は次のような弁護論を書く。「たくみに描かれた二つの乳房を見た司法官がよからぬ考えを持ったとしても、それは挿し絵画家の責任ではない」。シャンソンや諷刺画で非難されたり、からかわれたりしたフェルイヤ氏は大臣を辞めざるを得なかった。今日では検閲は名前まで隠した、無名の存在である。

乳房が堂々と写真におさまり、絵画や挿し絵や彫刻で表現され、鋳型にとられるといった事態が進行すると、騒ぎ立てる道学者連中も出ようというもの。一八九一年、元老院議員ルネ・ベランジェは家庭の父親に対して「町中の風紀壊乱に抗議する中央協会」の設置を呼びかける。淫らな姿が「目を犯す」として、絶えず風紀の粛正を求め続けたベランジェは、近代で最もやかましい道徳居士と目されるようになった。

飽くことを知らぬ検閲家ベランジェは、カフェ・コンセールの卑猥な唄、「新聞売り場のまえに下がっている、おぞましい絵入りポスター」を禁止する法律をつくるように、二カ月ごとに元老院に促した。

ステッキの握りの部分やドアノッカーに裸の乳房がかたどってあっても、その方が乳首まで見えるデコルテを着たレビューの女性司会者や、雑誌の挿し絵に登場する豊満な乳房の女たちよりはましだというのがベランジェの言い分だった。彼の思惑通り公衆の面前で裸体の一部を見せたがる娘たちに、肌着の着用を義務づける法律が元老院を通過した。

人気を博していたあけすけな小唄が厳しい統制下に置かれた。えり抜きの役人たちがチームを組み、新しく作られる曲に卑猥な歌詞やほのめかしがないかいちいちチェックしたばかりか、新曲は検閲済みでないと印刷することも唄うこともできなくなったのである。ただし、「テトン〈téton〉」と「ニション〈nichon〉」[*85]の二語は厳格な検閲の網を逃れた。一八九三年頃、「エルドラド」（一八六一年開店のカフェ・コンセール。「スカラ」と並んで格の高さを誇った）で、燕尾服に身を固めた歌手がポール・レイの曲『乳房《テトン》のロンド』を唄い、大ヒットした。

乳房《テトン》は踊る、輪になって
乳首も一緒さ
誇らかに突き出た
愛するひとの乳房《テトン》が
すごい刺戟をふりまいて
飢えたぼくらの唇のまえに
躍り出る
乳房《テトン》は踊る、輪になって
ぼくらはみんなでうっとりさ
球体、梨型、瓢箪型

固いおっぱい（ぶよぶよ垂れる柔らかいのはごめんだな）
乳房《テトン》は何て魅力たっぷりなんだろう
乳房《テトン》は踊る、輪になって

＊85　ともに俗語で「乳房」を意味する。〈-on〉は指小辞。téton は十五世紀以来使われている言葉で、もともと「乳をのむ（téter）もの」の意。nichon は十九世紀になって使われるようになった言葉で、乳房がコルサージュを「巣にしている（nicher）」小鳥のようにも見えることに由来する。

検閲を通った小唄「おっぱいの唄」

僕らはみんなでさわるのさ

翌年、ゴシップ記者の嘲笑の的になっていたベランジェをさらにからかおうと、「クーリエ・フランセ」紙は、男性の好む乳房の形についてのアンケートをおこなった。質問はいたって簡単。「林檎型と梨型でどちらが好きですか」。機転の利いた回答が同紙の紙面に掲載された。それをみれば十九世紀末、パリ風のユーモアがどういうものであったかがわかるだろう。

「林檎型が好きです、見る分には。でも触るには梨型ですね」(M・B氏)

「林檎型？　ええ、そうです。それが一番魅力的でしょう。樹木のみずみずしさを保っている緑の果物のように、処女性を永遠に保っているのはその形です。梨型はね、そうだなあ、チュイルリー公園あたりにいる乳母かソーセージ屋の店先を見ているような気がしますよ」(R・ド・P氏)

「腹ぺこのとき、オムレツにトリュフが入っているか、アスパラの先が入っているかなんて気にしますか？　ぼくは田舎も田舎、ドのつく田舎に住んでいるから、たいていの場合、縁がないのです。いつも飢えてる、それがぼくです。貴紙が植物の単語を使うので、それに合わせて言うなら、今夜、ぼくはアレが林檎か梨かなどと考えないでしょう。豊満で、垂れ下がった、下品なかぼちゃみたいな形だとしても、それだけでぼくは満足だし、記者

左／乳暈、すなわち、精神分析学的に言えば、本質的部分を隠す、妥協的ファッション（ローマ、「普段着」）
右／ロンドンの町中で、踊り子のキャシー・キートンは、警察に「交通妨害」の廉で調書をとられた。オートクチュール界も一度はこの言葉を言わせてみたいのでは。

の皆さんよりずっと幸せだと思いますよ。たとえ、皆さんのほうがぼくより上物を相手にするとしてもね」（Z氏）
素人ながら詩を作ってきた読者もいた。

かつて最初の男たりし者
ふざけた精霊の罰を受け
林檎のせいで地に堕ちしという
周知の事実にふるえる我は
固くて白き乳房《ニション》を選ぶ折あらば
ためらうことなく答えよう
梨型こそが望ましからんと

「クーリエ・フランセ」紙でまとめた結論——大部分の男性は林檎型の乳房を好む。「三百人以上の読者が林檎型を支持したのに対して、梨型を支持したのはせいぜい三十人程度。だが、形についてはかような意見の相違があっても、自分の手のひらに収まる乳房がいいということでは全員が一致した」。
元老院議員ベランジェの度重なる抗議はあったが、それが結果として思いがけない事態

レダとユピテル（1898年の絵葉書）（ロミ・コレクション）

美しすぎる乳房で競う女たちのために穴のあいた絵。エリゼ・モンマルトル。1894年。

を招来したのは幸いだった。反抗した大衆がエロチックな作品に夢中になり、出版者や藝術家も、画商やスペクタクルの興行主も一様に、ヌードに熱狂的にとらわれたのである。乳房をあらわにしたご婦人の姿が描かれ、印刷され、複製が作られ、店頭に並んだ。絵画サロンで、これほどヌードが見られたことはない。『奴隷市場』『水浴する女たち』『寒そうなモデルたち』、ボール紙でできたような井戸から出てくる『真実〔しばしば女性像で表される〕』といった題の作品ばかり。作者はドゥバ＝ポンサン〔ドレフュス事件をモチーフにした「井戸からでる真実」等で知られる画家〕やブグロー〔一八二五〜

馬や自転車にまたがる。
（ロミ・コレクション）

バストくらべ。1904年。

一九〇五。美術学校教授。折衷的アカデミズムの画家〕などの画家であった。

○

モンマルトルでは画家や藝術家が審査員となって、モデルや、「エリゼ・モンマルトル」[*86]で踊る洗濯女などから、最もきれいな乳房をした娘をえらんで賞を与えた。参加者は不正をさけるために、女性の姿が描かれた板の後ろに立って、胸の部分に合わせて丸くくりぬかれた穴から片方の乳房を出して審査を受けることになっていた〔一八九六年。ロミ『突飛なるものの歴史』第四章「乳房の誘惑」参照〕。パリには、実物大の乳房の形をした彩色陶器のインク壺〔前注参照。乳首の部分が蓋になっている〕や乳房の先の小穴から芳香の出る女性の小半身像などを売る雑貨屋や土産

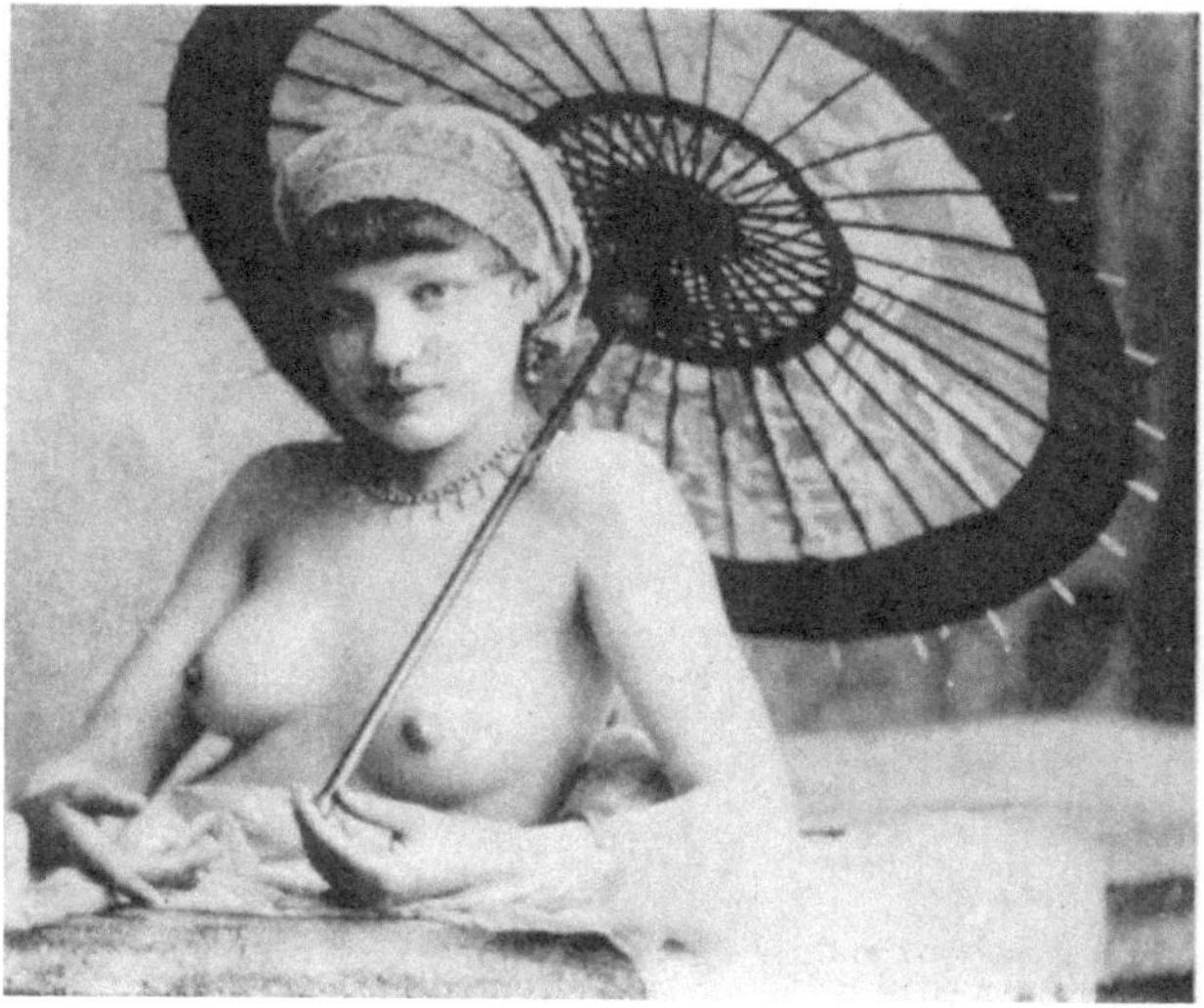

「傘の下で」

物屋もあった。

ある種のシガレット・ホルダーやパイプは禁じられたが、ブグロー描くヌードをかたどった葉巻用パイプは藝術の名のもとに、堂々と売られた。エミール・バイヤール〔小説の挿し絵などで知られた画家。一八三七〜九一〕もやはり藝術の名を掲げて、学士院会員ジャン・レオン・ジェローム〔一八二四〜一九〇四。画家・彫刻家〕の序文とブグロー画伯への献辞をつけ

＊86　第二帝政以降、舞踏会が盛んになった。エリゼ・モンマルトルはプレ・カトラン等と並ぶ代表的舞踏場。のち劇場にもなった。

「最も甘いキスのために、早くきて。香水を互いにつけましょう」

「所得税・資産〔処女性の意味もある〕」。1908年。

た叢書《そうしょ》、その名も壮麗な「審美学的裸体」シリーズを定期刊行した。月一冊刊行された同シリーズには、人体の部分図と全体図を写した写真版がついていた。

ヌードの普及に向けられたこうした努力をレアリスト的と呼ぶとすれば、それと並行して、あまたの写真家の手によって孜々営々行われたのが、商業ベースのヌードのシリーズだった。一八九五年から一九〇五年までの十年間というのは、いわゆる「みだらな《レジェ》」（原義は「軽い」）」写真がもっとも大規模に制作された時期だと言っていい。（パトリック・ヴァルドベルグ

『モダンスタイルのエロス』J＝J・ポヴェール社刊、一九六五、参照）

広告を見るかぎり、業者間の競争はすさまじかったようで、「カラー・ヌード十二枚で五フラン」「無修正カラー・ヌード十八枚で四・五フラン」といった宣伝惹句《じゃっく》が同一ページに並んでいたりする。

コルセットや下ばきや肌着をつけたまま、乳房をむき出しにしてシャワーを浴びたり、自転車にまたがったりする女たちの白黒やカラーの写真が広く普及した。カフェは言うに及ばず、学校やクラブまで。あるいはセールスマンのポケットから、好奇心いっぱいの中学生のポケットまで。マッチの箱のけばけばしいラベル、シャンソン酒場《ゴゲット》に来たての客に渡される写真、新年の挨拶状、クイズ広告といったものにまで、つんととがった乳房の写真や絵が氾濫《はんらん》した。

「メリア」や「バストス」といった煙草の箱には、小粋なパリジェンヌの乳房の写真が「ブロマイド紙に印刷されて」入っていたし、「ラ・ヴィ・アン・ローズ」「フル・フル（衣擦れの「さらさら」という擬音）」「ル・ヴィユー・マルシュール（年老いた歩行者、転じて「好色な中年」）」「ラ・キュロット・ルージュ（「赤いパンティー」）」「ルイスティティ（絹猿科マーモセット、転じて「変な奴」）」をはじめ、多数の週刊誌が定期的に、大小の乳房にまつわる猥談特集を載せたりもした。

ふたつの傾向がぶつかり合った。大多数の人びとが、花模様をあしらった絹のコルセットで持ち上げられたふくよかな乳房を夢見ていたとすれば、耽美《たんび》派といわれる人びとは、青緑色の眼をしたスフィンクスかキマイラのような、いわば彼らの文学的理想に合致した両性具有《アンドロギュノス》的な乳房を理想とした。一九〇〇年の夏、耽美派と豊満派の対立は結局豊満派の勝利に終わる。斬新なデザイナーたちが平らなシルエットを打ち出し、消え入りそうな痩身をよしとする傾向が、豊満な体形を是とする傾向と衝突したが、耽美派ははげしい非難を浴びたのである。

一九〇〇年八月九日、「ジュルナル」紙は以下に紹介する批判記事を掲載するが、これはむしろ一九二四年の記事といったほうがいいほどだ〔激越なる「シュルレアリスム宣言」の年。なお、痩身と肥満のせめぎ合いについてはロミ『悪食大全』『でぶ大全』を参照〕。「優美な女性たちが、拷問のようなコルセットのせいで、せっかくの体の丸みを隠さなくてはならないモードとは何なのか。それではバストやヒップが出ているのが恥とでもいうかのようではないか。アンドロギュノスの模造品に恩寵の宿るはずがない。かくのごとき醜態をさらすために麗人方がなさることを考えるがいい。腹部のたるみをつまみ、力一杯胸まで引っ張り、鎧〔コルセットのこと〕の一番細い部分を締めつけるのだ。女中は奥様の腹の肉をつかんで延ばし、マッサージ器のせいで皺くちゃのぼろきれみたいになった乳房のあたりに、波打たせてむりやり持ち上げるという作業をしなくてはならない。固いワイヤーのついたモアレ地〔波形模様のついた生地〕のなかにすべて押しこむわけである。さらに、紐を巻いてつよく締め、反り返ってから結ぶというしだいなのだから、これではいかに心ときめくヴィーナスであっても、得体のしれないガニュメデス〔ギリシア神話の美少年〕に成り果ててしまうだけではないか」。

ジャン・ロラン〔一八五五〜一九〇六。小説家・詩人・ジャーナリスト。「クーリエ・フランセ」紙や「ジュルナル」紙に寄稿した〕はこうした得体のしれない若い女性たちについて、「華奢で骨張った、本当とは思われないくらいに痩せた」という言葉を残している。

デザイナーたちの攻勢は数週間しないうちに忘れ去られ、「大きな乳房《グロ・ニション》」が決定的な勝利を得た。カフェ・コンセールで唄われた曲がその証左となるだろう。

「コルセット」。H・ジェルボー絵。「アンディスクレ〔不謹慎〕」なる雑誌の1902年9月3日号の表紙を飾った。

○

たとえば、ジュディックやカン・イル、ポランといった大スターたちの曲を書いたオクターヴ・プラデルの『おっぱい《ネネ》マズルカ』〔〈néné〉は乳房の俗語。「砂糖菓子」を意味する幼児語〈nanan〉と関係がある〕。第一番では

「育ちざかりのかわいい」おぼこ娘のおっぱいが唄われ、第二番では「薄布をつきやぶるかのような苺《いちご》〔乳首〕」をした春たけなわのおっぱいが二十歳の娘の「神々しいまでの双子」として唄われる。第三番になると、作詞家の熱狂はいよいよきわまって、三十歳の女の豊満なおっぱい讃歌がつづく。

前進やめえ!
あれに見えるは
たくましい地球儀だ!

三十歳は
光り輝き
生命力がふつふつたぎる(中略)
他に並ぶものなき
真紅の果実(中略)
愛の巣にして艶なる宴

君たちのお宝は
なみなみとあふれ
卑しいコルセットなどはじいてしまう
ああ、ふくよかなおっぱい《ネネ》
不幸なかごの鳥よ
ぐだぐだ言わずに自由におなりよ
君たちを押しつぶす布きれからさ
おお、自由を夢見る（中略）
夏の鳥たち
だから踊って、マズルカを
興奮しきったぼくらの前でさ

一九〇二年、『マキシムでみかけた婦人』で知られる歌手カシーヴは、キャプシーヌ座で上演されたピエール・ヴェベール〔喜劇作者。一八六九〜一九四二〕作のある芝居で、悪趣味な唄を舞台で唄った。

ねえねえ、これは一体誰のもの？
ふたつのかわいい動き屋《ヴァガボン》さん＊87は？
これはあなたのものなのよ
ハンサムな王様、あなたのね
このおっぱい《ニション》、あなたのものよ
だからキスして、もっとして
あたしのすてきなひとだから
これはあなたのものなのよ

こういう歌詞の内容は寛大な批評家たちからは「ほのめかし」と呼ばれていたが、カシーヴはそれをさらにしぐさで強調するために、「ピンクと白のふんわりとしたドレスをまとい、色とりどりのスパンコールのコルセットをつけて歌った。彼女が体を動かすたびに、歌詞にあるふたつの動き屋《ヴァガボン》さんが顔を出さんばかりであった」。

おなじ乳房をいう言葉でも、「テトン〈téton〉」や「ネネ〈néné〉よりエロチックな「ニション〈nichon〉」という語が一種の流行語になった〔あえて比較すれば、「おっぱい」や「パイパイ」より、「パイオツ」と言ったほうが煽情的になりうるのと似てもいいようか〕。一九〇三年から一九〇六年にかけて発表された歌の多くに用いられているほどである。一九〇三年にシャヴァ＝ジリエが詩の形で書いた寸劇『ある女歌手に夢中』にはこんな打ち明け話めいた一節がある。

　彼女の魅力は数えきれない
　雪なす白肌にしみひとつなく
　彼女のきれいなピンクのおっぱい《ニション》に
　キスするためなら何でもするよ
　ああ、ほんとにすごいや
　ぼくにおくれよ、君のおっぱい《ニション》

翌年、リュシー・マノンが大胆なデコルテ姿で歌った『肌の片隅』は、地方のカフェ・コンセールでも歌われたヒット曲になった。

　ゆるやかなワルツに乗って、あなたがた

＊87　原義は「放浪者」。つまり「一定の所にいない者」。

男が女を情熱こめて抱きしめるとき
音楽に酔うのかもしれないけど
あたしたちのおっぱい《ニション》のことしか考えていないでしょ
聖人みたいに崇めてくれるのね
あらんかぎりの情熱こめて
視線でまるでたべちゃうみたい
右から左、またその反対と
視線はさまよい、やがて谷間で休むのね
（繰り返し）
あたしたちの体の一部がはだけていれば
もちろん胸や肩のことだけど
男っておかしくなるのね
すぐメロメロになるんだもん
通りすがりにちらりと見るのね
あたしたちの二羽のかごの鳥を
肌の片隅を見せるだけで
男ってもうどきどきしちゃうんだから

一九〇四年、喜劇役者のフェルナンデーズが浮浪者の恰好で歌った『発明家をたおせ』は、スタイルこそ違えど、同じ発想に基づいている。これはみせかけの性的魅力に欲望をかき立てられて失望した男の欲求不満の歌だった。

ラストリング〔表面が繻子《しゅす》織の花柄織物の一種〕のインチキおっぱい《ネネ》？
きたなくないか、そういうやり方
いい肉体だと思っても
しばしばそれは嘘だなんてさ
すてきなふたつのおっぱい《ニション》と
思わせといて
実は小さなナッツだなんてさ

贋物《にせもの》の乳房で欲求不満になった男たちというフロイト的テーマをめぐるエピソードが量産される一方で、カフェ・コンセールの大スターたちは、まがい物の乳房《ニション》に対する批判を歌にし始めるようになる。

一九〇四年の前半、フェリックス・マイヨール〔一八七二～一九四一〕はクリスチネの曲に乗せたトレヴィッチの『気取っているね』を持ち歌に加えたが、彼がつけたルフランは上々の人気を博した。

使い走りの女の子が
ぴょんぴょんと駆けてゆく
皆さん、その娘《こ》に目を留めて
きれいなアクセサリーやら
ふくよかな体つきやら
締まった体の線やらを
すばやく目で追う
その娘《こ》の緑の目をみれば
皆さん、すでに気もそぞろ
その娘《こ》をお家につれてゆく
心愉しく娘《むすめ》を見つめ
体はぶるぶるふるえるばかり
さてさてところがカーテンを閉めるや
皆さん、がっくりさ何てこったい！

（繰り返し）
インチキじゃないか
皆さん、びっくり
キャベツみたいな
その娘のおっぱい《ニション》
実はゴムでできていた！

イブニングドレスを着て感傷的な恋歌を歌った、いわゆる「ロマンシエール」（カフェ・コンセールの感傷的な恋の歌を歌う女性歌手を指す）の歌にも、「ニション」は登場する。かまととというしかないドゥヴァッシー嬢の一九〇五年の作品『鏡のついた衣裳箪笥』を例に挙げておこう。この「近代的な家具」のまえで、よちよち歩きの娘の後を追うひとりの母親。娘は成長し、子どものころからある鏡に映した自分の「ニション」を見つめる、といった筋書きだ。

十六歳にもなれば乙女は
日がな一日、鏡のまえで

初々しい自分の魅力をみつめるものです
横顔はどう？　後ろは？　前は？
すでにかたく尖りはじめた
小さい乳房を映したりして
汚れなき宝をまえに
うっとりと
乙女はつぶやくのです
「よろこびのりんごを
摘んでくれるのは誰かしら」

ウージェーヌ・ルメルシエは「シャ・ノワール」（「黒猫」亭。ベル・エポックを代表するキャバレ）で、以下に引く歌を歌ったが、この歌の作者になれたというのは幸運だったと言わなくてはならない。題して、「おっぱい《ニション》」。

薔薇のつぼみの乳首をもった
梨のかたちのおっぱい《ニション》もあれば
象牙色やら絹や繻子の輝きやらの

変わらぬしぐさ——フラゴナール「乳房の先を見せるコロンブ嬢」

大衆的な絵葉書。「キス」。パリ（20世紀）

まるいおっぱい《ニション》だってある
羽根みたいに柔らかくて
愛の陽気なたわむれをやさしくうけとめる
おっぱい《ニション》も忘れちゃいけない
そうさ、男性諸君、おっぱい《ニション》の魅力を語ったら
本一冊は必要だろう（繰り返し）

女が持ってるびっくりするような魅力について
否定はしないよ
だけれどぼくはもっといいこと考えてるんだ
美しい女の体が酒瓶だったらどうだろう
唇つけてたっぷりと喉をうるおす酒瓶さ
夢中になって愛撫する乳房のかわりに
二つの酒壺をつけてくれないかって
愛の神様に頼んでみようか
おっぱい《ニション》からワインを吸ったら
きっと酔いだってこの世のものとは思われないさ！

まさに絶頂期だったと言えるだろう。「スカラ座」ではマルスネが『匂えるマズルカ』(ベリアチュス作詞)で拍手喝采を浴びる。

コルサージュのなかに
そんなに香水ふりまいて
どうしようというのだろうか
今は突き出たきれいな乳房《ニション》も
やがては垂れてしまうのに

人気歌手ドナは当時の流行をたくみに歌う。『パリ、陶酔と愛の街、魔法のような都市、女の楽園』。

パリジェンヌなら
褐色の髪でもブロンドでも
浮気な娘でも
気取らない町娘でも

使い走りの娘だろうと貴族のご婦人だろうと
魅力はきまって
男をそそるふくらはぎと
尖ったおっぱい《ニション》

ヴァランシエンヌのレース*88に隠れた
妙なる輪郭
パリジェンヌの魅力には
どんな男もいちころよ

喜劇役者のカルル・スタールはパールグレーのルダンゴート〔フロックコートの一種〕に片眼鏡といういでたちで、『おかしな女』を歌ったが、これは自己宣伝にたけた女との出会いを歌にしたものだった。

*88　北仏はベルギーとともにレースの産地。

さわる誘惑——リュクサンブール宮。ステネール夫人〔当時の大統領の愛人〕の像の左の乳房だけがすりへっている。ローマの聖ピエトロ像の足の指が摩滅しているようなものだが、第三共和制期の元老院議員たちは、通りがかりに、それを撫でるのを常としたのだった。爾来その伝統は守られてきた。

それからまもなく女は床入り
おいらはびっくり仰天さ
何しろおいらの敵娼《あいかた》は
メニルモンタン*89のちんぴら以上に
すごい入れ墨をしてたんだ
それだけじゃないぜ
そやつのおっぱい《ニション》の上にはな
みごとな風船が乗ってたんだ

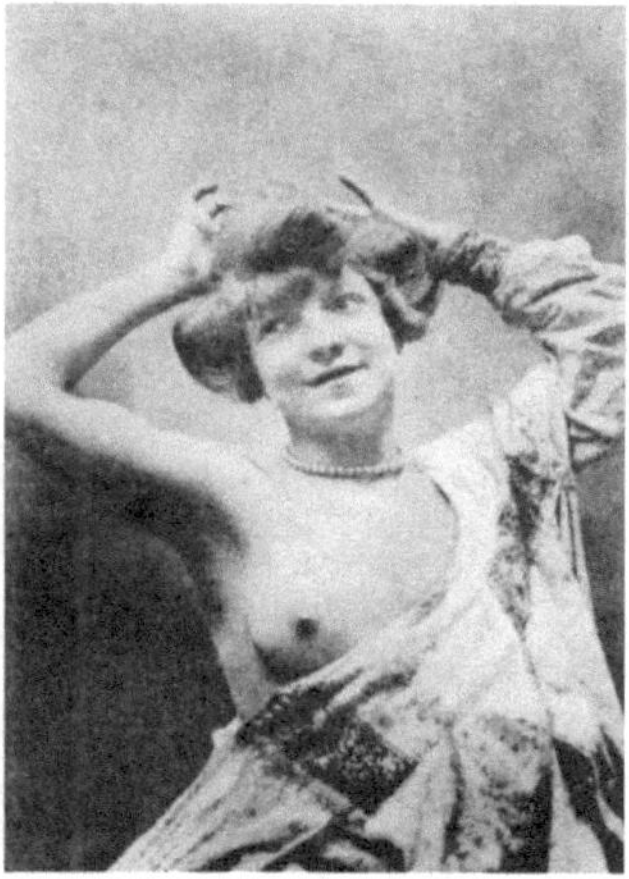

一般社会の検閲——1912年、予審判事レイデ氏はアメリー・エリー、通称カスク・ドール〔金の兜、金髪〕をモデルにした絵葉書の差し押さえを命じた。

女が言った、「もしあそこが見たいっていうなら
今日はだめ、またこんど
あたしのおっぱい《ニション》、大きくないでしょ」

(繰り返し)

*89 パリの下町。

おいらは思った、何て変わった女なんだろう
こんな宣伝すれば忘れないって！

下町の低級なカフェ・コンセールで、客たちが声をそろえて歌ったのは、「スカラ座」のヒット曲『兵隊がいる』のルフランである。

きれいなおっぱ《ニション》いの
パリジェンヌ万歳！
陽気な目をした
場末の娘万歳！

「パリジアーナ」では、がっしりしたと形容したいくらいなデコルテを着たエレーヌ・ゴンディが、旧約聖書の「スザンナと長老たち」にヒントを得た『コルセットの試み』を歌う。

うら若きリーズがコルセットのなかに
美しいものをふたつ隠しているわ

彼女の近くで物欲しげな目をした
老人二人が様子をうかがっている
リーズの胸の白さには
パロス[*90]の大理石も顔負け
老人二人、年に似合わず
エロスの神に帰依するかのよう
絹のようなコルセットから
ついと顔出す薔薇色の先端にうっとりしながら
一人が言う、「花が咲いたようですな
そんなにしめつけたらさぞや苦しいでしょうに」
それを受けてもう一人の老人が、
目を爛々と輝かしてこうつぶやく、
「神々しい果実をそのように苦しめるのは
神への冒瀆ではござらぬか」

＊90　エーゲ海の島。

美しい娘は
そんな二人の好色男の話を聞いて
微笑みながら答えたわ
「わたしのことが好きなのね
それはとってもうれしいけれど
かわいそうなおばかさんたち
知らなきゃだめよ
花も果実も、何もかもそろっていても
宴はあなたがたのためではないのよ」

当時のデザイナーは、途方もない体形、理にあわぬ異常なラインをよしとし、それを維持することに躍起になっていた。前方に大きく突き出た胸、引っ込んだ腹、弓なりに反ったウエスト・ラインである。そうしたボディ・ラインを編み出したフランスのオートクチュールのデザイナーをほめたたえた、一九〇六年四月のモード記事を紹介しよう。「パキャン夫人〔ジャンヌ。一八六九〜一九三六。現在のファッションショーの創始者の一人。コートで有名〕、カロ姉妹、ジャン゠フィリップ・ウォルト[*91]、ジャック・ドゥーセ〔一八五三〜一九二九。ベル・エポックを代表するデザイナー〕。こういった人びとだけが胸をふくよかに見せ、腰を弓なりに反らせ、ガードルとワイヤーをたくみに調和させ、がさがさした合成繊維のペチコートの裾《すそ》を広げ、スカートをゆったりとしたものにする技術に精通している」。

「ガードルとワイヤーをたくみに調和させる」という婉曲《えんきょく》的な言い方にお気づきだろうか。これは「鎧《キュイラス》のようなコルセットをきつく締める」ということであり、コレット〔小説家。一八七三〜一九五四〕が言った「胸を上方に持ち上げて、臀部の肉を押さえ、腹部をへこませる」長いコルセットのことをいう場合にも用いられる言葉だった。

『軽薄な王子』〔詩集。一九一〇年〕を書いていた頃の若きコクトーは、当時名を馳せた娼婦たちを見て呆気《あっけ》にとられ、「快楽の胸甲騎兵《キュイラシエ》」と命名している。彼女たちの複雑きわまる重装備を数え立てたコクトーの回想記の一節から――「カルカン〔本来「首枷《かせ》」の意。古典時代の婦人の衣装。「襟の一部をなす金の鎖」「宝石の首飾り」〕、ガードル、ワイヤー、飾り紐、肩当て、脚当て、腿当て、手っ甲《ガントレ》〔手袋。このあたり軍隊用語〕、胴鎧《コルスレ》〔ガードルとブラジャーが一体となった「オール・イン・ワン」のこと〕、コット・ド・マーユ〔「長めの鎖帷《かた》子《びら》」のほか、「メッシュの袖無し上着」の意も〕」。カルカンその他で持ち上げられた乳房はあたかも二つの巨大な球のようだった。

＊91　ウォルト家はパリ屈指のオートクチュール一家だった。この時代ではガストン、ジャン＝フィリップ、ジャック、ジャン＝シャルルが活躍。

一九〇七年、公式な夜会でかような姿が増大する危険を感じた教皇ピウス十世（反近代主義を標榜した。在位一九〇三～一四）は社交界の大きな催しに招待される「高位聖職者のことを鑑《かんが》み」、社交界の女性に対して、もっと慎ましやかなデコルテを着用するよう勧告した。反教権主義の立場にたつ新聞は、カトリックの最高責任者が出したこの要求を面白がって採りあげた。「クーリエ・フランセ」紙に載ったラウル・ボンション（一八四八～一九三七。ユーモリスト）の詩による反論を引いてみる。

かのデコルテに
物議騒然
程度の差こそないではないが
高位聖職者と言われる方々の
厳しきことかぎりなし
疑う向きはご本人に
まずはお伺いをたててみられよ
されどかのデコルテなるもの
いいことづくめではないか

外交上の駆け引きに欠かせぬというだけでなく
審美的にも悪くない
何も損なうことがないではないか

美しい胸を目にして
誰がいったい悲しむだろう
存在価値は言うだけ野暮というものさ
厄介事も片がつき
どんなに暗い外交官でも
心浮かれて愉しむだろう

いとかしこき教皇猊下よ
すべては作法に従ったままで
この争いのはじめを知るのが神ならば
終わりを知るのは悪魔のわざか
いずれにしても広大無辺の叡智でなくては
かなわぬことさ

まさにこれと同時代のアメリカではこんなことがあった。オクラホマ・シティーのジョン・シャープなる男が、人間性の後退に抗議するためと称して、「裸体の福音」を提唱したのだ。シャープは男女の弟子たちに、裸で布教するよう命じた。春まだ浅き日、福音を伝える麗わしい女性たちがすぎゆく風に乳房をなぶらせながら、街頭に立った。福音伝道者たる彼女たちが警察に捕まったのは、「信徒」をあまりに多く集めたせいだったろうか。

フランスでは、ベランジェ一派によって禁止や検閲の憂き目に遭い、窮地に追い込まれた裸の乳房は地下に潜伏した。スペクタクルの興行主は、水浴姿を見られたディアーナの驚きやスザンナと長老、イヴの誘惑などを再現したかとおぼしき活人画やモデルのポーズ姿やフィナーレのショーなどを舞台に乗せる際は、しぶしぶながら、水着の着用を受け入れざるを得なかった。

しかし、法律が藝術と同じように尊重されていたのもある晩までのこと。その夜、ムーラン・ルージュの支配人は無許可で、規則通りの水着の代わりにレースを着用させたのだった。思わずうっとりとなったのか、それともぼんやりしてしまったものか、とにかく刑事の書いた報告書には、レースを透かして乳房が見えたというたぐいの記述はなかった。界隈のカフェ・コンセールでは、その筋の追及がなくなったと信じて、若い売れっ子たちをどんどん裸にして舞台に上らせるようになる。しかしベランジェ一派は依然として鵜《う》の目鷹《たか》の目。彼らの訴えにより、「フォリー・ピガール」の支配人が強制猥褻罪で告訴された。乳房のみならずそれ以外の部分も、あまりに薄いモスリンで覆っただけのジェルメーヌ・エモス嬢を舞台で踊らせたというのがその理由だった。裁判は多大な反響をまきおこす。だが、支配人は無罪放免。寄席や見せ物が従来持っていた偽善的な体質が大きく揺らぐことになった。

ピエール・ルイスが書いた、エロチシズムと罪と法律の主観性に関する逆説的な文章を読んだ当時の人びとは宗教的不安を禁じえなかったのではなかろうか。「大衆はいち早く理解した、裸体の問題は宗教上の戒律にかかわりこそすれ、世上の法律には無縁であると」。『女と操り人形』*92の作者によれば、乳房をあらわにした女に見とれるのは恐らく宗教上の罪であって、犯罪行為ではない。魅力にあふれた肉体を見せてもいいと考えた藝人がいたとしても、それは彼女と聴罪司祭のあいだの問題であり、予審判事があれこれ介入すべき事柄ではないのだ。

「我々の法律をこうしたケースに当てはめることなどどだい無理な話だと言わなくてはならない。舞台に上った女の裸は公序良俗に反するなどと本気で主張することができるもの

＊92　一八九八。谷崎潤一郎『痴人の愛』をどこか彷彿させるルイスのエロチックな小説。一九五八年、ジュリアン・デュヴィヴィエによってバルドー主演で映画化された。

だろうか。客たちはわざわざそれを見るために百フランを払うのである」

当然のことながら、あらわな乳房にショックをうける者は席を立って外に出ればいいだけの話だ。

フランスが自由を愛する精神をまだ失っていなかった時代のこうした論理的な考え方は人びとの思考に少なからぬ影響を与え、水着は次々と脱ぎ捨てられていった。

このような勝利を目の当たりにして大胆になったのだろう、モンマルトルはドゥエ通り四十二番地に店を構える「リトル・パレス」の支配人が今度は何と、乳房をむきだしにした二人の女が観客のまえで愛戯にふけるパントマイムを舞台にのせてしまう。題して「軽やかな風の陶酔」。ピエール・ルイスの理屈はもう通らなかった。「何かの間違いで」入店してそれを見たメーヌ・エ・ロワール県選出のある議員が腰を抜かして、すぐさま執行吏を呼び、調書を書かせたのである。

マスコミが騒ぎ立てたこともあって、事件は大問題となり、裁判にかけられ、「リトル・パレス」の支配人は二百フランの罰金と禁錮《きんこ》三カ月、二人の踊り子は「劣情を刺戟した」廉で、一人あたり五十フランの罰金と禁錮一カ月（執行猶予つき）の判決を言い渡された。

乳房を人目にさらしたことが女たちの有罪の根拠のひとつになった。判決理由書から引いてみよう。「当該無言劇に於て、被告人ブーゾン並びにルペレは酩酊《めいてい》し同性愛に耽《ふけ》る情景を演じた。即ち、ルペレは上半身を乳までもあらわにした姿で長椅子に横臥《おうが》し、ブーゾンは同じく上半身を乳までもあらわにした姿でルペレの傍らに腰を掛け、両腕にてかの女人を抱擁し、自身の身体を押しつけ、唇をかの女人の唇に押し当て、乳を愛撫したものである」云々。

さらにルペレ嬢は「身体を蠕動《ぜんどう》させることにより、劣情をいたく刺戟した」という点でも咎《とが》め立てされたのだった。

しかし、それとは裏腹に、他の分野では、横行する石部金吉に対して、裸の乳房が勝利を収めてゆく。家具や建築、日用品の装飾に用いられるようになったのはその好例だろう。モダン・スタイルの装飾家たちは女性の肉体を理想化していったのである。マロニエの葉、藤や雪の花《ペルス・ネージュ》の花びらといった自然を生かした装飾に回帰することで、捩《ねじ》れた裸体、無理に曲げられたかのような裸体が、藻類や睡蓮《すいれん》や波の泡にからみ、もつれあう。たとえば取っ手が菖蒲《しょうぶ》に縁取られた女性の胸像になったピエール・ロッシュ作の錫《すず》製の壺。あるいは乳房を水面に出して泳ぐ女の姿を柄にかたどったケーキ・サーバー。茶卓、種々の飾り棚、匙《さじ》、インク壺といった調度品とともに、花と化した半裸の女たちが人びとの家庭に入りこむ。建築家は建築家で、公衆道徳に真っ向から挑戦するかのような石の胸像を正面に据えた建物を考え出した。

乳房が依然として鳩の胸のように高くせり上げられる一方で、コルセットはしだいに長くなって臀部を包みこみ、鳩尾《みずおち》附近を危険なほどつよく締めつけるようになる。毎月のように新製品が売り出され、そのつど名称と宣伝文句があらたにひねりだされた。カタログや一九〇八年から一九一四年にかけてモード雑誌に載った広告にはびっくりするようなものがある。「セルパンタン（蛇腹のようなコルセットか）をつければ、内側の肥満《グロ・ザンテスタン》（本来「大腸」の意。セルパンタンとの洒落）は解消します」。「ダリラ（旧約「士師記」。サムソンを騙した遊女の名）なら胃を苦しめません」。「消化も呼吸も自由自在のコルセット、ルイ十五世」などなど。おしゃれな女たちは「きらめき《エタンスラン》」やら「売れてるヴィーナス《ヴィーナス・ア・ラ・モード》」やら「勝利《ヴァンク》者《ール》」といったコルセットを身につけたのだ。

自然の恵みが胸にまで来なかった女たちは、コルセット業者に注文すればいとも簡単にパッドその他を入手することができた。

縫製メーカーではコルサージュの詰め物にクッションを使っていたが、それらのクッションそれぞれが業者の名前を冠せられていた。いわく、「ロン（丸いものの意）・ブルストン」や「ベルジャンジョン」（ともに固有名詞から作られた名前）といったふうに。さらに、軽い布で包んだ銅線でかたどられ、ゴムでふくらみをつけた人工「乳房」もあった。

一九一二年十月、ある社交界の貴婦人に不名誉きわまる出来事がおこった。「プチ・ブルー」紙が当の婦人の顔に泥を塗るかのような三面記事を掲載する。「ラ・ペ通り（オペラ座近く。高級店が立ち並ぶ）」、四時。有名ドレス・メーカーが入っている建物の正門から、

永年の強迫観念……そしてあらゆる寸法のパッド。

小さなフォックステリアが嬉《うれ》しそうにぴょんぴょん跳ねながら、歩道まで出てきた。可愛い口に何かをくわえ、一方の端は地面に引きずって。それが何か最初はわからなかった。あちこちで立ち止まったかと思うと、ついには歩道の上に獲物を落とし、小さな尾を振って、キャンキャン鳴いた。身なり正しい従僕が息を切らして追いかけてくると、子犬は一目散に駆けだしてヴァンドーム広場までいってしまった。子犬をそれほど夢中にさせたもの。それは香料入りのゴムでできた乳房だった。いたずら好きな子犬は試着室でそれをくわえて逃げ出したのに相違ない。御主人を待っていた運転手と従僕が口笛で呼んでも名前を叫んでも後の祭り。子犬は言うことを聞かなかった。その場に居合わせた人びとは自動車のドアに描かれた紋章、上部に男爵冠が描かれた紋章から、さる高名な男爵夫人がじつはパッドをしていたことを知ったのである」。

ジョルジュ・メリエス[*93]の映画を見た観客は、デコルテの水着を着用した御婦人方が星や三日月のうえで横になる姿に驚嘆した。偉大なる草創期の映画藝術が収めた成功を目の当たりにした玩具業者は、小さい巻き軸を回転させて愉しむポケット映画なるものを売り出した。パテ社〔ゴーモン同様、フランスにおける草創期以来の大映画会社の一〕の『服を脱いだクララ』『蚤《のみ》探し〔蚤は娼婦を指すこともあるが、ここは当時の映画にしばしば見られたよう

---

*93　一八六一〜一九三八。映画草創期の偉人。『月世界旅行』など五百本に及ぶ作品を撮った。

乳房とオブジェ――レース風装飾を施したインク壺。フランス、1896年。

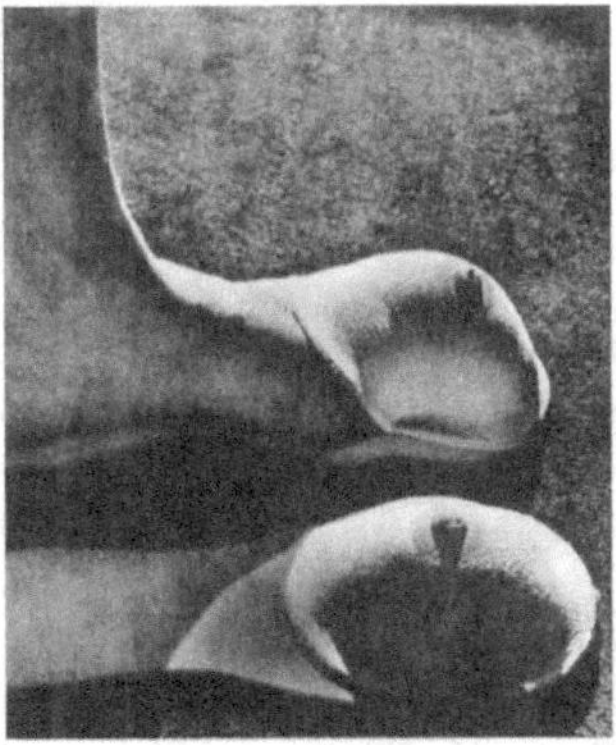

オブジェ――浴室用スリッパ。合成ゴム製、おそらく男性用。フランス、1960年。

乳房とオブジェ――瓶カバー。米国、1956年。

マリリン・モンローのヌード、または世界で最も有名なセックスアピールにあふれたカレンダー。

に、覗《のぞ》き見の状況をつくるきっかけ」『パリジェンヌの入浴』などがそれだ。検閲官はしばし眠っているかのように思われた。

だがそれも一九一三年までのこと。サロン・ドートンヌ〔一九〇三年から始まった秋の美術展〕に警視がやってきてヴァン・ドンゲン〔フォーヴィスムの画家。この事件以降、肖像画家としての道に活路を見いだした〕の作品を外させたのである。『鳩と女』と題されたその絵〔スペイン風ショールを背中にかけ、全裸で佇む女の足もとに鳩がいる。乳房だけでなく陰毛も描かれている〕は保守的な見学客に言わせると、ある種の人びとの目に「猥褻な劣情の光」を宿させたという。翌年、第一次大戦が勃発。検閲する側には裸の乳房を取り締まるあらたな理由づけができたことになる。数カ月にわたって、乳房の載った印刷物や絵はがきの発行が禁止された。兵士たちの健康から考えて、あまりに挑発的で有害だと考えられたわけである。兵士の服従精神を害するというのではなくて、健康に有害だという点に着目しておこう。

乳房の季節・アメリカ篇——マリリン・モンローあるいは兵士の「グラマー」

美術展はプロパガンダの場とされたから、「栄光」「祖国」「正義」「フランス」「勝利」〔いずれも女性名詞〕といった題をつけられた女神や女性の絵であふれかえった。大義名分に支えられた絵の中の女たちは堂々とうつくしい乳房をむき出しにしていた。

○

戦争末期、ファッションがふたたび女性の主たる関心事になる。胸部をコルセットから解放しようというポール・ポワレ[*94]の活動のおかげで、堅いコ

＊94　一八七九〜一九四四。デザイナー。窮屈なコルセットから女性を解放した。イサドラ・ダンカンがポワレの服を着たことも有名。

ルセットは柔らかなガードル状の下着に変わり、ドレスも軽くなっていった。ところが一九一九年、男性化したファッションが突如として流行。いまやパリジェンヌたるもの髪を切り、胸と臀部を押さえつけ、ロー・ウエストにしなくてはならなくなった。平らな髪、平らなローヒール、平らな胸のガルソンヌの誕生である。*95

ある女性のコルセット業者は、あまりに目立つ胸をした女性のための器具「バスト扁平器」を発表した。「とりわけ平らな胸をお望みの方でも次のようにするだけでよろしいのです。まず乳房を前に引っ張ります。それからおなかのほうに押さえつけ、その上からゴムの包みを押し当てて、乳房をつぶしてしまえばそれで完了です」。

腰の下につけて臀部を目立たなくさせる小さなコルセットも売り出された。

一九二二年の統計によると、女性のウエストはしだいに太くなっていて、一八九〇年には五十五センチ以下だったウエストの平均が七十四センチに達したという。

服飾業界のお偉方はひそかに会合をもち、ウエストの高さを元の位置に戻し、乳房に本来の形と豊かさを与えることを決議した。こういうとき、当の女性の意見は聞かれないもので、あらたに登場したスタイルに、女たちはわれがちに飛びついたのだった。

---

*95　garçon「少年」を女性形にした造語。ヴィクトル・マルグリットに同名の小説（一九二二）がある。パプストの映画『ルル』（二九）のルイズ・ブルックスを見ると当時のガルソンヌの美しさがよくわかる。

乳房の季節・アメリカ篇——オスカーの下で向かい合うジェーン・マンスフィールドとクレオ・ムーア、1956年。

ガルソンヌは姿を消し、数カ月もしないうちに、愛らしくパッドを装着したコルサージュが息を吹き返した。ミュージック・ホールの支配人たちはふたたび、豊満な胸をした踊り子を舞台に上げるようになる。ジョゼフィン・ベーカー[*96]の揺れるばかりの乳房を一目見ようと、パリの人士たちがフォリー・ベルジェールに駆けつけたのはそれから四年後のこと。レビュー「昼の狂気《ラ・フォリー・デュ・ジュール》」の人気スター、バナナを腰のまわりにぶら下げて歌ったダンサー、ジョゼフィン・ベーカーはシャンゼリゼ座の黒人レビューで初舞台を踏み、やがては爆発的な成功を収めることとなった。

人びとはこの「黒いヴィーナス」の褐色の乳房や尻や太ももが動くさまを十分に堪能できる最高の席を求めて、競って大枚を払った。ベーカーの勝利は面白い現象を惹き起こした。翌年の夏から、白人の女たちは海浜で肌を焼くようになったのである。夏のバカンスには欠かせないあの習慣は、じつにこの時から始まったのだ。

フランスの家長の代弁者を自任するある排外主義者のジャーナリストは、日焼けブームの火つけ役となったベーカーを攻撃した愛国主義的な記事を書く。

「腰にバナナの束を巻きつけてフォリー・ベルジェールのショーに出ているジョゼフィン・ベーカーを見た我が同胞諸姉は、自分もベーカーに負けずに、代わりにパリの大道藝の舞台に立てるのではないかと思いこみ、こぞって海浜にゆき、白かった肌をチョコレート色にして帰ってくる。黒人狂も黒人好みも黒人崇拝ももうたくさんだ。ともあれフランスをフランス人の手に返すことだ」

頑迷なこのジャーナリストは「時代遅れのわからず屋」の称号を奉られた。なにしろすでに皮膚炎の心配なく肌を小麦色にする薬剤を化学者がつくっている時代だったのだから。

＊96　一九〇六～七五。アメリカ生まれのフランスの歌手・ダンサー。スペイン人の父と黒人の母の間に生まれる。ミュージック・ホールの大スター。第二次大戦中は反ナチス抵抗運動に参加。空軍中尉に叙せられる。

漫画そして神話の形成（「ル・リール」誌、1958年）

乳房の季節・イタリア篇──「またあの映画の話をしてるわ」。ソフィア・ローレン『ナポリの黄金』（1954）の看板（「フランス・ディマンシュ」紙、1957年）

その筋の許可を得たミュージック・ホールやキャバレの、選《え》りすぐりの乳房を鑑賞するだけでは満足できなくなったフランス人たちは、ドイツやスウェーデンのスポーツ主義者〔肉体の美と健康のために、進んで戸外に出て、太陽光線を浴びる人びと〕の真似をしようと思い立つ。

パリの近郊の、会員だけしか入れないプライベートなキャンプ地で、家族全員、全裸で週末を過ごす人びとが出現したのはそれからまもなくであった。

保守的な新聞は政府が直ちに対策を講じるよう要求した。「たとえ将来、そうした裸体主義者たちの集まる場所が有刺鉄線で囲まれ、粗布で隠されたとしても、彼らが公然猥褻罪を犯すことに変わりはないだろう。法律上、公然猥褻罪を犯すことは間違いないし、そもそも公然猥褻罪自体、その土地の公序良俗に対するかような攻撃に対して身を守るべき公権力と社会全体の必要から生まれたものだからである」。

しかし結局二つのヌーディスト団体が医師のお墨つきをもらって公益団体扱いとなった。勝利に酔ったそれらの団体は挿し絵入りの新聞雑誌の発行に手を出し、反対する陣営から激しい攻撃を受ける羽目に陥る。

「偶然手にした雑誌の表紙には度肝を抜かれた。石のベンチに腰掛けた裸の女性が描かれていたのだ。タイトルは何と、『裸のリハビリ』。ページを繰ると裸、裸、裸のオンパレードだった。そこで説かれていたのは肉体を鍛えるために裸体は必要だという一点。そんな

左／乳房の季節・デンマーク篇——ロッテ・トルプのデコルテ。白人女ゆえ、カット。
右／乳房の季節・ソマリア篇——「踊り子のしぐさ」。黒人女ゆえ、ノーカット。

ことは我々の社会には必要ない」。純情な記者というべきだろう。

どういう意図に基づいているか考慮することもなく、ただ公衆の面前に裸体をさらしたというだけで処罰の対象にする刑法三百三十条も俎上《そじょう》にのった。

法律家は間違っている、刑法を改正すべきだ。ヌーディストたちはこう主張した。

しかし、結局刑法三百三十条改正を声高に叫ぶものがいなくなったのは刑法自体が隅に追いやられ、道徳派がいかに策を弄そうともヌーディスムが拡がっていったからである。フランスのヌーディスムの公式機関誌「ヴィーヴル（「生きる」）」は罪の象徴となった。

裸の乳房を弁護した「ジュルナル」誌の編集発行人キエネ・ド・モンジョのもとには何千通もの脅迫状やら非難の手紙がきた。そのなかのいくつかが「ヴィーヴル」誌に再録されているので引いてみよう。

「どこでもいいから海辺に行ってごらんなさい。奥さんと年ごろのお嬢さんを裸にして。むろんあなたも裸でですよ。そうしたら、尻を丸出しにしている女性や母親や若い娘は堕落していないというあなた流の新しい考えに同調する者がどれだけいるか身にしみてわかるでしょう。（中略）あなたは恥知らずだ。厚顔無恥だ。廉恥の心というものがない。あなたは戦後に生まれた新しい世代の人だ。我々の古き良きフランスに泥を塗っているのですよ。我々の息子や兄弟や先輩はそうした古き良きフランスのために血を流したというのにね」

ヌーディスムが宗教的伝統に与える影響を心配した手紙もある。

「司祭さまも祭壇で裸にならないといけなくなるのでしょうか。聖体拝領を受けるかよわき信徒に司祭さまがあれをお見せになるなんて（略）」

それよりはもっと妥協的な意見もあった。愛好者同士が秘密裡に集まるのはいい。ただし乳房をむき出しにしている若い令嬢の絵や写真を載せたおぞましい表紙だけはやめなくてはならないというのだ。「表紙がどぎつすぎることが時々あります。何らかの制限を設けたほうがいいのではありませんか。これ以上、モラルに反し、家族や女性自身の廉恥心をばかにした出版が続くなら、裁判に訴えるつもりです」。

一九二九年、かねてより「裸体狂《ヌードフォオリー》」の進出に憤激していた道徳家と家長連絡会の主張が受け入れられて、二つのヌーディストの雑誌が売店や書店での陳列を禁じられた。

「ヌードフォォリーと呼ぼうがヌードマニアと言おうがそれはかまわない。とにかく連中のしていることは猥褻行為の一歩手前、好色漁色のたぐいにほかならない。なのに日光療法の美名のもとに善男善女を淫奔な道に陥れようとしている。いまやヌーディスムは国民的問題である。医学的・社会的議論を織り交ぜながら、その実、政治的・反宗教的キャンペーンの道具と化しているではないか。テルトゥリアヌス〔西暦二〇〇年頃に活躍した西方教会司祭。明晰な論理で知られた〕や聖アウグスティヌス、あるいは「創世記」の引用がページにあふれ、〈カクテルやシャンパンばかりの〉社交界におけるデコルテの濫用を破廉恥ときめつけ、自然のなかでの裸の胸は無垢で清らかだというのである」

社会学者たちが非難の声をあげた。社会運動と化した「ヴィーヴル」誌は人びとに、文明をことごとく否定し、原初の未開状態に戻るよう教導していると。

われわれは衣服産業のプロパガンダの犠牲になっているのだ。これが「ヴィーヴル」誌幹部の返答だった。

運動は拡大し、議論は細部にまで及んだ。日光療法に何がしかの効能がありうるという点についてはめつつも、小うるさい道徳家たちはヌーディストがせめてブラジャーとパンティーを着用するよう求めた。完全なヌーディスムを支持する者たちはすぐに反論する。「よろしいですか。生殖器官そのものは不道徳でも何でもありません。それが不道徳になりうることは認めましょう。ただし、すべては我々の行動を規定する考えしだいなのです」。

論争は激化の一途をたどった。医学部の教授連まで駆りだされたが、生殖器官の扱いについては意見の相違があった。皆が一致したのはヌーディストにも二種類あるということで、一つは靴下すら認めない完全裸体主義者、あと一つはブラジャーとパンティーは良しとする穏健派だった。

リレ教授のもとに集まった四十人あまりの医師たちは、裸になることで肉体のリハビリをするという思想を広めようとした。厚生大臣だった急進派の元老院議員ジュスタン・ゴダール、モーリス・ド・ヴァレフ、作家ルイ＝シャルル・ロワイエ、画家、弁護士、実業家といった面々が、青少年保護クラブの会員になると同時に、フキエール氏〔アンドレ・フキエール。一八七四～一九五九。作家〕の組織した連絡会とともに賛成の側に立ったのである。

兄弟〔アンドレとガストン〕でヴィレンヌ・キャンプ〔パリ近郊にあったヌーディスト・キャンプの一つ〕をつくったデュルヴィル博士は『賢い人生』なる一書を公にして、女性にとってドレスなどばかばかしい附属物に過ぎないと説く。

こうしたキャンペーンを受けて、社交界の女たちはブラジャーをつけずに日光浴や夜の水浴をしたいと考えるようになった。水着の上半身はリボンのように細くなり、人気《ひとけ》のない入り江で太陽のもと、流行にしたがって乳房をあらわにする良家の娘の姿が見られた。歌手たちは、「パイプの柄を思わせる純粋に装飾的なリボンを除けば」ルネ・ポマレ〔不詳。十九世紀末までタヒチを治めていたポマレ王朝の一人か。ともかく裸体に近い恰好の象徴だったのだろう〕の出で立ちによく似た、この新しいファッションをからかう歌をつくった。しかし、道徳家や歌手がいかに反対し、皮肉ろうと、ブルジョワ的な古い羞恥心は駆逐され、ヌードを尊ぶ新来のスノビスムが勝利を収めたのだった。

○

フランス女性がこのようにしてヌーディスト・キャンプで胸をさらけ出して闊歩する権利を獲得したころ、アメリカの豊満な女優メイ・ウェスト〔一八九二〜一九八〇〕は彼女のためにわざわざつくられた映画のなかで、豊かな乳房をドレス姿か一九〇〇年風のデコルテ姿につつんで見せるといった、一見時代遅れのエロチシズムを発散させ、人びとを熱狂させた。メイの胸を見たあとでは、当時美しいと言われたジーン・ハーロー〔一九一一〜三七〕やジョーン・クロフォード〔一九〇六〜七七〕、マルレーネ・ディートリッヒ〔一

えて見ているはずがない。

ベル・エポック風のデコルテがこうして予期せぬ成功を収めたのを映画業界が指をくわえて見ているはずがない。

アメリカ映画産業の大立者の一人、ハワード・ヒューズ〔一九〇五〜七六。大富豪。映画産業、航空機業界で活躍〕は当時RKO〔一九五〇年代まではアメリカで五指に入る大映画会社だった〕という映画会社の経営にも当たっていたが、そこからひときわ胸の豊かな若い美人スターを世に送りだそうと考えたのである。ヒューズが偶然出会ったのがロバート・ウォーターフィールド夫人だった。

大衆がロバート・ウォーターフィールド、別名ジェーン・ラッセル〔一九二一生まれ〕の胸、世界でもっとも有名な胸を最初に目にしたのはソーダ水のラベルにおいてである。話はこうだ。ある広告業者がヒューズに、ソーダのラベルのモデルになった女性がいかにすばらしい魅力を持っているかを力説していた。カメラテストのためにジェーン・ラッセルが呼ばれた。演出家でもあるヒューズの頼みでジェーンは「林檎をひろうように前かがみに」なったあと、今度は藁《わら》の山のまわりを走って回った。それはすでにスターの域といってよかった。

二週間後、ジェーン・ラッセルは最初の契約にサインをし、最初の作品、超大作『ならず者』〔監督ヒューズ〕の撮影に入る。一九四一年の検閲では、映画自体あまりに淫らであ

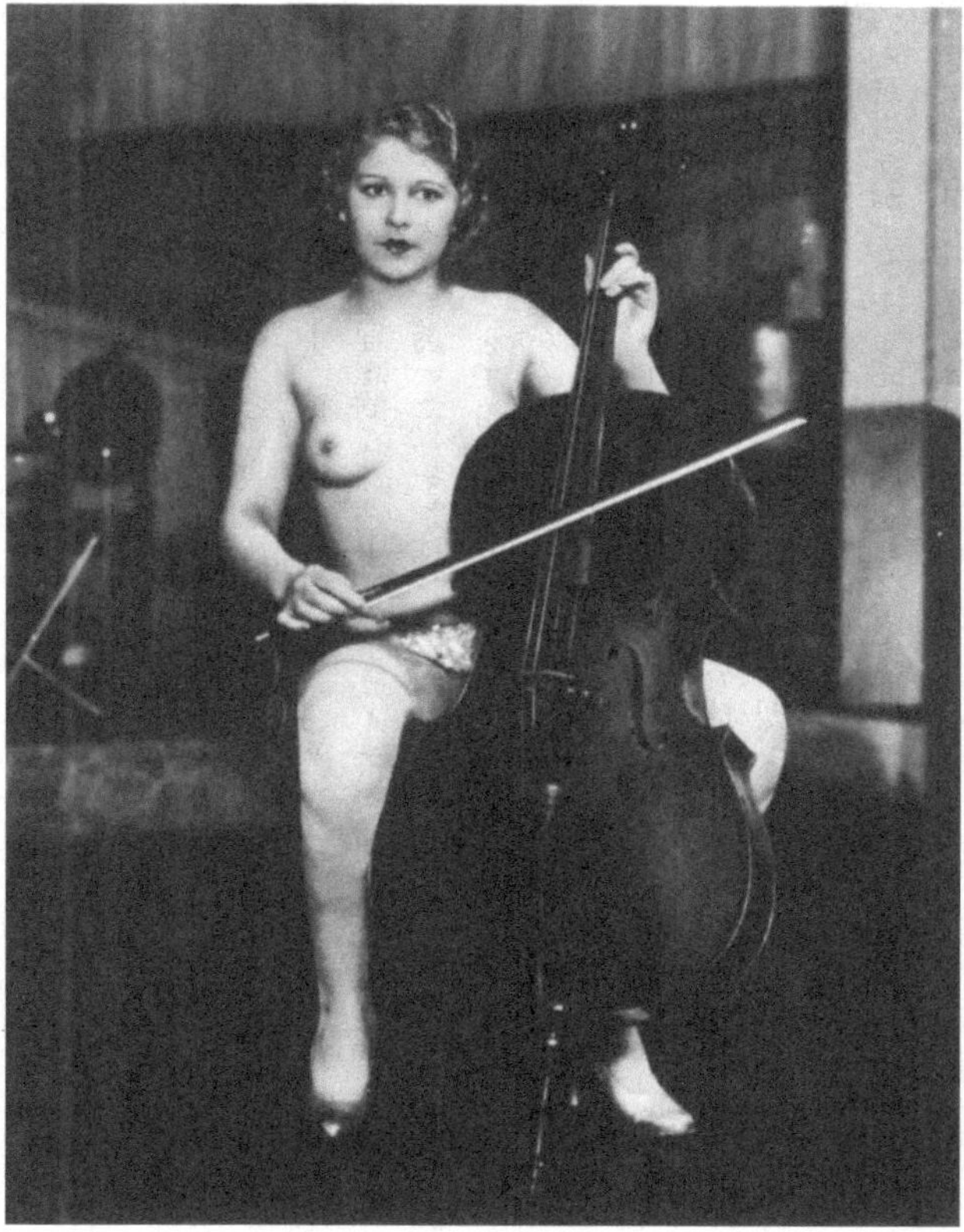

1937年、パリのキャバレ「ヌーディストたちの家で」では、ほとんど裸の恰好で音楽家に扮した女たちのショーが、さまざまなデコルテ姿の女たちに負けないくらい、観客を集めた。（ロミ・コレクション）

り、ジェーン・ラッセルのデコルテは戦時にしては挑発的すぎるとされた。ジェーンのみごとな乳房が銀幕上に現れたのは一九四五年のことだった〔モンローと共演した『紳士は金髪がお好き』ほかラッセルの映画は多くDVD化されている〕。

映画人であると同時に航空機業界の大物だったハワード・ヒューズはそれから四年のあいだ、ハリウッドでもっとも豊満と言われたジェーンの胸を売り出すことに心血を注いだ。ポスター、カレンダー、折り込み写真、写真のグラビア……第二次世界大戦以前のデコルテとは大きく異なる理想的なジェーンのデコルテ姿はそうして世界中に広まったのである。最初はフランス人も驚いた。それは、彼女の乳房の大きさに度肝を抜かれた批評家が次のように書いていることでもわかるだろう。「このアメリカの女優の胸の大きさときたら、とても形容する言葉がみつからない。張り具合もすごくて、授乳期ならともかく、ふつうならありえないほどだ」。

めったにお目にかかれないこの造型の美について、多少ともエスプリに富んだ讃美の言葉が続く。「ジェーン・ラッセルの魅惑的な肉体が想起させるのはギリシア彫刻の美しいモデルというよりはむしろ、ツェッペリン伯爵の驚天動地の発明品〔飛行船のこと〕である。（中略）ジェーン・ラッセルが動いている姿を見て、不思議の念に打たれないものがいるだろうか。かくも完璧な形をした円錐形の胸が、解剖学的には骨もないのに、あれほど前に突き出て、しかも水平を保っているのはなぜなのかと。（中略）ジェーン・ラッセルの乳房は航空力学に基づいた形状製作機、秘密の圧縮機、渦巻き水流による冷却装置、水中場面用にブイもつけたジャイロスコープによるバランス計といったものの力を借りて、ハワード・ヒューズの工場でつくられたのではなかろうか。だからどんな局面でも、体の線に垂直な位置を保つことができるのだ」。

旧貨幣で七億フランの大金をかけてジェーン・ラッセルを売り出したヒューズは文明社会に、「異常発達した」（ロー・デュカ『映画のエロチシズム』参照）乳腺に対する強迫観念を与えたことになる。

保守的で厳格な教育を受けたジェーン・ラッセルは「セックスアピールの女王」と呼ばれるようになっても、揺るぎない道徳観念を持っていた。スターとなったジェーンは何千万人もの男たちが作り上げた自分のイメージを突如として否定し、マスコミのために写真のモデルになることを拒否。ＲＫＯ首脳陣に不満を吐きだしたが、もう遅すぎるというのが会社側の回答だった。

彼女は神への信仰に慰めを見いだす。「結局のところ」とジェーンはジャーナリストに表明した。「わたしの肉体を定められたのは神さまです。神さまがわたしにめったにないこの胸を授けてくださったのです。ですから男性がわたしのなかに神さまの御業を見いだすのなら、何の不都合もないということになりますわ」。

「異常発達した」乳房に対して男性が熱い視線をそそぐ以上、自然の恵みのうすかった女性のために、デザイナーやコルセット業者がコルサージュやブラジャーにパッドを入れる工夫を凝らしたのは当然だろうか。

○

豊満な胸をよしとするプロパガンダは一九四八年以降、アメリカで始まった。五月、ヨーロッパのマスコミはほとんど国際政治ニュースの扱いで、アメリカの有能な実業家マーチン・シュナーがキャンペーンのため、故国を出発したと報じた。六月四日附けの「フランス・ソワール」紙に載った説明調の見だしを目にした数百万のフランス女性はさぞや胸を躍らせたことだろう。「女性の胸をより美しくしたいと願う米国のアンプリムース（「柔らかく一杯にする」意）の王様マーチン・シュナー来仏」。

記事によると、ニューヨーク生まれのこの実業家は幸運な男で商売も順調。アンプリムース（柔らかなゴムの入ったブラジャー）をつくったところ、製品のボリュームに比例したのか大当たり。ジェーン・マンスフィールド（「第二のモンロー」と言われ、豊満な胸で知られた。一九三三〜六七）が実際に最高の広告塔の役を果たしてくれているとのこと。

胸のふくらみを目立たなくするローブ・サック[*97]が流行の兆しをみせたとき、マーチン・シュナーは落ちこむどころか、美学者、コルセット業者、女性美の専門家からなる「反・

米カリフォルニアの下着メーカーの創業者E・J・ナギー。1949年

サック会議」を結成。ビラを配り、いくつも講演を催して、広報担当グループの協力のもと、心理攻撃に打って出た。半年におよぶ調査と男性側の反応の分析の結果、シュナーは次のような結果を発表した。すなわち、ローブ・サックの場合でも、男性は遺伝的条件反射によって「自分にいちばん近い点、視野の中心に執着するのであり、それは一言で言えば胸部にほかならない」というのだ。

一九四八年六月八日、ニューヨークで行われた、米国ブラジャー・コルセット製造業者会議でシュナーが投げつけたスローガンはもっとも根本的な性衝動に理論的基礎を置いていたと言っていい。彼はものの見事に勝利を博し、ローブ・サックは業者からも客からもそっぽを向かれたことになる。彼のスローガンはこうだった。「残忍なモードの犠牲になった男たちは欲求不満を募らせ、うんざりし、失望している。本能の抑圧に注意せよ」。マーチン・シュナーが張ったキャンペーンは世界中におよんだ。男性がいかに乳房の形に重きを置いているかという発見が功を奏し、国際的スターの胸を話題にした記事は必ず当たるという結果になった。一九五七年に業者側が発表したところによれば、一九五六年には前年を二百三十五万五千個うわまわる数のブラジャーが市場に送りだされたのである。

○

一九五四年のはじめ、洗練された趣味で知られるデザイナー、クリスチャン・ディオールは同時代の女性の体形を変えてしまおうと決意した。七月のパリ・コレを見たモード記者は言葉たくみに報じた。「クリスチャン・ディオールのHライン」「H爆弾（水爆の洒落）がパリで爆発」といった具合だ。

このHは名詞の「隠元豆（haricot）」の頭文字だった。[*98] マスコミをまえにしたディオールはためらったあげく、超薄型の「莢《さや》隠元（haricot vert）」ラインについて、一見主観的とも思える真の理由を明らかにした。「セーターの下にふくらんだ乳房など見たくありません。スターを夢見る女の子はもうたくさんです」。

Hラインがめざしたのは、モードの専門家の婉曲的な言い方を借りて言えば、「身体の中央部分の痩身化」だったから、流行に敏感な女性は女性らしい体の線を隠さなくてはならない。どの雑誌にも、新しいラインがどういうものかが書かれていた。「胸の線は植物の茎のようにすらりと、胸そのものは高い位置でなおかつはっきりそれとわからぬように、腰の線もまっすぐで、おなかは凹《へこ》んでいる……」。

＊97　サック・ドレス。戦後しばらくして考案され、盛衰を繰り返したのち、一九五八年のパリ・コレで話題沸騰。あっという間に拡がった。袋（サック）のような寸胴型のドレス。

＊98　むろん字の形もかけてあり、胸も尻も強調しないすらりとした形を言う。ふつうHの横線としてベルトをゆったりと締める。

女性が数週間のうちに、どうして体形を変えたがるのかは謎である。ディオールはすべてお見通しだったらしく、胸から腰までの柔らかな一種のコルセットと、デコルテを着たとき乳房を扁平にするブラジャーを考案し、実用化した。

美に一家言もつデザイナー、ディオールの影響力の大きさを知っていたコルセットやガードルやブラジャー業者は先を争って、理想的な「莢隠元」ラインに合う製品の開発に精力を注いだ。当時のモード雑誌には、腰の線をなくし、すらりとしたボディ・ラインで高い位置のバストにするには特殊なビュスチエが必要不可欠だとある。

読者層の多様な大部数の新聞は、どうしたら安い予算で流行の先端の服が着られるかという貴重なるアドバイスを載せた。「Hラインは家庭でもつくれます。お使いのブラジャーの形を変えるのがもっとも安い方法です。ブラジャーを内側に折って、余分な空間をなくします。それから吊紐《つりひも》を五センチ短くします。そうすれば出来上がりです」。

「パリ・プレス」誌一九五四年八月十一日号には、使い古したコルセットでビュスチエをつくる方法が紹介されている。「読者のご家庭にはまさしく昔のコルセットがおありかと思います。骨の半分を取りましょう。残りの骨の代わりに、存在を感じられないくらい柔らかな骨をいれれば完成です」。

しかし、どれほど体の線を平らにしようとする努力がなされても、期待されたほどの成功は得られなかった。まず男性たちから反対の声が上がった。クリスチャン・ディオールが押しつけた魅力に乏しいシルエットについて、「パリ・ソワール」紙が企画したインタビュー記事から紹介する。画家のマルセル・ヴェルテス〔ハンガリー出身のフランス画家。一八九五～一九六二〕の回答。「流行は変わる。されど乳房は変わらず」。ジャン＝ガブリエル・ドメルグ〔画家。一八八九～一九六二〕はさらに激越な調子だった。「Hラインは反女性的だと思えてならない。私はHラインをまとった女性など描きたくない」。

デコルテで有名な女優も、この「莢隠元」ラインに関して意見を求められた。「三次元の映画で、Hラインに似つかわしいものなんてあるでしょうか」。こう答えたのはロンダ・フレミング〔米国の女優。『OK牧場の決闘』など。一九二三年生まれ〕。ジネット・ルクレール〔同。『格子なき牢獄』など。一九一二～九二〕はディオールのアイデアを「悲劇的なファッション」と決めつけた。「ファッションを変えるのはいつもすごく刺戟的です。でもさんざん苦労して自分のものにした丸みを捨てるのは女性にとって、とてもつらいのではないかしら」。カトリーヌ・デュナン〔バレリーナ。一九一〇生まれ〕の答である。

こうした心理的問題を深刻に受けとめた複数のデザイナーやある演出家は、Hラインなるものが、かつてレオナルド・ダ・ヴィンチをも悩ませた「両性具有《アンドロギュノス》コンプレックスの兆候」にほかならないことを躍起になって証明しようとした。「これは人類の歴史にあって定期的に姿を現す強迫観念である。しっくりくるどころか、頭でっかちの態度だと言わなくてはならない。女性には女性の特徴というものがある。女性は〔性を持たない〕天使と

ジェーン・マンスフィールドのカリカチュア。マジョラナ画。

は違うのだ」。

オートクチュール界の風雲児、クリスチャン・ディオールの今回の気まぐれは、英国でも米国でも歓迎されなかった。一九二五年当時のファッション（たとえば当時ウォルトが発表したドレスは柔らかな生地をゆったりとまとわせて、ベルトを軽く締めるものだった）を不粋に再現したかのようなファッションに対する男性側の反応はどうだったか。「デイリー・ミラー」紙から引こう。「以前クリスチャン・ディオールは女性の脚を隠すファッションで、大多数の男性を驚かしたことがある。それなのに、またぞろ同じ主張を蒸し返し、胸やウエストの線を隠すというのだ。美しい体形の美女たちが闊歩する街として世界に名を馳せるパリのような都市で、胸の線を隠すということが何を意味するか、ディオールにはわかっていないのではなかろうか」。

社説でHラインを採り上げたのは「ニューヨーク・ヘラルド・トリビューン」紙である（一九五四年八月一日）。「ディオールの才能が卓越したものであることは認める。だが彼は明らかにやり過ぎたのだ。パリの下す命令にいつも女性たちが従うとは限らない。マリリン・モンローも直ちに言明したではないか。ディオールの勝手な命令には断じて従わないと。反革命が始まったのである」。

何千万という男たちを夢想にかりたてた肉体の持ち主、マリリン・モンロー〔一九二六〜六二〕は、パリのモードには従わないと言って、反撃に転じた。「ディオールの服なんて着ないわよ。わたしの体は男の子のようにできているわけじゃないもの」。

もっと冷静なエリザベス・テイラー〔一九三二生まれ〕はただこう言っただけだった。「すべて通り過ぎてゆくわ。ポストに入れた手紙のようにね」。エスター・ウィリアムス〔米国の女優。『水着の女王』など。一九二三生まれ〕は記者たちに、「悩ましい美女は寸胴だった」なんて書いてある本を読んだことがあるか訊いた。当時最高の人気を博した一人マーロン・ブランドは、世界の男性たちの声を代弁してこう語った。「女性の肉体を扁平にするなんて犯罪的行為ですよ。雌牛に人工乳房をつけるようなもんだ」。

ジミー・ネルソンといえば、アメリカのテレビで数百万の視聴者がいる番組の司会者だ

値をつけたりつけなかったり――キャスリーン・ヒューグはバストに二十万ドルの保険をかけたが、おそらくサブリナは大きさに比例してだろう、一億ドルの保険をかけていた(214ページ参照)

が、その彼が番組中こう叫んだことがある。「クリスチャン・ディオールなんかハドソン川に投げこんで溺《おぼ》れさせちまえ。このフランスのデザイナーがわれわれに押しつけようとしているモードは女性の美の基準に逆行するものだ。第一、彼のモードは醜いだけじゃないか」。そしてそれは本当だった。

Hラインの及ぼした意外な顚末《てんまつ》のなかでも、一九五四年の末にかなり話題になったラロッシュ事件を紹介しておいたほうがいいだろうか。リヨンのパン屋、マリウス・ラロッシュが離婚を請求した。妻のピエレットが一九四二年以来、体形を変えてしまったというのがその理由だった。「彼女はもう私が結婚した女性ではありません。なぜ結婚したかといえば、ピエレットがまるまるとしていたからなんです。当時わたしは妻のことを〈かわいいプラム・プディングちゃん〉と呼んでいました。ところが今や彼女は流行を追いかけたあげく、痩せてがりがりになってしまいました。そんなのは大嫌いなんです」。

○

ジェーン・ラッセルが成功したのをみて刺戟を受けた娘たちもいた。英国はランカシャーの小都市でタイピストをしていたノーマ・サイクスという胸の豊かな娘がそうだった。サイクスはサブリナという名でデビュー。旧来の英国的伝統をひっくり返した。「刺戟的バストコンクール」に写真入賞したノーマはBBCと契約。アーサー・アスキーの週刊番組「あなたの瞳に」のマスコット・ガールとして出演することになった。シナリオはすべてこのブロンドの無口な娘を中心に構成され、誰も彼女に口をきいてはならない。彼女が歌おうとすれば楽団の指揮者が殺されるシーンになったし、口を開けば開いたで拳銃の音が鳴り響き、彼女の声を消した。胸があまりにすばらしかったので、すぐに物言わぬサブリナは番組の中心的存在となった。サブリナあてに届いたファンレターは平均して週に二千五百通。BBCには「すばらしい胸をした」スター、サブリナの声を聞きたいという視聴者からの要求が殺到した。

番組プロデューサーはとうとう彼女の声を電波にのせた。「これなら唾《つば》なんて吐きたく

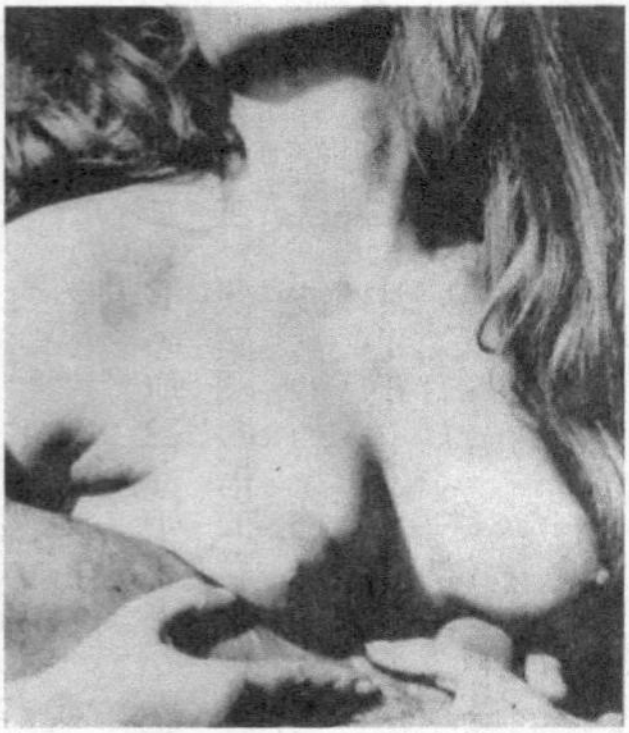

イタリア人の喝采を浴びた、英国の秘密兵器――マーガレット・リーの乳房（たぶん）

ならないでしょ」という短い台詞《せりふ》だったが、これが大当たり。英国中でヒットした。このブロンドの無口な娘にBBCが週ギャラとして払ったのは旧貨幣換算で一万フラン。数カ月以内にサブリナが何かの興行や展示会にちょっと顔を出しただけで受け取ったのは十万フランの小切手だった。

彼女のために脚本も書かれたし、いまやサブリナは真のスターになったのである。

一九六〇年四月、ニューヨークで催された慈善舞踏会「パリの四月」でもっとも注目を集めたのはサブリナだった。二十三歳の誕生日、彼女は最新のサイズを発表した。バスト百四センチ。これはジェーン・ラッセルより五十ミリ、マリリン・モンローより二十五ミリ大きかった。その席でサブリナは、大切な胸に旧貨幣換算で十万フランの保険をかけたことも明らかにした。それは映画に豊かな胸が続々登場した時代であり、ジェーン・マンスフィールドが活躍した時期とほぼ重なっている。サブリナがはじめて映画に出演したのは一九五四年。エドワード・G・ロビンソンと共演した『無法』だった。ジェーン・ラッセルの新たなライバルとしてサブリナは、自分が記録をつくると言明した。「むりやり息をしなくてもバストは一メートルあるんです」。それはその通りになった。

商売の世界では、たくみに策を練りさえすれば、完璧な成功も可能だ。一九五八年五月、あるアメリカのゴム製湯たんぽメーカーが、ジェーン・マンスフィールドの胸なら誰でも知っていることに思い当たって、新製品を売り出した。このアイデア商品の特徴は熱を発生させる面積を拡大するため、表面を凸凹《でこぼこ》にしたことだったが、顧客の関心をひくために凸の部分をジェーン・マンスフィールドの乳房のかたちにしたのである。湯たんぽと並んで貼られたコピーが大衆の注意を引いた。「これであなたもジェーン・マンスフィールドとともに眠ることができます」。「在郷軍人会風紀部《リージョン・オブ・ディーセンシー》」が湯たんぽとコピーを書いた紙をショーウインドーから撤去させたのはかえすがえすも残念だったと言わなくてはならない。

映画女優から始まったこうした動きにオートクチュールの世界も追随した。フランスのファッションモデルがめざしたのはすでにデビューして数年経ったスターたち、すなわちジーナ・ロロブリジーダ〔一九二七生まれ〕、マリリン・モンロー、ソフィア・ローレン〔一九三四生まれ〕といった女優だった。コルセットやブラジャーの商品カタログには挑発的な名前が並んだ。いくつか引いておこう。「白喉鳥の巣《ニ・ド・フォーヴェット》」〔白喉鳥は鶯科の鳥。食べて美味と言われることから、その巣を荒らす男を「色事師」の意味で用いる。ここは「男にはたまらないブラジャー」ということ〕、ナイロン製のぜいたくで可愛い宝石箱」「隠れんぼ《カッシュ・カッシュ》、生命が吹き込まれたかのような真の体形補整機能」「ハリウッドの欲望、完璧なアメリカン・スタイルのために」。

ある豪華なパンフレットには、「健康をまったく損なうことなく、お望みどおりの悩ましく美しい胸を瞬時にしてつくりだす」方法が紹介されている。

ジェーン・マンスフィールドほどにはならなくても、フランスの女たちはハリウッドの女優のように、乳房を高く持ち上げるようになったのである。

豊かな胸を見せるデコルテがこれだけ盛んになると、科学の世界でもそれに関心を寄せる人びとが出てくる。一九五五年、高等専門学校人類学研究所所属のシュザンヌ・ド・フェリス嬢がパリ大学理学部に提出した学位論文は、フランス女性の身体の発達についてだった。

このなかで、乳房の研究にあてられた部分にはすこぶる興味深い統計が載っている。ド・フェリス嬢によれば、百二十三人の若い女性被験者の乳輪の色は以下のごとくだったという。

乳輪の色

黄色〔フランス語の「黄色」は日本語よりも指す色の範囲が広い〕……………一・五二パーセント

オレンジ……………三一・四二パーセント

ジーナ・ロロブリジーダとショーン・コネリー。

有名になり、ヨーグルトの蓋にまで登場。「ヨーグルト・ロロブリジーダで、美しく、若く、ダイナミックに、健康に」

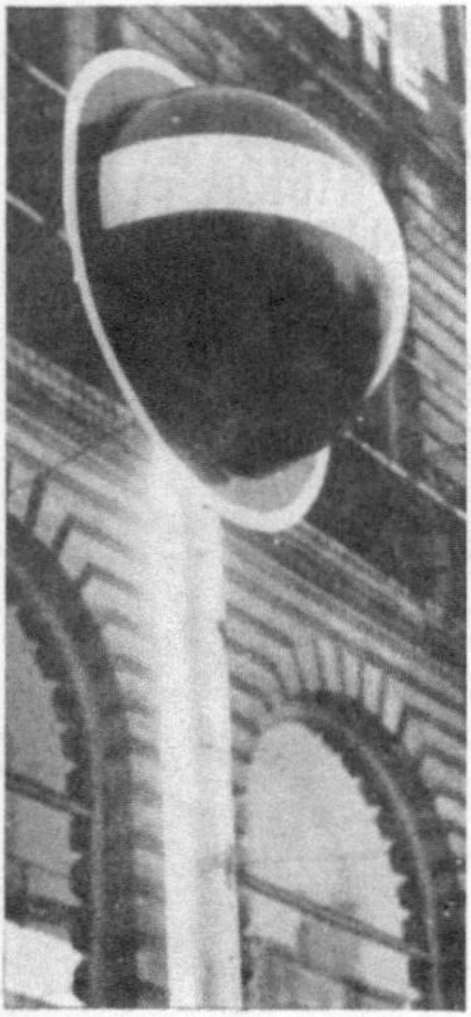

マルセーユの「進入禁止」の交通標識は、人びとから「ロロブリジーダ」と呼ばれている。

子どもも出てくる会話……「ボブ、メロンを返しなさいったら。あんた、それでロロブリジーダの最新作の話をするつもりなんでしょ」(「フランス・ディマンシュ」紙、1954年)

ピンク……………………………一〇・六九パーセント
褐色がかったピンク………三・五七パーセント
オレンジがかったピンク……三九・九八パーセント
ピンクがかった褐色…………〇・七一パーセント

色の候補はあと十五あったが、該当者なし。また、二人の被験者は乳輪を染めていたので、これまた計算には入っていない。

次いでド・フェリス嬢は、もっとも一般的な乳房のかたちについて言及し、それを三つに分類している。

a）鉢形…………………………一八パーセント
b）半球形………………………五二パーセント
c）円錐形………………………三〇パーセント

彼女の結論。フランス女性の四分の三以上が「平均的な大きさの乳房、豊かな乳房、大変豊かな乳房」をしていて、小さな乳房、ごく小さな乳房は少数派（二三・一八パーセント！）である。

豊満な乳房を好む傾向は、ヨーロッパの大衆のなかから消えてはいなかった。一九六〇年六月、スウェーデンの女優アニタ・エクバーグ〔一九三一年生まれ。フェリーニ鍾愛の女優の一人。『甘い生活』など〕は、イタリア、カラブリア州カストロヴィラッリの裁判所に赴いた。被告ジェリーニ侯爵の証人として出廷するためである。侯爵は二十人余りの人を車ではねた廉で訴えられていたが、その車にアニタが同乗していたのだ。六〇年五月六日、映画の自動車レースに出場するため、カストロヴィラッリを通ったときのこと、群衆が侯爵の車を囲んだ。ちょうどそのとき、アニタのコルサージュのボタンが飛び、見るものを圧する乳房が見えてしまった。興奮しきった人びとは我がちに車に殺到した。動顛した侯爵はいきなり発進し、二十人あまりのファンの群れをはね飛ばしたのである。

公判中裁判長がアニタに型通りの質問をすると、傍聴席にいた人びとは一斉に、事件の経過を詳しく証言させるよう裁判長に要求。それが拒否されると、群衆は事件のときのように、裁判所を出るアニタに押し寄せたが、今回はどのボタンも飛ばなかった……。

乳房の「異常発達」は映画スターの専売特許にとどまらず、どの社会階層の女性の場合でも胸囲はますます大きくなった。とはいえ、ヨーロッパ諸国では平均が九十センチを超えることはなかった。

一九六三年、婦人服製造業連盟はフランス女性の平均値を知るために、大々的なアンケートを実施した。公表された結果を以下に記す。

「外からつけても同じ効果があります」。1963 ～ 65 年の広告。

1963 ～ 65 年のブラジャーの広告（乳房はふくらむのか、支えられるのか、それとも守りを固めるのか？）

アップリフト型ブラジャーならルジャビー社におまかせを！

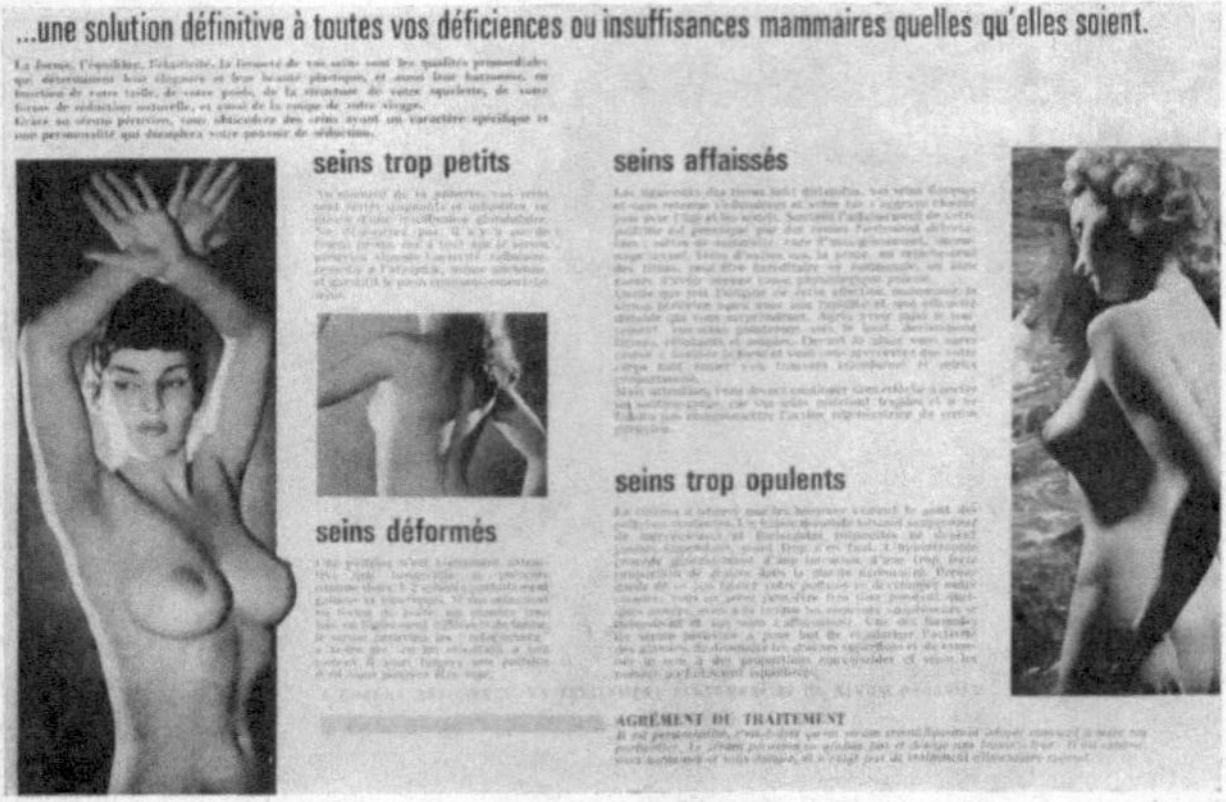

広告——乳房を大きくするにも引き締めるのにも、小さくするにも高くするにも、すべての用途に〔「小さすぎる乳房、形の悪い乳房、衰えた乳房、大きすぎる乳房に有効」とある〕

「あなたの良識の度合いに合わせてお選びください」

「血清マガジン」〔「乳房のトリートメントの革命的テクニック。ヨーロッパにはセロム（乳漿）があります」〕

バストを大きくする法。米国。

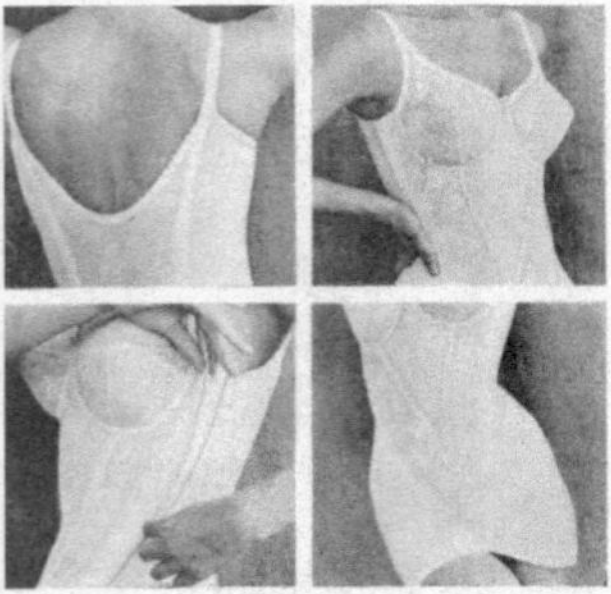

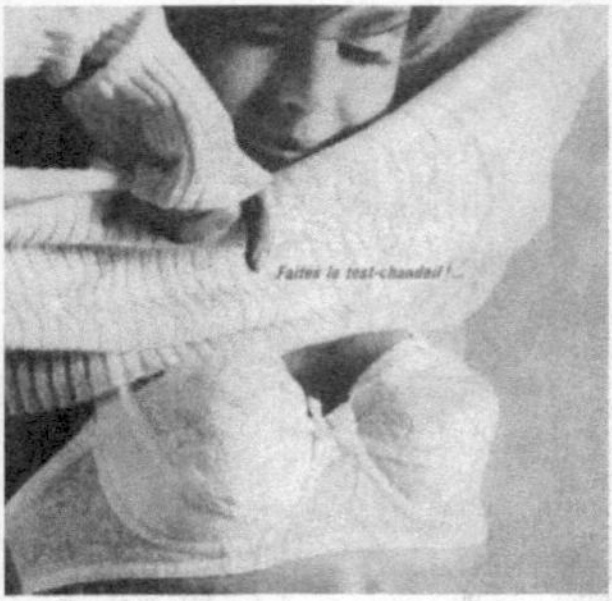

ブラジャーの広告いろいろ。

身長……………………………………一・四三メートル
体重……………………………………五二キロ
ウエスト………………………………六四センチ
ヒップ…………………………………九二センチ
バスト…………………………………八七センチ
腿まわり………………………………四六センチ
ふくらはぎまわり……………………三一センチ
踝《くるぶし》まわり…………………………………二〇センチ
首まわり………………………………三一センチ

平均値がこれより高いアメリカ人でもバストが九十二センチ以上の女性はそうめったにいるわけではない。一九六四年六月、カリフォルニア州アナハイム〔ディズニーランドがある〕の研究所のコンピューターが、わずか十二分で、現代女性の体のサイズの一覧表を作成した。

身長……………………………………一・六七六メートル

体重……………………五二・一六三キロ
ウエスト………………六〇・九六センチ
ヒップ…………………九一・四四センチ
バスト…………………九一・四四センチ
腿まわり………………五〇・八〇センチ
ふくらはぎまわり……三三・〇二センチ
踝《くるぶし》まわり………………二〇・三二センチ
首まわり………………三〇・四八センチ

この「コンピューターのヴィーナス」の数字が放送されるや、アメリカ女性の大多数が反発を感じた。抗議の手紙を紹介しよう。「ロボットが一体何を口出ししようというの？」「まったくあの通りのサイズをした女性がいたとするなら、きっと下品な女に違いないわ」「あんな人工的ヴィーナスより君のほうがずっといいよと夫は断言してくれました」などなど。

女性の乳房を徹底的に話題にするのが現代のマスコミの基本姿勢の一つだと言っていい。映画の有名スターのバストのサイズやら、極端なデコルテにしたドレスだのがさも重大事件ででもあるかのように、日刊紙の第一面に載る。雑誌広告にはブラジャー姿の美女やブラジャーをつけないピンナップガールの写真が使われて、誰でも短期間のうちに、望みどおりの豊かな乳房になれると身をもって保証しているかのようだ。

ナイトクラブやキャバレの隆盛に押され気味の劇場では、ストリップを演目に入れるようになってきた。むろんそこでは裸の乳房を鑑賞することが主たる目的である。

一九五六年八月号の「サムデイ・ソワール」紙は、ストリップがフランスの興行界を救ったと主張。具体的な数字を挙げて説明した。たとえばコメディー・コーマルタン劇場で上演されたアンドレ・ルッサン〔一九一一～八七。アカデミー会員。風俗喜劇の大家。しばしばロングランを記録した〕の最新作は八カ月で三千二百万フラン稼いだのに対して、同じ劇場で行われたルールー・ギネス嬢の尻と乳房をウリにした「パリのストリップ・クラブ」は三十三日間で千百万フランの興行収入をあげたという。

コメディー・ド・パリ劇場では、シモーヌ・デュヴルイユの劇を上演したときの一日平均の売り上げは六千フランを超えることはなかったが、ビュルレスク・ド・パリ座が同劇場でストリップを上演したときは一日あたり、十四万五千フランの収入に達した。

そもそもストリップは一八五五年頃、アメリカ西部の酒場で、信仰に無縁な黄金探しの連中やならず者の気晴らしのために考え出されたものである。そのエロチックなショーは一世紀後の一九五五年二月、パリのエリートと目される人たちによって藝術的ショーとして認知された。百五十六人の錚々《そうそう》たる人士が出席したある晩餐会がその輝かしい出発点となった。学士院会員の画家エドモン・ウーゼ氏、国務院評定官マルタン氏、美術学校校長ペルシェ氏、前警視総監ジャン・ベーロ氏といった人びとが「パリ・バイ・ナイト」のもっとも有名なストリッパーの裸の胸を歎賞したのである。

この記念すべき年の三月二日、ストリップショー協会《アカデミー》が設立され、十九日には第一回協会賞が授与された。審査員には、ウーゼ氏、ベーロ氏のほか、クリスチャン・ディオール氏、フォリー・ベルジェールのデルヴァル夫人、RTF〔代表的な放送局の一つ〕のアンジェルヴァン氏が名を連ねていた。

賞の栄冠に輝いたのは当時十七歳六カ月のポジャルスキー嬢。ウーゼ氏は八十八・五センチという彼女の胸を讃えた。

年齢を聞いて驚いた記者もいたが、乳房をあらわにした受賞者は感動的なほど無邪気に、二年前からカンディダ〔「うぶな娘」〕の名前で、シャンゼリゼのナイトクラブで毎晩脱いでいたと語った。

四日後の三月二十三日、このストリップの女王はネクタイ製造業者組合がトゥール・ダルジャンで催した「春の夜のつどい」で、招待客をまえにかねて磨いた技を披露した。

ブリサック公ショヴィニエール氏、ジャン・マラン〔ジャーナリスト〕氏、ピエール・デカーヴ〔俳優〕氏、それにモーリス・シュヴァリエなどが彼女の乳房の魅力を堪能した。ポジャルスキー嬢が身にまとったのはパンティー代わりの、結んだ二本のネクタイのみ。

テーブルの間をその出で立ちで練り歩き、客たちに何よりのプレゼントを配ったのだった。新聞がさっそく彼女の横顔と正面の二枚の写真を載せると、人びとははやる気を抑えかねてクレイジーホース・サルーンに押し寄せた。そこでは話題のカンディダ嬢が、一番前のテーブルに座った客の鼻先、四十センチのところで、浴槽に立ったまま、石鹼《せっけん》で尻を洗う姿を見ることができた。

同時期のプログラムには、リタ・カディヤック、通称はにかみリリー、クララ・サントノレをはじめとする半ダースもの「エフイユーズ」〔「ストリッパー」を意味する戦後の新語。本来「葉を摘む娘」の意〕が「観客のエロチックな想像力を刺戟するために」、ブラジャーやガーターベルトを外すショーもあった。

○

ストリップはフランスの風俗とは切っても切り離せないものとなった。実直な心理学者はいわゆる審美的なこの脱衣行為の性的指数を計算したし、精神科医は「ストリッパーの性的コンプレックスの根底にある半意識的・半無意識的なナルシシズム」についての研究すら行った。

社会現象としてのストリップやストリップの病理学的フェチシズム、あるいはストリップの形而上学的意味について学位論文を書いた専門家もいる。

こうした世論操作が進められた結果、ある種の過ちを犯したものがいたのは当然だったろうか。たとえば胸を完全に露出する前代未聞の水着「モノキニ」[*99]の考案者の場合がそれだ。一九六四年六月、先駆者となったこの男は好機到来とばかりに、みずから考えた「モノキニ」を売り出す。だが惜しいかな。巧妙に宣伝も行い、多数のマスコミの応援もあったのに、人前でおしゃれな「モノキニ」を着ようとした娘たち、有名無名の女優、ファッションモデルはことごとく警察に追い回され、群衆の野次をあび、ときには逮捕されたのである。

文明国とされる国ではどこでも同様の反発が見られた。期待を裏切られ、屈辱を味わった「モノキニ」の作者の言。「理解してもらえなかったのです。しかしいつかあらゆる女性が私の水着を身につける日が来ることを確信しています。私は十五年早かっただけにすぎません」。さりながら、統計を見るかぎり、彼の時代はまだ来ていない。妙齢の女性のうち、ブラジャーなしでいいというのはわずか九パーセントにも満たないのだ〔本書のフランスでの刊行は一九六五年である〕。

ヨーロッパでモノキニの実験的追求がなされているとき、アメリカでは依然として豊満

*99　ビキニからできた言葉。ビキニは本来原爆実験の行われたビキニ環礁に由来するが、「二」を意味する「ビ」と「キニ」に分解し、「一」の「モノ」をつけたわけである。

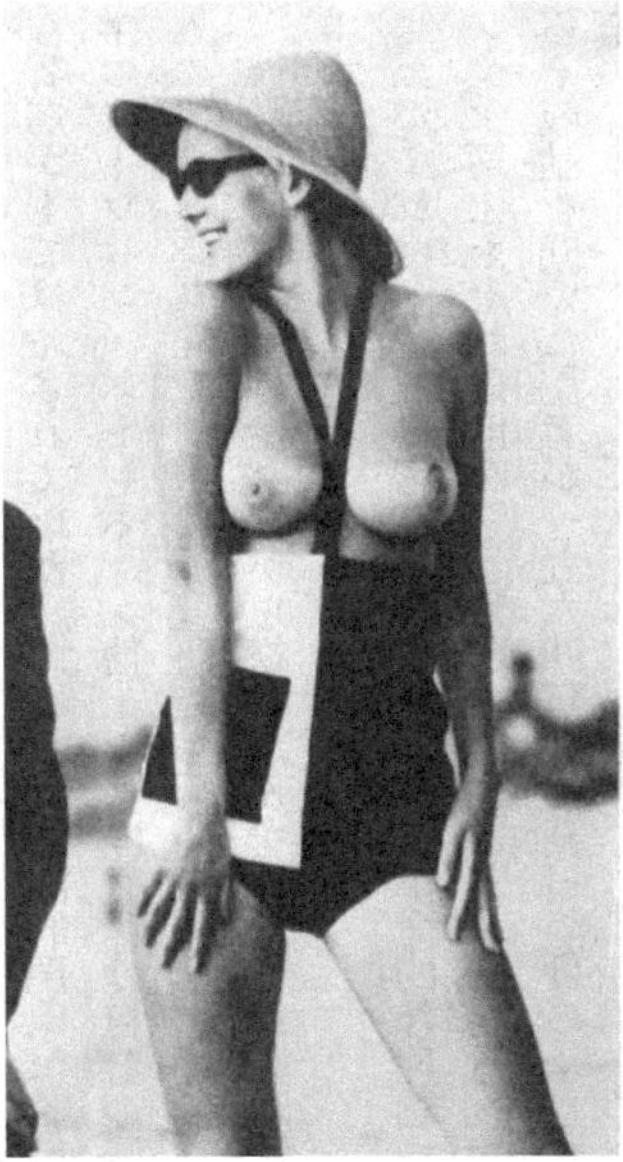

デンマークのモノキニ――デンマークのスター、ロッテ・トルプ。

フランスのモノキニ――最初にトライした女たち。カブールの海浜で。後ろのホテルはマルセル・プルーストが愛したグランド・ホテル。市当局の許可あり。

な乳房がもてはやされていた。こうした集団的現象に着目したヒューストン・ベイラー大学のアーウィン・ストレスマン博士のグループは自分の胸囲を気にかけている七百七十七人のアメリカ女性を対象に調査研究を行った。

彼らの研究報告は全女性から総すかんをくった。それが有名な「女性の知的能力は乳房の大きさに反比例する」という理論である。

だがこれは、一般に考えられているほど革命的な理論ではない。パリの婦人科医カルサンティ博士もそれ以前から、乳房の大きさと知的能力の関係に気づいていたのだ。博士からその話を聞いた記者が一九六四年九月三日附けの「パリ・プレス」紙に書いた記事から引いてみよう。

「その考えは必ずしも暴論というわけではないと思います。私もそうではないかと思ったことがありますし、同僚にもそういう医師はいるはずです。統計をとろうとまでは考えなかっただけでしてね。胸の大きい女性が知的に劣るというのはふだんの生活でも、よく見れば容易にわかることなんですよ」

「なにか原因と結果のようなものはあるのですか」

「ありうるでしょうね。胸の豊かな女性は乳腺の発達がすぐれています。そのことと脳の器質部分の状態には関係があります。しかし、いまのところは超科学的な確認事項というにとどめておくべきだと私は考えています。つまり、断言するにはあまりに例外が多すぎるのです。たとえばマリリン・モンローはとても頭のよい人でした。アニタ・エクバーグの場合はどうかなんて知りたいとは思いますけれどね」

カナダの医師ユベール・ド・ヴァテルヴィルは通信社の記者を前に、次のような反対論をぶち、それがまた多くのマスコミで紹介された。「アメリカの医師の結論に断乎として反対です。胸が美しかろうがなかろうが、女性の頭のよさにはまったく関係がないと私は断言します」。

ふくよかな胸をした女性から新聞社に抗議の手紙が舞いこんだ。読者の気を引く記事なら何でも載せる新聞のこととて、すぐに紙面に載った。

「もし乳房が小さいほど知的能力がすすむとするなら、この先どうなるというのですか」

フレーヌ〔パリ近郊〕に住むルブティ＝モリア夫人からはこんな手紙が送られてきた。

「私の義妹は男性と間違えられるくらい扁平な胸をしていますが、バカロレア〔大学入学者資格試験〕に一度も受かったことがありません。一方私のバストは九十五センチあり、あなた方ならイカれているとでもいうのでしょうが、私は五年前に法学士号を取得し、とても頭のいい女といわれています」（「パリ・プレス」紙、一九六四年九月四日）

小さくてもふつうでも、あるいはすこぶる附きで大きくても、乳房はつねにニュースのトップを走ってきた。いくつか物分かりのいい役所は別にして、モノキニで闊歩するのは海浜では禁じられたけれど、ファッションショーでは完全に透けて見えるコルサージュとともにまとうイブニング・ドレスが発表される時代である。

自社のある製品に「強迫観念《オブセション》」と命名した下着メーカーはその間の事情を正確に見通していたと言えるだろう。

第二章　文学に見る乳房の強迫観念

遠く古代に遡《さかのぼ》って文学の足跡をたどろうとすれば、官能的な魅力を発散してやまぬ女性の乳房を讃《たた》えた作品に出会うことが少なくない。紀元前三十三世紀、テーベやメンフィス[*1]の詩人がすでに愛の林檎《りんご》の美しさを歌っている。

あが兄《せ》、あがいとしむものよ
あが腰あが乳をひとたび求めたまふなれば
ゆめ離すまじきぞ

吾妹《わぎも》の脣《くち》はたとへば木の芽
さながらに、乳はふたりの愛の林檎ぞ

あが君、ついと立てるは何のため
のどの渇きをうるほすとならば
いざ、あが乳を吸ひたまへ

＊1　ともに古代エジプト王朝の首都。一般には前二八五〇年にエジプト第一王朝成立とされる。「相聞歌」などが遺《のこ》されている。このあたりの叙述はロー・デュカ『エロチシズムの歴史』に拠《よ》るところ多し。

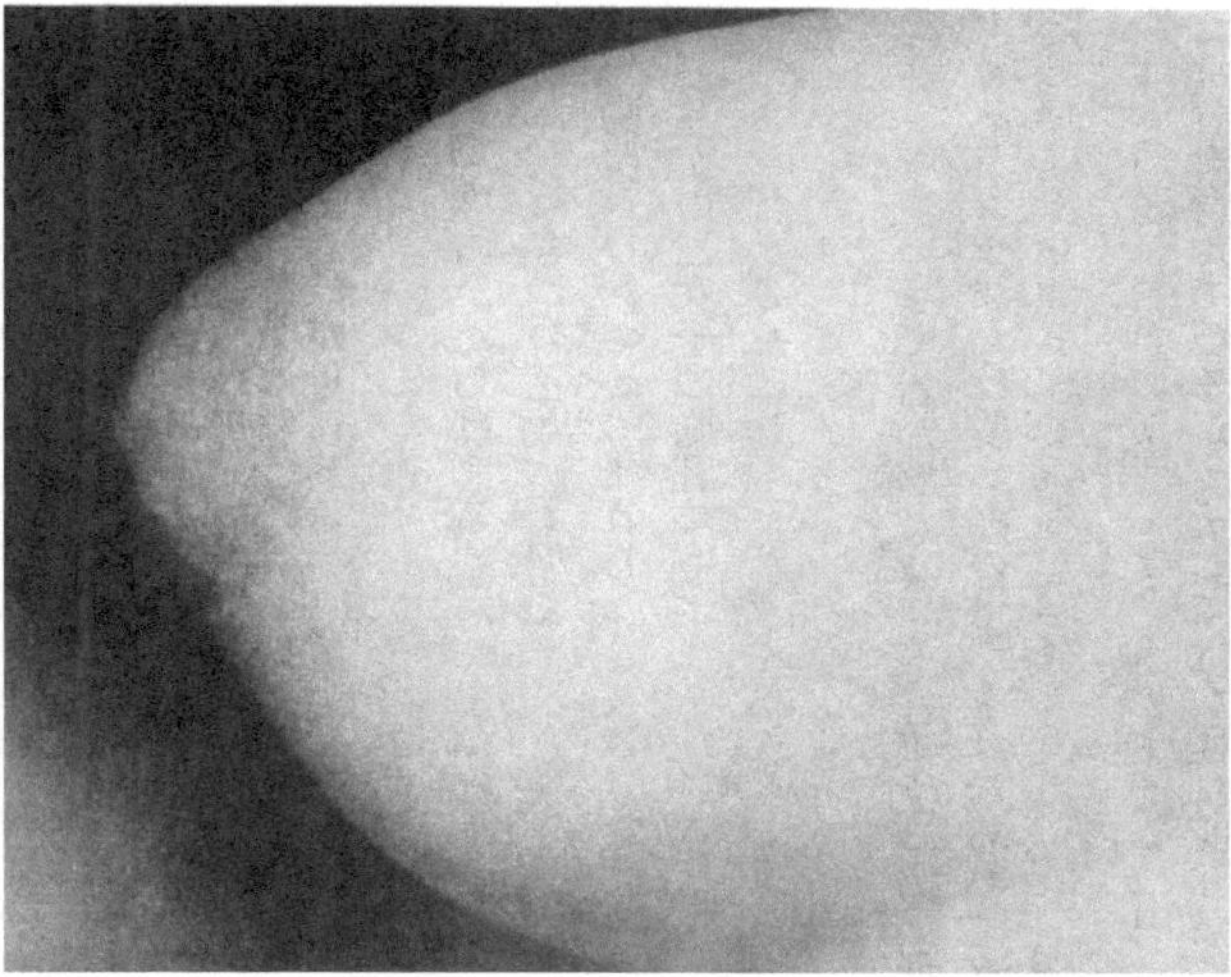

「乳房」。撮影ロジェ＝ジャン・セガラ。「女性の乳房は大地の乳房のようだ。人類に恵みを与えなくてはならないのだ」（ルター）

きみがため、甘露のしづくの涸れることなし

第二十王朝の頃に遡るトリノのパピルス写本には、まるで『ビリティスの歌』(紀元前六世紀の架空の閨秀《けいしゅう》詩人に仮託してつくられたピエール・ルイスの詩集、一八九四)のような調べを持った歌が見られる。

わが乳のかたちはまるくふくよかに
愛《いつく》しきかの乙女にも似ん
両のかひなでつつまれし
かの乙女子の胸乳こそ
花かざりにしも　たぐふべき

バラモンの手で書かれたインド性愛文学の聖典、『ラティ・ラハスヤ(愛秘)』や『アナンガ・ランガまたは愛の海の舟』をはじめとする学識豊かな性愛論にも、女性の乳房を讃えた詩は多く含まれている。

ヴァーツヤーヤナが書いた一種の神学『カーマ・スートラ』は愛の技法をあれこれ説いた部分を含んでいるが、そこでは女性は四種類に分けられる。男たるもの、女の乳房の形

と大きさによって、愛し方を変えなくてはならない。

第一は「パドミーニ」、すなわち「蓮《はす》の女」。「豊満で引き締まったその乳房はヴィルヴァの実を思わせる。伏せた黄金の鉢のようにつんと立ち、先には柘榴《ざくろ》の花のつぼみがついている。踊ると両腕が優美な曲線をえがき、美しい魅力である乳房を隠す。羞恥心《しゅうち》がすこぶる強いからである」。

それより劣るのが第二の「チトリーニ」。堅い乳房の「技巧にたけた女」である。

第三の「ハスティーニ」は雌の象をあらわす言葉で、丸くふくらんだ壺《つぼ》のような乳房をした女。

最後は「サンキーニ」。すなわち、豚女。悲しいかな、この種の女の乳房は猛烈な魚の臭いがする。

接吻《せっぷん》と愛撫《あいぶ》の章は、性行為に先立つ前戯総覧というべき性格をもっている。乳房を爪でひっかく前戯はつよく推奨されていて、八種類に分けられる。*2

「爪でひっかいたり押したりすることによって、八つの跡をつけることができる。八つとは、音鳴り、半月、円、線、虎の爪、孔雀《くじゃく》の脚、野兎の跳躍、青睡蓮《すいれん》の葉である。

＊2　以下の説明は一般に流布している『カーマ・スートラ』の版本とは多少異なるが、『カーマ・スートラ』自体有名な作品なので、ここはロミの書いている通りに訳す。

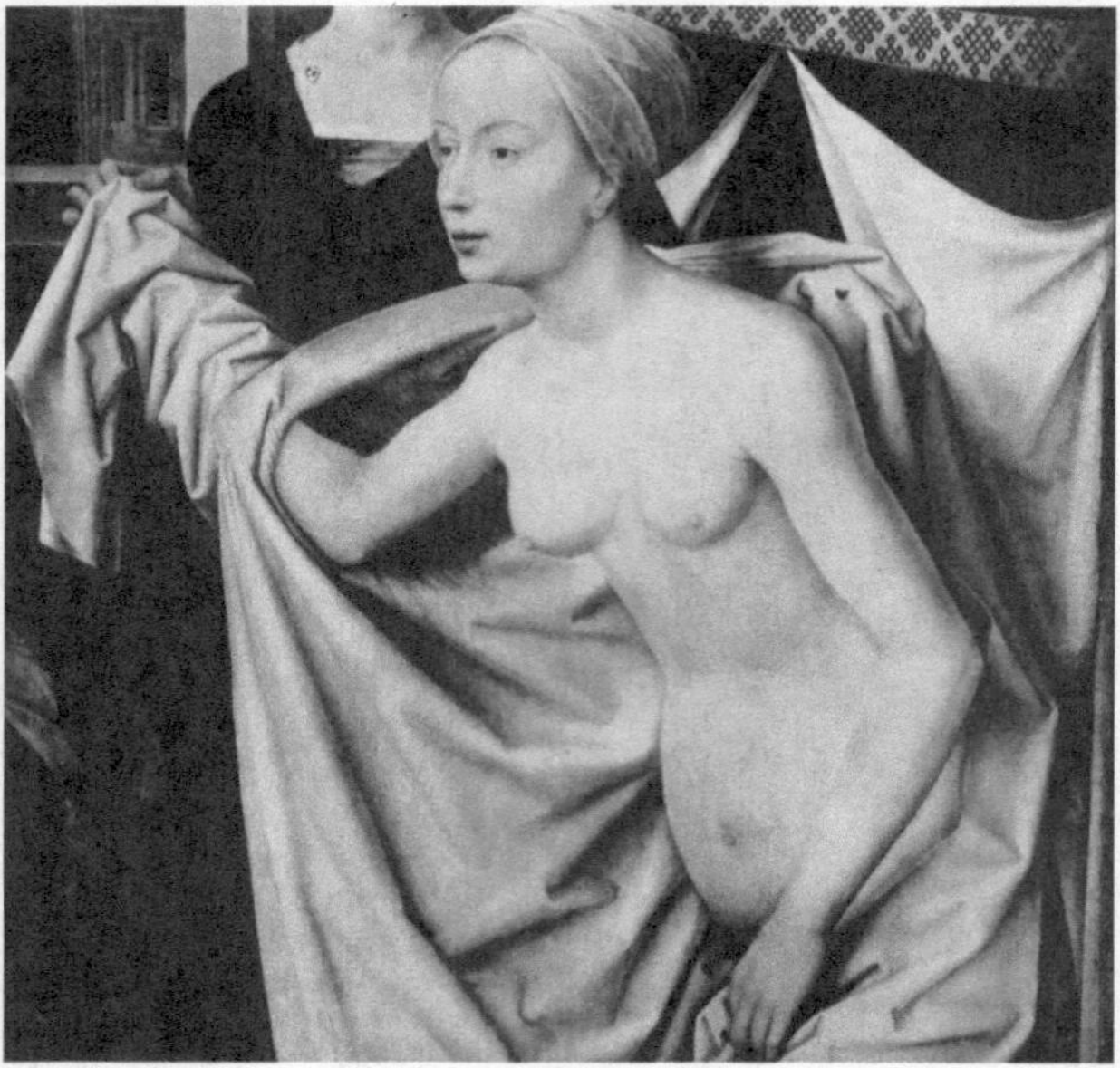

ハンス・メムリンク（1436～94）「ベトサベの入浴」（部分）（シュトゥットガルト）

《音鳴り》。顎《あご》、乳房、陰唇を爪で押す。ただし、跡がつかぬようにそっと、しかし、爪でこする音が聞こえ、体毛が逆立つほどにはつよく。

《半月》。爪一本で乳房につける曲線。

《孔雀の脚》。片手の爪すべてをつかって乳房につける跡。

《野兎の跳躍》。同じく五本の爪の跡ながら、乳首の周囲の跡。

乳房を咬《か》む愛撫には三種類〔版本によって六、七種類〕ある。
一、《斑点《はんてん》》。歯二本で軽く咬む。
二、《一連の宝石》。全部の歯で咬む。
三、《豚咬み》〔版により「猪咬み」とも〕。二列の歯形をつける。その間は赤くなる」
乳房はいわゆるソロモンの「雅歌」〔以下、引用は原則として文語訳聖書に従う〕でも讃えられている。ヘブライ語から訳された、この「神聖なる淫猥《いんわい》の書」の註解と解釈はさまざまで、互いに矛盾する場合も少なくない。

オリゲネス〔三世紀のギリシアの神学者〕によれば、「雅歌」はソロモンとエジプトのファラオの娘との婚姻の寓意であった。その説はしばしば断罪されたが、後代のグロチウス〔十七世紀オランダの法学者〕やボシュエ〔十七世紀フランスの神学者〕からは認められている。

ユダヤの律法博士は「雅歌」を、最愛の存在である神とその許嫁《いいなずけ》、イスラエルの民との結合の寓意と解釈した。

カトリック側はそれとは異なり、教会にたいするイエスの愛、神聖なる夫イエスにたいする教会の愛を描いた預言の書という解釈をした。

ヴォルテールはこの説を皮肉って言う。「女に優しい王ならば寵姫《ちようき》に『わが愛する者は我にとりてはわが胸のあひだにおきたる没薬《もつやく》の袋のごとし』と言いもしただろう。また、『なんぢの臍《ほぞ》は美酒《よきさけ》の欠くることあらざる円《まる》き杯盤《さかづき》のごとく、なんぢの腹は積みかさねたる麦のまはりを百合花《ゆり》もてかこめるが如し。なんぢの両《もろ》乳房は牝鹿の双子なる二つの小鹿のごとし』とも言ったかもしれない」。

不信仰の人、ヴォルテールはついで次の一節を引く。

「われら小さき妹子《いもうと》あり。未だ乳房あらず。われらの妹子の問聘《いひこみ》をうくる日には之に何をなしてあたへんや。かれもし石垣ならんには我ら白銀《しろがね》の城をそのうへにたてん。彼もし戸ならんには香柏《かうはく》の板をもてこれを囲まん」

そこから以下のような皮肉な結論を導きだすのはヴォルテールの得意とするところだった。「寓喩《ぐうゆ》がいささか強すぎることは言っておかなくてはならない。第一、妹にはまだ乳房がないというに至っては、そのことと教会がどう関係しているかわからないではないか」。

ファラオの娘であれ教会であれ、はたまた貧しい羊飼いの娘シュラミテ〔バルバロ神父訳。文語訳では「シュラミの婦《をんな》」であれ、理想化された許嫁の乳房は「雅歌」において情熱的なまでに歌われる〔以下、必ずしも順序だった引用ではないが、原則的にロミに従う〕。

　なんぢの両《もろ》乳房は牝鹿の双子なる二箇《ふたつ》の小鹿が百合《ゆり》花の中に草をはみをるに似たり（中略）。わが妹わがはなよめよ、なんぢの両《もろ》乳房のいと美しきかな。なんぢの乳房は葡萄の房のごとし（中略）。われ謂《おも》ふ、この棕櫚の樹にのぼり、その枝に執りつかんと。なんぢの乳房は葡萄のふさのごとく（中略）、なんぢの鼻の気息《いき》は林檎のごとく匂はん。

一六〇五年、「雅歌」から霊感を汲んだある神秘詩が生まれた。題して「富裕にして才智あふれし婦人部屋なる神秘の群像」。作者はアンドレ・デュシェーヌ〔歴史家・詩人。一五八四～一六四〇〕。そこに引かれた一節は、フランス語に訳された「雅歌」のなかでもっとも大胆な部類に属するといえよう。「われわれの魂のうちに住むこの神秘なる夫は、二つの比喩を駆使して妻たるひとの乳房の美をうたう。最初の比喩は百合《ゆり》の花園で草をはむ牝鹿の双子の小鹿というもので、それはこんな風にも歌われている。

『なかば顔を赤らめし優しき仏蘭西女のつきでし膨らみこそなんぢのもの。かのやさしき膚《はだへ》をまるく仕上げしそのさまは、母なる牝鹿が薔薇また百合のいとうるはしき花園にて育む双子の小鹿にさも似たり、すべらかにしてやはらかなりしそのさまは』」。

　こうした気の利いた冗談を書きつけたあと、デュシェーヌは愛の林檎の寓意を明かす。「その寓意によって、われわれは理性を備えた被創造物には二つの条件があることを知る。つまりは精神的存在であるということと死すべき存在であるということだ。乳房はふたつの林檎のようなものであり、林檎は〈はなよめ〉が言うように、愛の寓意にほかならない。『請ふ、なんぢら花をもてわれを支へ、林檎をもて我に力をつけよ。我は愛により疾《や》みわづらふ。林檎は愛の楽園をなすがゆゑにまろらかなり。愛における細やかなるもの、愛らしきもの、なべて円きかたちをなすらん』〔「雅歌」原文とは少々異なる。拙訳〕」。

　一六三五年、オラトリオ会司祭、メッツの司教座聖堂参事会員シャルル・エルサン〔十七世紀の説教家〕は『聖なる田園詩〔司牧活動の意も〕または「雅歌」註解』を書き、リシュリウー枢機卿《すうききよう》に捧げた。それは典礼用語による乳房と臍《へそ》の称揚が混じりあった著作だった。

　二十五年後、今度はコタン神父が「聖なる田園詩」を五幕の劇に仕立て上げた（ただし上演されたのは一七〇五年）。

　十五世紀イタリアの詩人フィレンツオラ〔一四九三－一五四五。聖職者にして自由詩人〕は『女性美論』を書き、完璧《かんぺき》な乳房とはいかなるものか明らかにしようとした。「麗しい胸とは、いかなるしみもなく、丸くてつんと立った白い胸を言うのであろう。〔略〕肌理《きめ》

右／インドの作品。アジャンタのフレスコ画。
左／エジプトの作品。ブロンズ（アテネ、エジプト美術館）

こまやかな肌、短いよりは幾分長めの曲線を描く乳房であれば、また、ふくらみはじめるあたりが雪に覆われた泉を思わせるようであれば、なおのこと好ましい」。

　ジャン・リエボー（十六世紀の医師・農学者。女性の健康について論じた著作がある）も同様に、「骨が隠されているとはとても思えない、肉づきゆたかな広い胸」におかれた丸くて小さな林檎を愛したくちである。「薄紅《うすあけ》に染まった」白い乳房、「丸くて小さな、堅い、といって動かぬほどではなく、さざ波のように揺れもする、麗しいふたつの林檎」はリエボーの愛してやまぬものだった。

　十六世紀の詩人で、堅くて小さな、

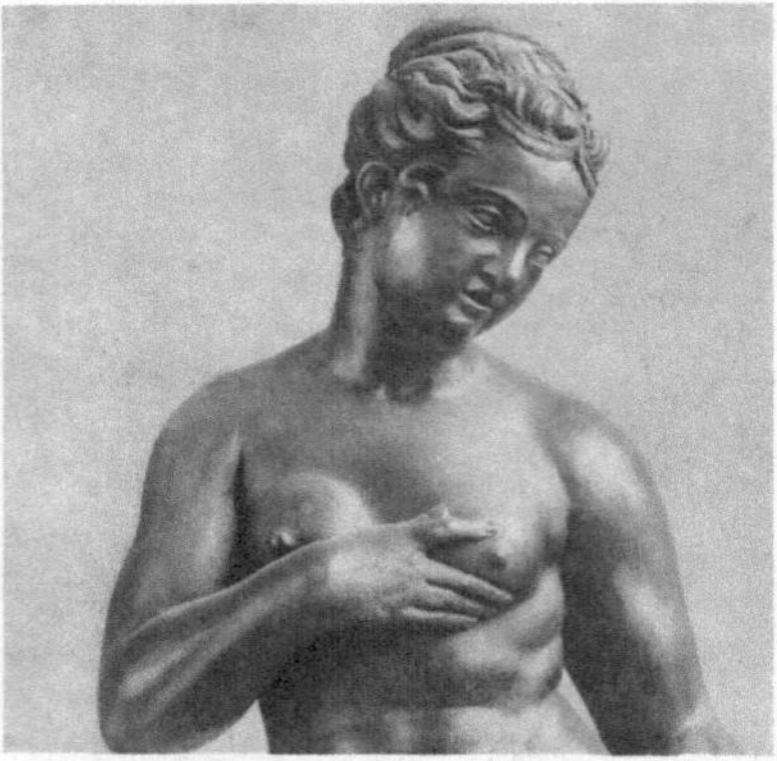

フランドルの作品。16世紀。

つんと上を向いた乳房の魅力にとらわれなかったものがいるだろうか。クレマン・マロ〔ルネサンス期を代表する詩人。イタリアのフェラーラに亡命するなど波瀾《はらん》万丈の一生を送った〕もそのような乳房を象牙《ぞうげ》玉に喩《たと》えている。

一五一七年以来、ジャン・ドゥーヴィルは小さな乳房とともに、「まろやかな乳房の先にやわらかく突き出て、百合のごとく純白な肌と対照をなす薔薇《ばら》色の、みずみずしく滑らかな赤い葡萄《ぶどう》の種」も詩の調べにのせた。

フェラーラに亡命していたクレマン・マロは、有名な「美しき乳房」讃を書く。

汝《なれ》が乳房の白きこと卵にまさりて
汝が乳房の汚れなきこと純白の絹に似る
汝が乳房を前にして薔薇も顔色なし
汝が乳房の美にまさるものなし

汝が乳房の堅きこと、むしろ小さき象牙玉と言ふべし
汝が乳房のただなかに鎮座おはすは苺か桜桃
　さても見えず、えこそ触れねど
　わが言の葉に嘘いつはりなし
汝が乳房の先は紅《くれなゐ》
汝が乳房は動くことなし
　いかに歩み、駈け、跳ねんとも
汝がいとしき左の乳房は朋輩とつねに離れん
汝が乳房は汝が人となりを示せり
汝が乳房をみれば幾たびも思はざるを得ず
　この手で触れたし、つかみたしと
　さりながら傍《そば》に寄るだけで我慢するが肝腎
　さもなくば次なる欲を如何に抑へん

大きすぎず、また小さすぎぬ汝が乳房よ
まさに熟して食指をさそふ汝が乳房よ
　結婚したし、早くしたしと

夜昼問はず、汝が乳房のさけぶを耳にす
ふくらみて、ゴルジアス[*3]を二寸も持ち上げしは汝が乳房か
幸ひなるかな、汝が処女《をとめ》の乳房をして
昂然たる麗人の乳房に変へしむ者
汝が乳房を乳にて富ましむる者

美しいものが好きで、処女のみずみずしい、絹のように純白な乳房をふかく愛したクレマン・マロはかくも貴重な宝が、時間が経つにつれ衰微してゆくさまをみて嘆き、「美しき乳房」とは逆の作品「醜き乳房」を著す。

乳房とは名のみにして、あるは肌のみ
旗のごとくぱたぱたと揺れる乳房
大きなる乳房、長き乳房
大きなる黒く卑しき尖端は
漏斗にかも似ん
揺らしもせぬにぶらぶら揺れる乳房
(中略)

あれらの乳房は、思ふに、老いて死にし山羊の乳房を竊《ひそ》かに
借りたか盗んだかしたものにほかならん
まこと、地獄のルシファル[*4]の子に
吸はせるがふさはしき乳房ならん

額に花をかざり、手には酒をもった詩人〔薔薇や酒を歌った意〕ピエール・ド・ロンサールは恋人たちのまろやかな乳房や小さなふくらみや薔薇のつぼみを歌った。気位の高いカッサンドル〔『恋愛詩集』で歌われた女性の一人〕のふくよかな胸や大理石のような肩は、ロンサールの言を借りれば、飲み食いも忘れてしまうほど美しかった。ロンサールはアリオスト〔十六世紀イタリアの詩人〕やサンナザーロ〔同時期のイタリアの詩人。田園詩で著名〕といった鍾愛《しょうあい》の詩人の比喩を借用して、自らの恋の竪琴《たてごと》にリズムを与えている。

「未《いま》だ青き二箇の林檎はされど象牙の林檎にして、やさしき西風《ゼピュロス》が海にさざ波を立てると

＊3　薄く透明な布で作られ、首や喉や開いている胸元を覆ったかぶり物。
＊4　サタンの別名。

き、間近の岸辺に寄せる波のごとく揺れり」（アリオスト）
「優美繊細にして雪花石膏《せっかせっこう》にまして白さ際立つ胸をみんとて目をやれば、薄衣《うすぎぬ》をとほして外に突きいでし丸きふたつの乳房あり、小さな林檎にさも似んとて。両の乳房のあひだに下るは秘密の小径《こみち》。寛《ひろ》やかにして心愉《たの》しき小径かな。先をたどれば、思ひも千々に乱れるばかり。そういえばおわかりの隠れたる場所が小径の果てか」
先行する詩人からの借用をものの見事に生かしたロンサールの作品を引いてみよう。

美が足をとどむ大理石の胸よ
幸福に満ちた雪花石膏の顎よ
栄光がやすらふ象牙の乳房よ
そなたへの望みに苦役もやはらぐ
乳房よ
わが欲望をかくもかきたてるものよ
飢ゑたるわが快楽を鎮めんとせば
日に百度はそなたを見ずばかなはぬ
鳥が獲物を得るために
魚多き入り江に何度となく戻るのと

それは似てもゐようか
固まつた乳の双子のながれは
白き谷をとほつて、行つたり来たり
入り江では潮のながれがゆつくりと
ゆつたりと行きつ戻りつするやうに
乳房のあひだに小径あり
あたかも山あひにある小径にも似て
風のをさまる冬の日に、くづれる雪に色を借りたか

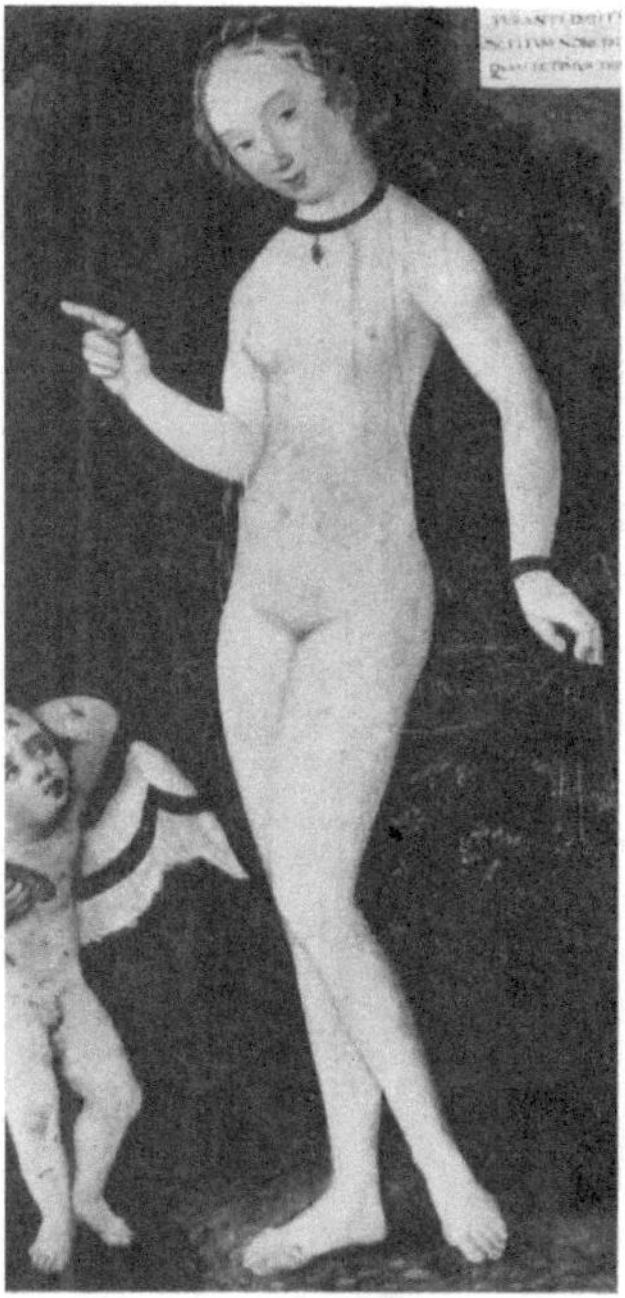

クラナッハ派「ヴィーナスと蜜蜂」

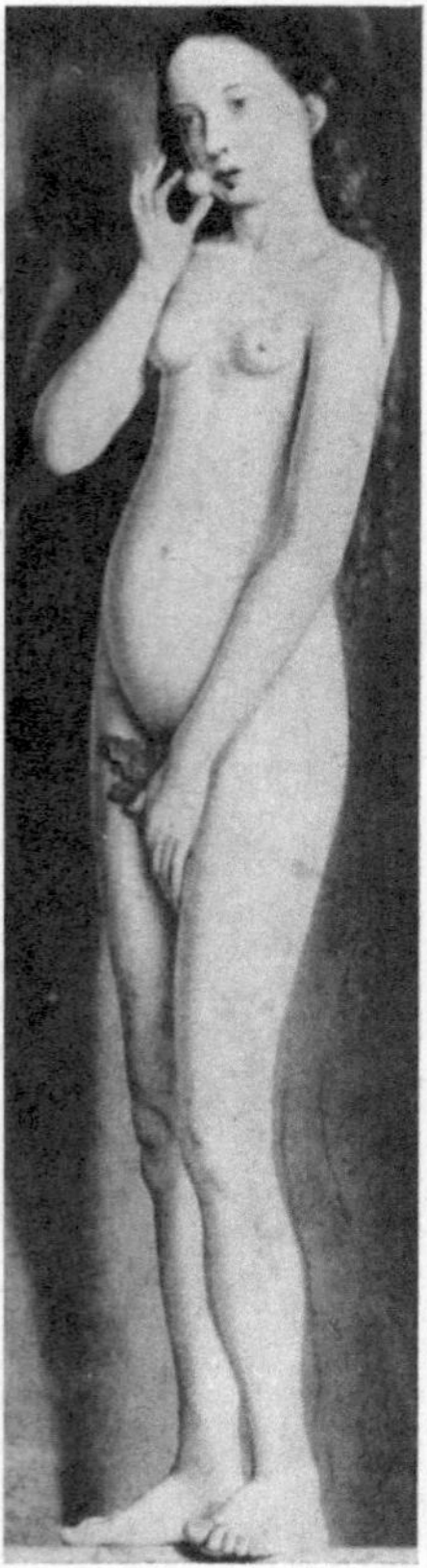

ジェラール・ダヴィッド
(1460～1523)「イヴ」

純白のいろなす小径あり
高くかかげし胸の先には
ふたつの紅玉ありて
象牙に紅き光をはなつ
まろきこと、かぎりなし

若さを、そして小さな乳房のみずみずしさを喚起するために、ロンサールが好んで用いたのは「まだ青い《ヴェルドレ》〔verdelet〕」という形容詞だった。

うるはしき雪花石膏の胸よ

清らかな胸よ
そなたはいまだ青々《ヴェルドレ》としたふくらみに美神《ミューズ》を隠す
白瑪瑙の丘、乳の小さな園生
美の三女神《グラース》やキューピッド、ヴィーナスの宿
百合のいろなす乳房、薔薇色の乳房
とあるあした、願ひのままにわれは見き
静脈のあかく浮き出るさまを
　さながら海の寝所から姿をみせる赤きあけぼののごとく

観念と官能の両面でカッサンドルに恋していたロンサールは、欲望にさいなまれると、「裸になって抱きあい」たいと思っていた相手に拒まれた快楽をあれこれ想像して我慢しなくてはならなかった。想像？　そう、詩人は蚤《のみ》に変身して、思うさま「彼《か》のひとの乳房を吸ったり咬んだり」といったことまでも夢想したのである。

百の姿にこの身をば変へたし
小さき双子の山にして春の乳房なるきみをみれば
若々しい薔薇の木になり、花を咲かせて

あしたにきみを愛撫もしよう
さるほどにエウローペの乳房のいとうるはしきにせよ
ユピテルよ、御身みづから牡牛になつたゆゑ
われは御身を赦しもしよう
なれどわれ、蚤になりたや
などてわれ蚤にあらずや
さすれば日ごとに彼《か》のひとの美しき乳房を
吸ひもし咬みもせん
されど夜には男の姿に戻らずべからず

つれないカッサンドルにたいする情熱は一五五五年四月に入るとぱたりと熄《や》む（当時カッサンドル二十四歳。ロンサール三十一歳）。「アンジュー（フランスの地方）の処女」うら若きマリーに出会ったのだ。ロンサールにとって妹のアンヌよりマリーのほうが好ましかったのは、マリーが妹よりもすらりとした腰つきをして、乳房の位置も上だったからである。

マリー、妹御よりまされる点はいづくにあるや
柳の腰に花の顔容《かんばせ》
優美なるさま、こぼれる笑み
きらめくまなかひ
こぼれる乳房、うるはしき胸
　さながら白薔薇の蕾の、野薔薇にまされるがごとく

この田舎娘の素朴な魅力はしばしの間、宮廷詩人ロンサールの心をとらえる。

マリー、きみが赤き頬はあたかも五月の薔薇のごとし

(中略)
きみが乳房はまろやかなる乳いろの二つの山
　春の日のはじめ、まるく形をなし
　虎視眈々と狙はれるふたつの蕾か

ロンサールは若きマリーのために、あまたのソネットや叙情短詩《マドリガル》を書いたのみならず、

ピエロ・ディ・コシモ「シモネッタ・ヴェスプッチの像」。シャンティイ・コンデ美術館。シモネッタの胸はボッティチェルリのモデルになったり、ジュリアーノ・ド・メディチの愛人になったりしたのが当然と思われる美にあふれている〔ご存じ澁澤龍彥鍾愛の一枚〕

小夜鳴鳥《ロシニョル》だの糸巻棒だのといった贈り物までした。しかし、どれほど贈り物をし、詩に歌い、栄誉で満たしても、マリーは一向になびこうとせず、苛立《いらだ》った詩人は猜疑《さいぎ》心に駆られる。マリーの妹やマリーの幻影、果てはマリーがかかる医者さえ嫉妬《しっと》の対象になった。

ブラントームは『艶婦伝』第七章で、麗人の乳房をいやというほど検診する医者をみて嫉妬を覚え、それを友人ロンサールが感じた嫉妬と比べている。「思えば憎らしさも羨《うらや》ましさもつのるばかり。えい、いっそあんな輩《やから》は呪われるがいいさ。ロンサール氏も語っているではないか。熱を出して苦しんでいる恋人の診察だと言って、朝な夕なに、乳房や胸、腹や脇腹、きれいな二の腕に触りにくる医者のことを。『恋愛詩集』第二巻にある佳什《かじゅう》の出だしを引いておこう。

この身のうちの嫉《ねた》みと羨望をいかにせん
朝晩問はず、無遠慮に
いとしきひとの
胸乳胸もと腹に脇腹
触りにぞくる
竹の子医者め」

禿頭《はげあたま》で耳も遠い詩人よりマリーが好ましく思ったのは、才はないにしても、髪の毛があり、良識に富んだある貴族の男だった。それはコンドンの司教、ブルグイユの司祭、シャルル・ド・ピスルーだったという。

ちなみに、ロンサールがマリーに捧げた詩には、シャルル・ド・ピスルーなる名前はただの一回も出てこない。

詩のなかにどんなに淫猥な言い回しがでてきても詩として崩れることはなかったし、読者もそうした作品を平気で受け止めた。ほとんどが恋愛詩といっていいクロード・ド・ポントゥー〔一五三〇頃〜七九〕の作品から、恋人のジャヌトンの「双子の苺」を戯文調で歌った愛すべき小唄を紹介する。

いとしきジャヌトン
　すべらかな
　うなじや顎なら赦しもするが
たはぶれるのを赦しもするが
胸乳のさきに花と咲く
可愛《かはゆ》きつぼみ（中略）
双子のいちごに触れようものなら
　おばかさん、そんなところに触つちやだめよ
笑ひながらもからうのたまふ
　乙女にとつては宝石なのよ

十六世紀末、ブレタン・フィリベールはロンサール流の象牙玉の比喩を用いるとともに、ポントゥーの苺《いちご》を桜桃に変えて歌った。

愛らしきはきみが胸かな
夏の陽のいとあつき日
一陣の風来たりて
胸かくす布をひらき
きみが両の乳房をみせたまふ
　象牙の玉なすきみが乳房を
さるのみならず
あるときはいのちを与へ
あるときは見るものを殺す
　ふたつの桜桃も
　　きはどくも見え隠れせん

ロンサールがそれなりの節度をもって表現した蚤は、一五七九年の文学界で大きな話題になった。ポワチエ〔フランス中西部の都市〕で開かれたある文学サロンの席上、ずっと、本物の蚤がカトリーヌ・ド・ロッシュ嬢〔母マドレーヌともどもサロンを開催。七九年前後に最盛期を迎えた。このときカトリーヌは二十九歳〕の胸のうえにしがみついていたのである。

サロンに招かれた名士たちのあいだで、朗々と弁舌をふるっていた高等法院検事エチエンヌ・パーキエ〔パスキエとも。一五二九〜一六一五。『フランス考』等の名著のほか戯作詩も書いた〕は、「ロッシュ嬢のうるはしき乳房のただなかに身をば宿せる」くだんの蚤を見つけてこう叫んだ。「かような蚤は紙のなかにゆくがよいぞ。しかるのち、蚤の詩を作ろうではないか」。

皆は拍手喝采《かっさい》。三年後〔一五八四年とも〕、ギリシア語、ラテン語、フランス語、イタリア語、スペイン語で不埒《ふらち》な蚤を歌った詩四十三篇を集めた『ロッシュ嬢の蚤』が世に出回った。

ぴょんぴょん跳ねる小さな蚤よ
愛らしい口もて
赤き血を吸い
優美な乳房に跡をのこす
人は言う、
かような餌をのぞむとは
げに美食家でもあらん
さにあらず

汝《なれ》をつき動かすのは
美食にあらず
餌をもとめてとびまわる
汝はされどみつけたり
誉れも高きかの場所を
かくなるうえは
ここちよき食事をするのみ

「高等法院検事トゥルヌブリーズのオード〔叙情詩の一形式〕」と題されたべつの詩もある。

蚤よ蚤
おまえにはちと妬《や》けてしまうよ
かの美しきコルサージュを堪能するのみならず
夜になれば柔肌をじかに見られるのだから
夜のとばりの下りしころ
ものみなねむるしじまのなかで
おまえはゆっくり薔薇だの百合だの

味わうのだから

ピエール・スルフール〔不詳。ただし同時代にニコラ・ド・スルフールなる文学者はいる。その間違いか〕の叙情短詩《マドリガル》はさらにたくみだ。

蚤よ
かようなところに居座るとは
おまえは何と厚かましいのか
双子なすかの地を何と心得る
(中略)
蚤よおまえがつつく白きかたまり
それが岩《ロック》＊5だと知らぬというのか

だが、こうした作品が肩を並べるなかで、ひときわ際立つのはやはり小粋なエチエンヌ・パーキエの作であろう。

傾国の美女といふほかなきひとの

うつくしく対をなす胸乳のあひまに
心地よき柔肌あるに
蚤よ、汝《なんぢ》はかしこに足をとどめん
のみならず
肌へを刺したりつついたり

＊5　ロッシュも「岩」を表す。名前にかけた洒落《しゃれ》。

ルーベンス「麦わら帽子の女」

好き放題に咬んだりせぬか
薄絹に隠れながらも
かのひとの
血をば甘露に思ひそみけん
酔ひてはふらふら
上に跳び、また、下に跳ぶこと一再ならず
　汝、終焉のときにありても
　われ、汝をうらやむ

（中略）

かくて汝、小さき蚤よ
小さき蚤よ、かくて汝は
両の乳房をもろともに
あちらこちらと這ひまはる
かと思ふまに、こたびは腋の下に身を隠し
かのひとの脇腹に居座るや
たつぷりとその血を啜《すす》る

空腹を癒すやいなや
まろやかな果樹なす園に
ぴよんと来たりて
地上の楽園にしばし休らふ
　そはわが心をかくもときめかす
　楽園ぞ

テオドール・ド・ベーズ〔一五一九〜一六〇五。神学者。カルヴァンの後継者として活躍したが、若年の詩集『青春』がある〕は蚤の生活をうらやむような詩こそ作らなかったが、愛するひとの胸を圧迫する留め金《ホック》に寄せる懇願の詩をラテン語で書いている。

吾請フ、汝留メ金ナルモノニ
汝、吾妹子ナル胸ヲ圧ス
雪ナス胸乳、吾ガ炎ノ源ヲ
茜《アカネ》サスマロキ胸乳ヲ
闇ノウチナル牢舎ニ閉ヂコメルハ
ナニユヱゾ……

アレクサンドル・マルシャン〔十九世紀中葉に活躍した詩人〕がこの長詩をフランス語に訳しているので引いておこう。

　留め金よ、愛らしき留め金よ
どうか耳傾けてはくれまいか
いとしきひとのかの胸を
雪なす胸を
わたしの炎の源を
暗い牢《ろう》屋に閉じこめている
留め金よ
後生だからやめてくれ
真白き宝を嫉妬するのは
　相手は不運な恋人たるわたしではないか
　不運なわたしのまなざしではないか
思いみよ
純白の、光輝に満ちたかの胸が

何の罪、いかなる咎を犯したというのか
なにゆえかような牢獄や桎梏《しっこく》を科するのか
二つの円い乳房はともに
懸命にあらがい、もがいているが
それが自由への願いだということ
おまえにはわからないのか
かように閉じこめられているうちに
雪なす乳房が

形と大きさの変遷――フランス派「タオル」。1780年頃。

あまりに暑い灼熱《しやくねつ》地獄に苦しんで
溶けてしまうと思わないのか
それでもやめぬか、留め金よ
懲りずに続けるというのか、留め金よ
汚れなきかの蕾を幽閉するのを
それはわたしの宝にしてわたしの富
わたしの財産だというのに
返したくないというのか
留め金よ

十七世紀のはじめ、アカデミー・フランセーズの初期の会員であり、宰相リシュリウーの庇護《ひご》を受けた神父、フランソワ・ド・ボワロベール〔一五九二～一六六二〕はもったいぶった調子の戯文詩で、乳房をうたった。

麗しき乳房は皓歯《かうし》きらめく麗しき口元にも似て
わが記憶につねに生けるものにして
わが生きの日の愛《いと》しきよろこびなり

上／革命暦テルミドール（熱月）の絵、フレスカ作「レダ」
左／「遊女の鏡」のエレーヌ。ル・ブロン作。17 世紀。

そなたのまろやかなるふくらみのうちにこそ
美神は宿り、愛の神は身を隠さん
まこと百合の胸元、純白の林檎といふべし
わが目はそのふくらみを熱愛す
　愛欲のみなもと
　種々の魅力の完璧な綜合《そうごう》
そなたゆゑに流された涙
詩の調べ、溜息の数の
さても限りなきかな
そなたこそ永遠《とは》に変はらぬよろこびのもと
若さの使者なれど
なほ野心にあふれた双子たるを失はぬはいかにぞ
　かくあらはれて
　昂然《こうぜん》とふくらむそなたを
　知らぬものなどもはや無きにひとしきを

やはりアカデミー会員で、ランブイエ館のサロンの常連だった平凡で気取り屋《プレシウー》の詩人、

A・ヴェスチエ「バッカスの巫女」。18世紀。

ジャン・オジエ・ド・ゴンボー〔一五八八?〜一六六六。諷刺短詩《エピグラム》の名人と言われた〕にも、乳房をうたった抒情短詩《マドリガル》がある。

フィリスがわたしにくれたのだ
何気なく
胸に抱えた薔薇の花を
ああ、魅力にあふれたフィリスの胸よ
わたしは言った、
「これはどうしたこと、うるわしのフィリスよ、
胸の薔薇をくれたのだから
胸の白百合を拒む法とてなかろうに」

乳房はアカデミー会員の鍾愛の対象となった。宮廷詩人イザーク・ド・バンスラード〔一六一三〜九一〕は悲劇やバレエ、喜劇やロンドー〔定型詩の一種〕を得意にしたが、十代の少女の乳房についてこんな詩を残している。

ふくらみそめし美しき乳房よ

されど汝《な》れはすでに張りつめ
すべらかにして
しかもそれぞれ形をきそふ

若さの手になる無欠の作品こそ汝れ
ゆめ脂粉ごときで汚すなかれ
こちらの乳房がまろやかで固く、艶《つや》やかならば
もう一方もそれにひけをとることつひぞなし

神々さへも魅せられし乳房よ
美の見本といふにふさはし
昼間は姿を隠すとも
汝れ、決して期待に背くことなし
マホメットの楽園もかく美しからん

十八世紀になってもアカデミー・フランセーズではこの種の卑猥な伝統が絶えることはなかった。ヴォルテールの親友だった神父ヴォワズノン師（一七〇八～七五。軽妙な作品が

多い」が、従妹《いとこ》の乳房を讃えて作った詩を紹介する。

　きみは覚えているだろう
　ピュグマリオンのことを
　彼が愛した人形のことを
　敬虔《けいけん》な祈りに応《こた》えてヴィーナスが
　手づから生き身の女に変えた人形の話を[*6]
　きみにも同じことが起こった
　かつてきみは人形だった
　わたしは確信する
　経験がそう教えてくれたのだ
　この詩を読めばそれがはっきりわかるだろう
　きみは大理石の塊にすぎず、感覚をもたなかった
　すべてが固く、弾性というものがなかった
　ヴィーナスがきみのからだを柔らかくした

きみはそうしてしなやかな快楽に応えられるようになった
きみを抱きしめる恋人にやさしく
接吻にこたえ接吻を返すために
ヴィーナスは柔らかくした
まずは魅惑的なきみの唇を
そしてきみのかいなを

脚はまだ、下半身さえ
大理石ほどではないにせよ
いくらか固さはのころうが
上にゆけばゆくほど
柔らかさは増す

＊6　オウィディウス『転身譜』第十巻第六章。映画『マイ・フェア・レディー』はこの神話の変奏である。

だがヴィーナスはきみの乳房をそのままにした
形はくっきりと、まるくて白く
そして固く、まるで大理石のように
それこそわたしの理論の正しさを証明するものでなくて何だろう

ヴォルテール自身、「円球」や「薔薇の蕾《つぼみ》」について語るのをいとわなかった。まわりではみんなが乳房を讃えていたのだ。「処女《ピュセル》〔ジャンヌ・ダルクを指す言葉〕」という作品で彼は艶やかな言葉をつらねて、ジャンヌ・ダルクの乳房を描く。

鎧の紐がほどけ
いま目のまえにあらわれたのは
(おお、天よ、よろこびよ、驚異よ)
ふたつの大きな乳房であった
すべらかな、半円をえがく
ふたつのひとしき乳房であった
何とその先には
目を奪う薔薇にも相似た

タリヤン夫人が巻き起こした流行は裏社交界に拡がった。ローランドソン「魅力ある女」。1809年。(パリ、国立図書館蔵)

ふたつの小さな蕾がついていた

寛容を説く思想家ヴォルテール〔『寛容論』などを指す〕はときとして、みずから進んで戯作詩の作者になった。

うら若ききみのふたつの円球は
百合かあるいは薔薇の蕾か
わが心には、炎と燃える
豊饒なるエドム〔イスラエルの地名〕の産の
心地よき葡萄酒にも似て

アカデミー会員の詩人、エヴァリスト・パルニー〔一七五三〜一八一四〕はみごとな『恋愛詩集』で知られるが、性愛の前戯において乳房の愛撫がいかに重要かを強調している。

ジュスティーヌが恋人を
誰もいぬ部屋に導いた

男は我を失うだろうか
もちろん、ただしどこか冷静
（中略）
はやる情熱《こころ》を抑えつけ
片方の乳房をゆるゆると

R・ニュートン「酔った女」（パリ、国立図書館蔵）

第二帝政期の写真。二部のみ焼きつけ。マネと同時代。

ヴァルサンはあらわにしてゆく
みずみずしい若さあふれる
まろき乳房を
ふたつの白百合の上に咲く
赤い薔薇の花を目にするや
かすかな輪郭を指でなぞり
飢えた唇をかしこに押し当て
いまや愛の力に燃え立つばかり
とみるや、愛らしい乳房の半球を
熱に浮かされたごとく手が覆う
その半球の雪花石膏《アルバートル》のような白さに
かれは果たして気づいたろうか
しかし、とにかくヴァルサンがそうしたおかげで
逸楽をむさぼるまえに
女も心の準備ができたというもの
ヴァルサンは知っていたのだ
長い遠回りもときに必要だということを

幸いなるかな、恋をしながら学ぶもの
さはいうものの、教えることのできる方が
もっと幸せなのかも知れないけれど

一七二〇年、アムステルダムの書店から『眼礼讃』『鼻礼讃』に続き、『乳房礼讃』が出版された。作者はニコラ・デュ・コマン〔一六八八～一七四五〕、別名ヴェロン。これが、一七三五年に第二版、一七四六年に第三版が出たほか、一七五九年、一七七五年にも版を重ねるほど大当たりした。

そこには、「女性がゆたかな乳房に恵まれた地方と土地」に関する興味深い考察が記されている。一七七五年版から引いてみよう。「ヌシャテル〔ルーアン北東の町〕やベルン〔スイスの首府〕では、折り紙つきのきれいな乳房が見られる。しかも、それは従順といおうか、二人きりでいるなら、好き放題に撫《な》でまわしたりすることができるのである」。

「ザクセン地方はおそらくドイツでもっとも乳房の発達した地域である。ドレスデンでもライプチヒでもハレでも、町の小娘風情が、王妃や王女にふさわしいような、形のよい、白くふくよかな胸をしているのだ」

「わたしはスペインに行ったことはないが、ドーノワ伯爵夫人〔一六五〇～一七〇五。妖精物語のほか、スペインその他の紀行文で知られる〕の言によれば、かの国の女たちは胸がないばかりか、ゆたかな胸を望みさえしないという。夫人の言葉を引こう。『スペインの貴婦人にとって胸が平らなのは美人の条件となっています。そのため、小さいころから格段の注意を払って、乳房の発達を防ぐのです。胸がふくらみ始めるとすぐに、鉛の小板をあてて、子供に産着を着せる要領で包帯巻きにします。痩《や》せ過ぎてでこぼこしている場合をのぞけば、一枚の紙のように平らという胸も少なくありません。もっとも痩せ過ぎという場合もかなり多いことは多いのですけれど』」

「旅慣れた人なら誰でも知っていることだが、英国は美しい乳房の育ての親のような国である。クロード・ル・プティ〔一六三八？〜六二。諷刺詩を得意とした詩人。ヨーロッパ中を旅した。最後は火刑に処される〕がロンドンから友人のひとりに宛てた手紙には、とりわけ乳房についてふれた次のような一節が見られる。『とにかく別嬪《べっぴん》が多い。パリよりもはるかに目立っている。しかもそれが例外なく、豊満な乳房の持ち主ときた！　そんな女たちはここでは腐るほどいて、フランスでは稀少《きしょう》なのだから、たくさん買ってゆくことにしたよ。小舟に積んで送ってあげよう。二人ずつ炎の色のリボンで縛ってね。ほら、きみも知ってのとおり、ここではそんなリボンがきれいだし、実際どこにでもあるのだ〔たとえばユニオン・ジャック然《しか》り〕』」。

一八〇〇年、メルシエ・ド・コンピエーニュは『乳房礼讃』のいくつかを抜き、別の章を加え、章題も変えたりしたうえで、『女性の乳房讃』の題で、デュ・コマンの『乳房礼讃』新訂版を出す。

十八世紀は淫《みだ》らでエロチックな話がもてはやされた時代である。だが、アンソロジーの編者たちはクレビヨン・フィス〔一七〇七〜七七。軽妙な好色譚《たん》で有名〕やアベ・プレヴォー〔一六九七〜一七六三。『マノン・レスコー』の作者〕は載せても、ルイ十五世時代〔一七一〇〜一五〕や摂政時代〔一七一五〜二三〕の、浮薄ながらも洗練された社会を生き生きと描き出した作家たちについてはまともに採り上げようとしない。当時は盛名を馳《は》せながら、その後ないがしろにされ、最も不当な扱いを受けてきた作家のひとりがゴダール・ドークールではなかろうか。他に類をみないほど放縦《リベルタン》かつ自由な彼の作品『テミドール』*7が刊行されたのは一七四五年のことであった。

筋は単純明快。ある優男《やさおとこ》にふりかかった災難の話である。テミドールには蠱惑《こわく》的な恋人ロゼットがいるが、男の父親はふたりを引き離すために、ロゼットの逮捕に踏みきる。かくしてサント・ペラジー監獄〔サドもここに収監された〕に幽閉された恋人を、男は策を尽くして救いだす。

道徳家たちは作中人物が高貴な筋の方々をモデルにしていると言って、出版者を監獄送

*7　十七世紀から十八世紀の思想的背景を理解するのに不可欠の概念。澁澤龍彦によれば「リベルタンの意義は、宗教的戒律に対する不服従から、性的束縛に対する不服従へと徐々に転化した」。

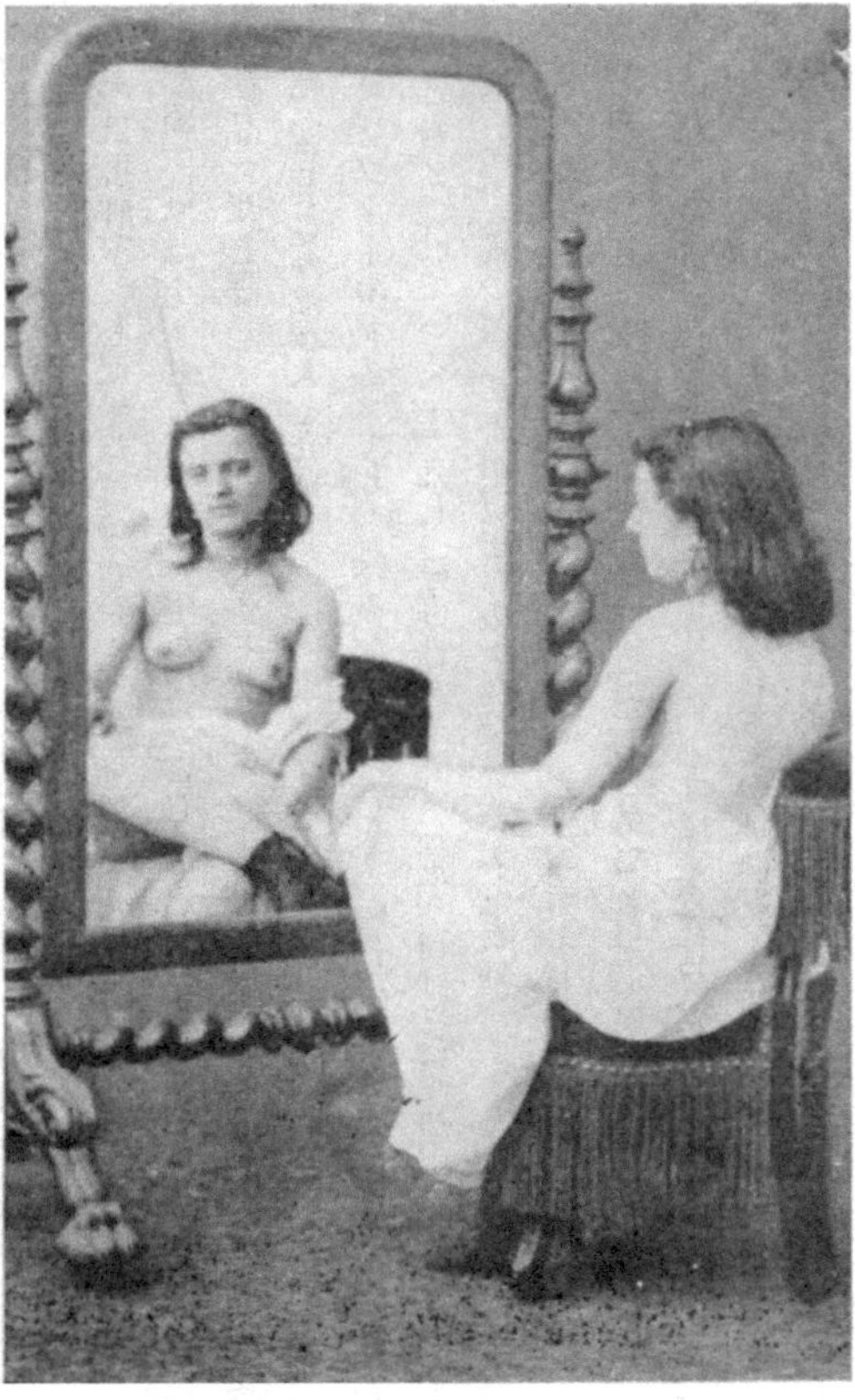

「モデル」。ミニョネット〔可愛い女〕と呼ばれた大衆写真。
1865年頃。

りにさせようとした。『テミドール』は商業的には大成功を収めたが、評判はかんばしくなかった。一八一五年五月十九日、パリ法院は同書に対し、風俗紊乱《びんらん》の廉《かど》で絶版の判決を言い渡す。一八二二年にも再度有罪になった『テミドール』の名誉回復にあずかって力あったのは批評家たちだった。シャルル・モンスレ〔一八二五〜八八。美食家詩人。『悪食大全』参照〕は、『テミドール』を「生き生きとした、匂いたつかのような筆づかいで書かれた作品」だと評し、オクターヴ・ユザンヌ〔十九世紀後半に活躍した文学者・愛書家。十七世紀の忘れられた詩人を発掘した〕は、「ゴダールのロゼットは、褒めすぎの感のあるアベ・プレヴォーのマノンより、はるかに愛らしく一層真実にちかい十八世紀的女性である」と書きつけている〔一九七〇年以降も三度にわたり刊行されたが、いずれも時をおかずして絶版になったが、二〇一六年現在、あまたの版で入手可能〕。

一八八二年三月、ギー・ド・モーパッサンは『テミドール』の再刊〔モーパッサン序文〕に関して、「ゴーロワ」紙に書く。「たしかにこれは過度に卑猥である。極端に不道徳で、みだらな細部に満ちている。だが、何とすてきな作品だろう。ここにあるのは驚くべき優雅さだ。デコルテ姿の優雅さである。その趣に魅了されぬものがいようか！」。

一七四五年に書かれた、この「過度に卑猥」な作品で、ヒロインの胸はどう描かれているだろうか。「彼女はしどけない髪に、火色のドレスをまとい、下には白い絹のコルセットをつけていた。インドの刺繡《ししゅう》入りのドレスはいくらか胸を押さえつけてはいたが、ピン

コンスタンタン・ギー「市門を通る婦人のためのデコルテ」

で留《と》めてなかったので、彼女の魅力的な肢体をうかがうことができた」。

つぎに紹介する一節はこれよりも刺戟《しげき》的ではあるが、それでも、この作品がどうして有名かを考えれば、じつに慎ましやかであると言わねばなるまい。

「わたしの手はすでに薄ぎぬをめくっていた。

『やさしくしてね。手をかして。わたしがおくから』。

そう言うと彼女は私の手を、ふたつの雪花石膏《アルバートル》の林檎のうえに持っていった」

雪花石膏《アルバートル》は十八世紀から二十世紀にいたるまで、疑似的性愛表現には欠かせない常套句《じょうとうく》であった。

この慎ましいリベルタン小説とならんで検討してみたいのは、エロチシズム文学の傑作とも文学的ポルノグラフィーの最良の成果とも評されるある作品である。一七四八年、ロンドンで初版が刊行されて以来、数えきれぬほど、翻訳もされ、版を新たにし、盗作もされてきたその作品は『ある遊女の回想記』〔Memoirs of a Woman of Pleasure〕という。シニカルともいえるある娼婦《しょうふ》の打ち明け話を集めたかたちのこの小説は一般には『ファニー・ヒル』として知られているだろう。作者はジョン・クレランド。ウェストミンスター校で正規の学校教育を受けたあと、スミルナの英国領事をつとめる。大の旅行好きで、名うての放蕩者《ほうとうしゃ》だった。この尊敬すべき紳士は負債のため投獄されている時以外は、悪所に出入りし、娼婦たちのあいだで暮らした。

多くの批評家が、『ファニー・ヒル』の猥褻《わいせつ》さには目を向けず、ただ、「ロンドンの恋愛絵巻」とか「まさに興味深い資料」とだけ評した。一九一〇年、あまたある翻訳のひとつに序文を寄せたギョーム・アポリネールは、「シェーラザードが語ったような官能的な味わいの物語」と書きつけたし、一九五八年版〔イジドール・リジュー訳〕の序文を書いたジエラール・ボーエル〔一八八八〜一九六七。作家。デュマ・フィスの私生児〕は、これ以上ないというほどまじめな筆致で、「読み終えたあと、私たちの魂は平安につつまれる」とまで記している。

だが、果たしてそうだろうか。作者は最後こそ、それまで恋の情熱にとらわれてきたヒロインに、悪徳とはおよそ逆の生活を与えて小説を終えるものの〔ファニーはついに幸福な結婚をする〕、そこにいたるまでのあいだ、読者に魂の平安をもたらそうなどとはつゆほども思わなかったはずである。それどころか、さまざまな年齢の紳士淑女が、とりどりの姿勢でみせる秘所の解剖学的な精密きわまる描写を延々と続けたり、形状や色合い、大きさなどについて事細かに記述したりしているではないか。当然そこには乳房についての細かな記述もあまたみられる。

開巻まもなく、ファニーの乳房についての描写がある。ファニーは十五歳の孤児。ロンドンで幸運をつかむべく、田舎からやってきた彼女は、娼館につれて来られて、教育係のミス・フィービーにあれこれ手ほどきを受ける。その最初の手ほどきについて、ファニーはこう語る〔ファニーが自分の来歴をある婦人に手紙で書くという形式になっている〕。「私の乳房はかたくて、前に突き出ていましたが、まだふくらみはじめたばかりのふたつの小さい丘のようでした（それを乳房と呼ぶのはあまりに大胆かもしれないのですけれど）。とはいえ、もうさわりたいという気持ちにさせるらしくて、ミス・フィービーはしばらくわたしの胸に手をおいて、もてあそんでいました。（中略）蠟燭《ろうそく》が煌々《こうこう》と燃え、わたしのからだはそっくりその光に照らし出されていたのです。（中略）『だめよ』とミス・フィービーが言いました。『こんなにすてきな宝物を隠そうなんて思っちゃいけないわ。見る愉しみはさわる愉しみとおなじように大切なの（中略）生まれたばかりのあなたのおっぱいを目で食べちゃいたいくらい。キスしてもいいでしょう（中略）ああ、なんてしまったおっぱいなの。とってもすべすべしていてまっしろなのね（中略）それにかたちも最高よ』」。

ファニーは翌朝、「すっかり休まり、元気になって」目を覚ます。女主人から与えられた衣裳《いしょう》を試着する場面で、作者はフィービーを夢中にさせたファニーの乳房を再度詳しく描写する。「わたしのからだはすらりとしていて、細く、コルセットで締めつけなくても華奢《きゃしゃ》でしなやかでした。……わたしの胸は高く、しっかりとしていました。まるくてしまった乳房があるというよりも、まだそれが約束されたという段階ではありましたが、いずれその約束は果たされるはずのものでした」。

ついでファニーは、仕事仲間のポリーが客と愛しあうさまをこっそりぬすみ見て、ポリーの肉体の魅力について筆を費やす。「ポリーは立ったままで、何も身につけてはいませんでした。……十八歳は超えていなかったと思います。十分に成熟したゆたかな乳房はまるくてしっかりとしていましたし、コルセットがなくても垂れ下がったりせず、魅力にあふれていました。乳首はそれぞれ違った方向を向いて、お互いの距離をやさしく示しています」。

快楽の諸相を示そうという作者の意図によるのだろう、ファニーは別の娼館で働くことになる。そこで彼女は仲間の女たちを観察し、乳房について書き留めてゆく。こんな調子だ。

「ハリエットは小さくてまるくてかたい、輝くばかりに白い乳房をしていました（中略）。肌の肌理はこまかく、さわれば気持ちがいいに違いありません。乳首はまさしく薔薇の蕾でした」。

エミリーの乳房は白いが上にも白かったので、はやる客がコルサージュをひろげると、「部屋にもうひとつ明かりがともされたかのようでした。（中略）彼女の乳房はふくよかで完璧なまるみを帯びていたので、まるで大理石でかたちをとったかに思われたほどです。艶も光沢も大理石を思わせましたが、青みがかった静脈の白さによっていっそう白く映える肌のいきいきした明るい色合いには、どんなに白い大理石もかなわなかったことでしょう」。それればかりか、エミリーの乳房はめったにない弾力性を兼ね備えていた。「その若い男がふたつの丸みに触れると、つやつやしたすべらかな肌は手をのがれ、手は肌をすべります。男は乳房をつかむのですが、つかまれて凹《へこ》んだ弾力のあるエミリーの肉体は手を押し返し、つかまれた跡さえわからなくなります」。

ジョン・クレランドの書いたこの小説を全篇にわたって彩るのは、尻や下腹部や腿《もも》や白くて丸い乳房その他の描写である。それが最後に道徳に回帰して終わるというのはやはり驚きだと言わねばなるまい。ファニーは高らかにこう告げるのである、「わたしは悪徳のなす恥ずべき快楽よりも、無垢から発するいっそう高度なよろこびのほうを大切にしたいのです」と。

ヒロインにならったものか、クレランド自身、「道徳」的生活に回帰した。

彼はその後、教化的な小説二篇を書き、周囲の尊敬に囲まれて八十歳で死んだ（実は晩年は落魄《らくはく》の境遇にあったという。ちくま文庫版『ファニー・ヒル』（中野好之訳。海保眞夫解説。九四年）参照。なお、フランスでは戦後、数種の訳が、重複・新装版も含め二十数点出ている。今では電子版でも入手可能）。

『ファニー・ヒル』が翻訳されて、フランスの好事家を熱狂させていたころ、哀歌詩人アンドレ・シェニエ（一七六二～九四）は自作の詩のなかで、「鳩のような」胸が動くさまをうたう。

変わらぬボリューム——マネ「ガーターと女」。1878年。

然り、かのひとの赦しも得ぬに
有頂天たる汝《な》が口は
生まれそめしかのひとの
瑞々しき胸乳を味ははんとす
　胸の下にて帯にて留むる
　衣の下なる亜麻布の縁まで
二羽の真白き森鳩に
かくして男は突き進む
二羽の双子の鳥たちは
巣を同じうし、ともに育ちぬ
二羽ともに身をば隠しつつ
その嘴《くちばし》の色は薔薇いろ
熱き思ひを抑へかね
目は遠くから、かの鳥を逐《お》ふ
まこと見るものの心騒がす二羽の鳥かな

信じがたいことかもしれないが、清廉で、穏やかな自然派ベルナルダン・ド・サン・ピエール[*8]でさえ、乳房をうたった。いかにも『ポールとヴィルジニー』の作者らしく、モーリシャス島の風景を描写した一節だが、その目には山のかたちが乳房を暗示していると映

＊8　一七三七～一八一四。美しい自然にあふれたモーリシャス島で展開する悲恋物語『ポールとヴィルジニー』で有名。

「アトリエにて」。1870年頃の写真。

ったのだった。「山の稜線《りょうせん》が乳房のように丸い山がたくさんある。……いや、実際、それらの山は本物の乳房と同じと言ってもよい。大地に豊穣《ほうじょう》をもたらすあまたの川は山から流れてくる。そう、大地を潤すおもな河川の源はすべて山にあり、山は乳首のような尖端《せんたん》に雲をたなびかせて、川の源に水を与えているのである」。

ロマン派の文学者はこぞって乳房の魅力にとらわれ、それを讃えた。乳房に対する不変ともいえる、かような強迫観念をもっともみごとに表現したのは、ギュスターヴ・フローベール〔一八二一〜八〇〕である。一八三八年、フローベールは「頭に浮かんだことすべて」を紙に記そうと思い立ち、『ある狂人の手記』を書き上げる。そのとき彼はまだ十七歳になったかならないかの青年だった。

青年期のそうした夢想の堆積《たいせき》から、さらに『十一月』〔一八四二年執筆〕と『感情教育』第一稿〔一八四五年執筆〕が生まれたが、『感情教育』決定稿が完成したのは、その約三十年後、一八六九年のことであった。

『ある狂人の手記』でフローベールがきわめて真摯《しんし》に描き出しているのは、はじめて女性の乳房をしげしげと見た十五歳の少年が抱いた感動の念である。「マリアには子どもがいた。小さな女の赤ん坊だった。……マリアはその子に母乳を与えていたが、ある日、私はマリアが胸をあらわにして、乳房を子どもに与えている光景にでくわした。」

「それはぽっちゃりした丸い乳房で、燃え立つような褐色の肌に、青い静脈が浮き立って

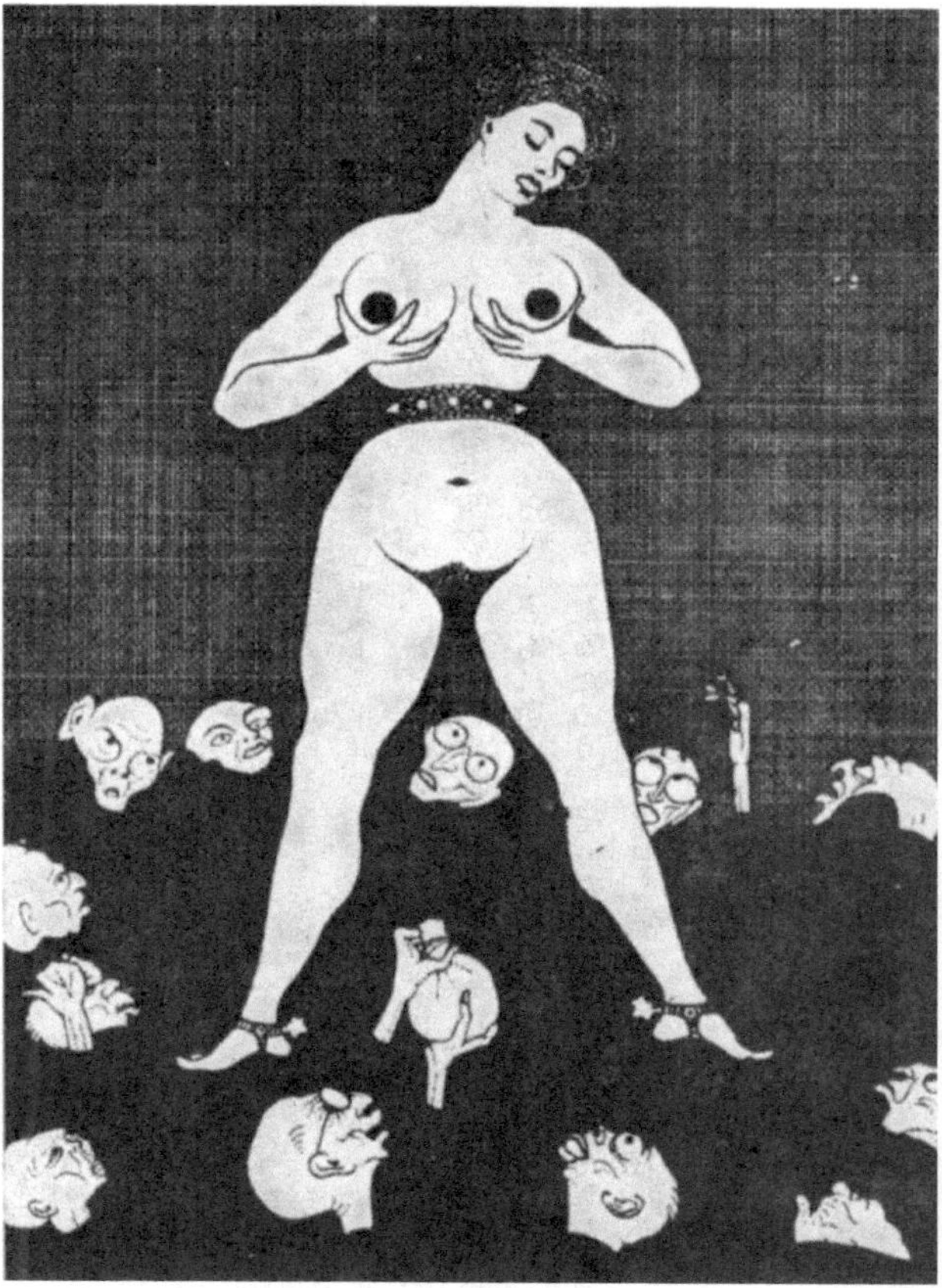

乳房とナルシシズム――マックス・フレーリッヒ「支配する女」。フックスとキントによる。1910年。

見えた。そのときまで私は女性の裸をみたことがなかった。ああ、その乳房を目の当たりにして私が味わった、あの特別な法悦状態を何と説明したらいいものか。かのひとの乳房を私の目はどれほどむさぼり見つめたことだろう。私はその肌にどれほど触れたかったことだろうか。もしその乳房に接吻などしようものなら、きっと我を忘れて齧《かじ》りついていたに違いない。私はその接吻が与えてくれる官能のよろこびを考えて、ただ陶然としていた……ふるえるかのように息づくその乳房を私はいつまでも飽かず見つめていた」〔第十一章。マリアのモデルとなった女性はフローベール生涯の「心の女性」になった〕。

思い出を綴《つづ》る十代のフローベールは、すでに四十男のような筆さばきである。「男の人生にはあまたの愛が存在する。四歳ならば、馬や陽のきらめきや花、きらきら光る武具や軍服などが好きになる。十歳ならば、ともに遊んでくれる少女。十三歳になれば、ふくよかな胸をした大柄な女を愛するようになるだろう。そうなのだ、十代の男たちが熱愛するものは白くてくすんだ感じの女の胸だからである。マロも歌っているではないか。

卵にまして白き乳房
新しき白絹のごとき乳房

と。

ローレンス「比較」。ジャニネの版画。1786年。

あらわになった女の乳房をはじめてみたとき、私は危うく気を失いかけたほどである」〔『狂人の手記』第十五章。ロミの引用は原文と異なる部分があるので、ここはフローベールの原文に則して訳した〕。

テオフィル・ゴーチエ〔一八一一~七二〕も、種類こそ違え、乳房に対する強迫観念を示したひとりだった。サロンの常連たちから「女会長《プレジダント》」と呼ばれていたサバチエ夫人〔一八二二~八九。ロミ『悪食大全』参照〕にあてて、ゴーチエがイタリアで書いた「奔放な《リーブル》」手紙には、虚実とりまぜた乳房の話題がたくさん登場する。*9「スイスのヴァレ州で、私たちは私の夢想していた女性、すなわち、乳房の三つある女人に出会いました。もっとも、三つ目は甲状腺腫《こうじょうせんしゅ》で、それだけが固いふくらみだったのですけれど」。

夫人のいわゆる「優しいテオ」、ゴーチエはヴェネチアで、「結局はかなり美人といっていい」十八歳の娘と知りあったと手紙に書きつける。その少女の隠れたる宝について詳細に書いている部分から引こう。「紐《ひも》が何本か緩んでいたので、コルセットからその娘の乳房を出してやりました。大きくて、まあまあしまったほうだったでしょうか。色は抜けるように白く、青い静脈が浮き出ていました。乳首は小さくて、薔薇色。乳首をかこむ大きな乳暈は紫陽花《あじさい》色をしていました。乳で張った乳房はまるでルーベンスの裸婦の乳房のようでしたよ。そうそう、言い忘れていましたが、その娘は気の毒なことに、すでに妊娠していたのです」。

ローマでは、女たちが威風堂々とした美しさを放っていることに驚いたようで、こんな言葉を残している。「ローマの女たちはともかく大きいのです。美術館の台座から下りてきたかのようだったと言えばいいでしょうか。昂然と突き出た女たちの胸を支えるには鉄を入れたコルセットが必要でしょう。それはルーベンス風の垂れ下がってぶらぶら揺れる

＊9 『女会長への手紙』。パスカル・ピア編。貴重本刊行会。パリ。一九六〇年。

A・ルジュンヌ「比較」。パリ、1883年の美術展。

大きな乳房でもないし、いつも揺れているフランドル地方の大きな膠桶《にかわおけ》のような乳房でもありません。ましてや、ヨルダンス〔フランドルの画家。一五九三〜一六七八。『悪食大全』『おなら大全』のカバー絵参照〕の「バッコス祭」にみられるような、胸の高みから山なす腹部や下腹部の谷に向かってナイアガラのごとく一気に流れおちる肉の滝などではないのです。それを形容するには一種類の言葉だけでは足りません。言うなれば、ローマの女たちの乳房というのは、おなかの上についた二番目のお尻か、伏せて置いたふたつの巨大な

上／ルイ・ルグラン「私の好きな7月14日のデコレーション」(「クーリエ・フランセ」紙、1889年)
下／ポール・シニャック「おしろい」。1893年。

壺であり、さらに言えば、肉体のかたちをとったカピトリウムの丘とパラティヌスの丘〔ともにローマの有名な丘〕にほかならないのです」。

こうした審美的な言葉のあとには、度外れてエロチックな挿話が続いた。サバチエ夫人を喜ばすためである。「この間の晩、あるうら若い美女が訪ねてきました。最初のうちこそあれこれ体裁をつくろっていましたが、私たちが警察のイヌでないことがわかると、服を脱ぎ、私たちが彼女の魅力的な肉体を直接愛撫することができるように、コルセットをも外してくれたのです。ところがそのとたんその娘の乳房が部屋で爆発。床を抜いて、コンドッティ通りを越え、コルソ通りからヴェネツィア広場〔いずれもローマ中心部にある〕まで達したのですから、いやはや、たいへんでした。私たちはといえば、そのおかげでデュパティ〔おそらくは同時代のオペラ・コミックの作者エマニュエル・デュパティを指す。一七七五～一八五一〕風に『百合と薔薇』の洪水とに埋もれたしだいです」。

「L＊＊＊の奴は、ゴルドー峡谷〔スイスの地名〕の二つの山が崩れたかのような圧力に押し潰《つぶ》され、グリーンの気球に負けないくらい大きな円球に挟まって、銀色をまぶしたような卵白状の粘液を狭い峡谷に放ってしまいました。私はどうにかこうにか難を逃れましたが、それはもしLがその山崩れのなかで息絶えるようなことになった場合、墓碑銘を書かなくてはいけませんからね。もっともLの奴、こういうやり方なら梅毒は大丈夫だけれど、疥癬《かいせん》はやっぱり心配になるなあなどと言っていましたが」

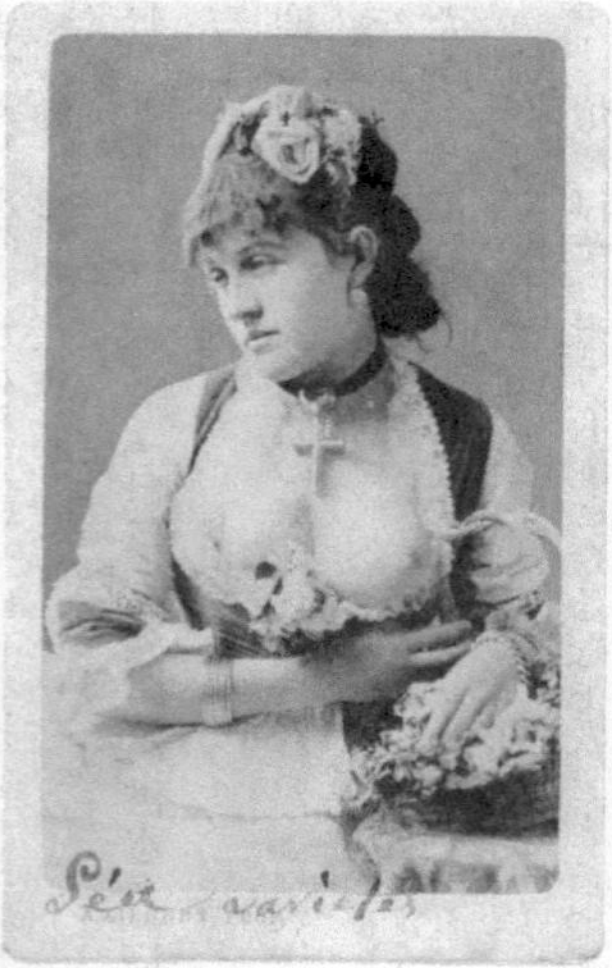

写真の時代——A・リベール「ヴァリエテ座のレア」。1886年。

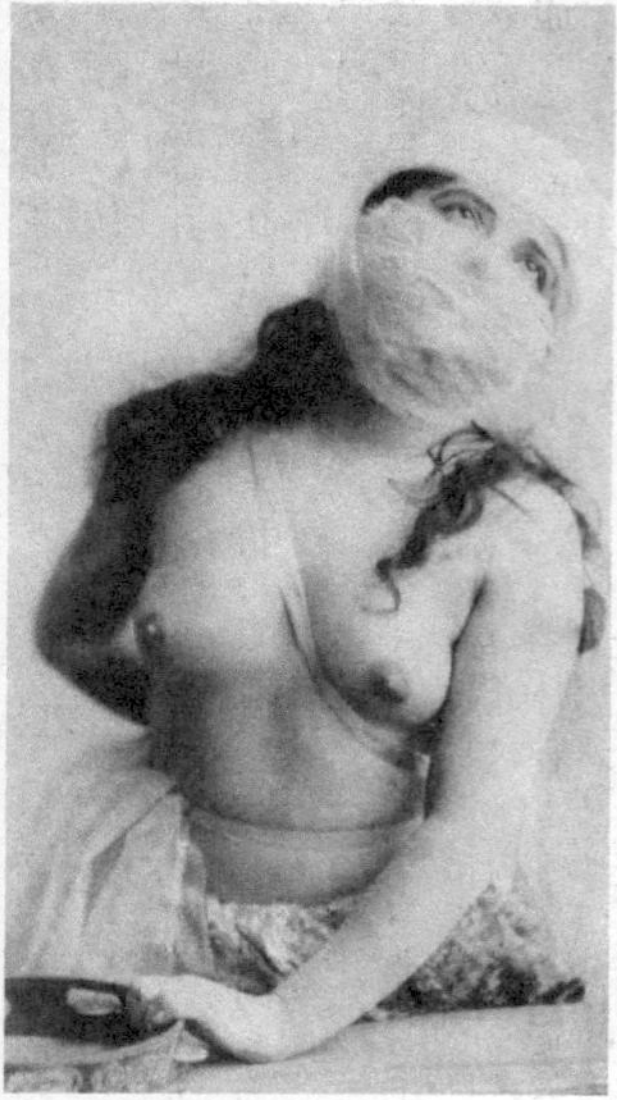

B・ゲラール「異国の踊り子」

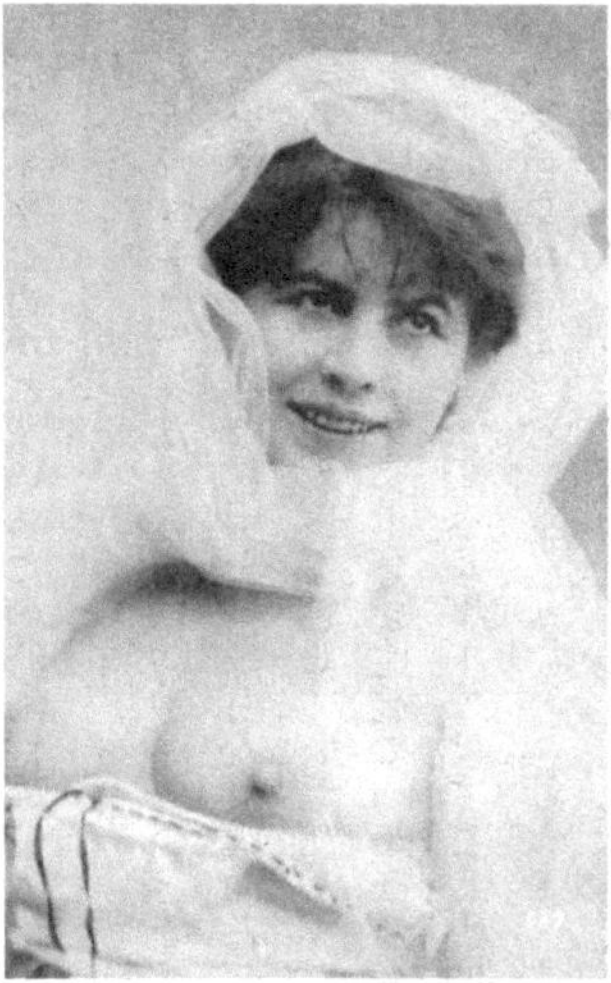

「供物」。1896 年。右と同様、撮影者不明で市場に出まわった。

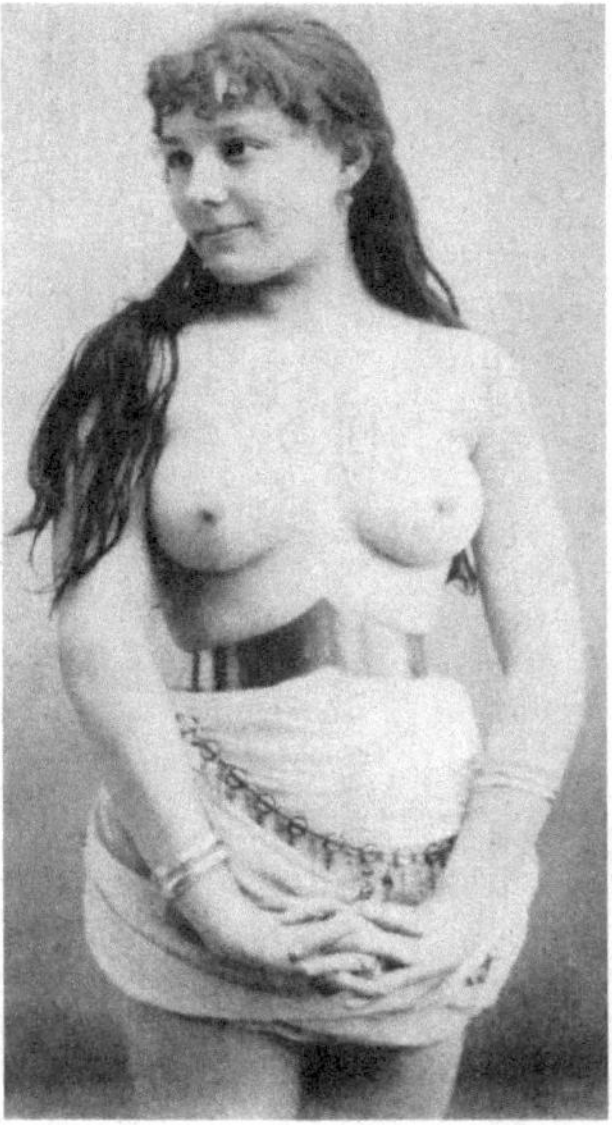

「美しい女奴隷」。1890 年。撮影者不明で市場に出まわった。

L＊＊＊と書かれているこの心配性の友人は、ゴーチエの崇拝者のひとり、ルイ・ド・コルムナン〔男爵。一八二六～六七〕である。ルイは当時二十四歳で、「プレス」紙に連載中のドラマティックな小説の「助手《ネーグル》」をつとめていた。＊10

若いイタリア女性の乳房を、数百人の犠牲者を出した一八〇六年のゴルドーの山崩れに喩えるのはいくら何でも度を越していただろう。また、一八三六年、気球で英仏海峡を渡った英国の気球乗りグリーンを比喩につかうのもいかにも大袈裟《おおげさ》には違いない。

（ボードレールにも、『（ベルギーでは）ごく小柄な女の乳房の重さが何百キロもある』といった言葉がある）

テオフィル・ゴーチエは乳房のかたちはもとより、固さや色合いもなおざりにはしなかった。一八六六年三月二十八日付けのゴンクール兄弟の『日記』には、マチルド大公夫人邸の晩餐《ばんさん》会でなされた会話が詳しく書かれているので紹介しよう。「大公夫人邸ではデザートの際の会話がいつも恋愛談義になる。ゴーチエはさかんに若い娘の、紫陽花色をした乳首の描写をしていたが、そのうち、そんな話ばかりしているゴーチエにけしかけられたサント・ブーヴが、自分は性愛においてまだ『二回以上』したことはないなどと白状したりして、一同爆笑となった」。

混血の女ジャンヌ・デュヴァルの小麦色の乳房を愛したシャルル・ボードレール〔一八二一～六七〕は一風変わった比喩で、それを讃美している。

波形の着物を押して盛りあがる汝の乳房は、
誇らしき汝の乳房は、美しき戸棚なるかな。
　そのふくらめる鏡板は
楯のごとく光を受けとめ曇りなく輝きわたる。

＊10　一八三六年創刊。廉価で評判をとり、錚々《そうそう》たる執筆者を抱えていた。

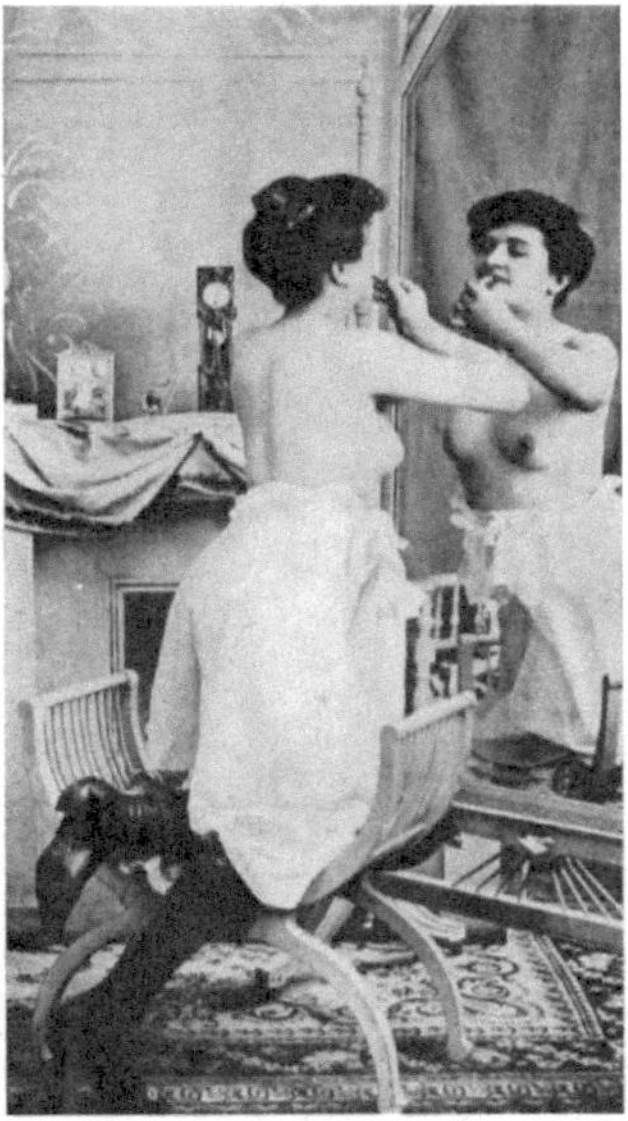
「鏡」（「藝術的ヌード」1905～10年）

薔薇色の鋲を具へて欲情を煽る楯よ！
頭脳や心を掻き乱す葡萄酒、香料、リキュールなど
　さまざまの楽しき品の
充ち満ちたる、甘き秘密を蔵する戸棚よ！

〔『悪の華』「美しき船」。村上菊一郎訳〕

ボードレールが女巨人の体を想像したのは、愛撫する女たちの肉体が自らの夢想と釣り合っていないと感じたときのことだろう。

その豊満なあだ姿を悠然として跋渉《ばっしょう》し、
巨大なる膝の斜面に這ひのぼり、
夏には屡々《しばしば》、不健康な日光に照らされて、
女巨人がけだるくも野づらを越えて寝そべるとき、
私は山裾に平和な里がまどろむやうに
乳房の蔭にのんびりと好んで昼寝をしたことであらう。

〔『悪の華』「女巨人」。村上訳〕

ポール・ヴェルレーヌ〔一八四四～九六〕は快楽においては多情で、しかも両刀使いだったが、生涯を通じて、女性の乳房をうたった。第二帝政〔一八五二～七〇〕の最後の年、内気な詩人は婚約者のマチルド・モーテに宛てて、一連の「卑小なる詩」を書く。マチルドは十六歳だった。ヴェルレーヌがひどく心乱れたのは当然だったろう。

きみのからだの優しさを何と言おう
雪の白さ、百合の純白にもたとえようか
淡い青めいた静脈の透けるきみの乳房よ
完璧な弧を描いて直立するふたつの乳房よ

二十年後、すなわち、一八八九年から一八九〇年にかけてのこと、肉欲にさいなまれたヴェルレーヌは「陰鬱《いんうつ》なる魂」を肉体の重みで圧しようとしてか、詩集『平行して』を書き綴る。それは彼に言わせると、「精神を糾弾する肉体の歌」であった。中には肌着から顔を出す、固い乳房、つんと尖った乳房を歌った詩もある。

栗色の髪をした女よ

我にいとふさはしき女よ
固き乳房を尖らせて
いくぶんは昂然と
我が卑しきたくらみを確信し
おまへは我が臥所《ふしど》に来たれり

肌着の下の固き乳房を尖らせて
いたるところで延々とつづくはずの
おまへの官能に約束された祭を誇らかに思ひつつ

揺れながらも前に突き出るこうした「おっぱいの先」は「可哀相《ポーヴル》なレリアン（詩人自身による「ポール・ヴェルレーヌ」の綴り変え）」の夢想から離れることがなかった。

短き着物の下にありて
堕落してゆくおまへの体
——重たげに上を向き
前に突き出たおまへの乳房よ

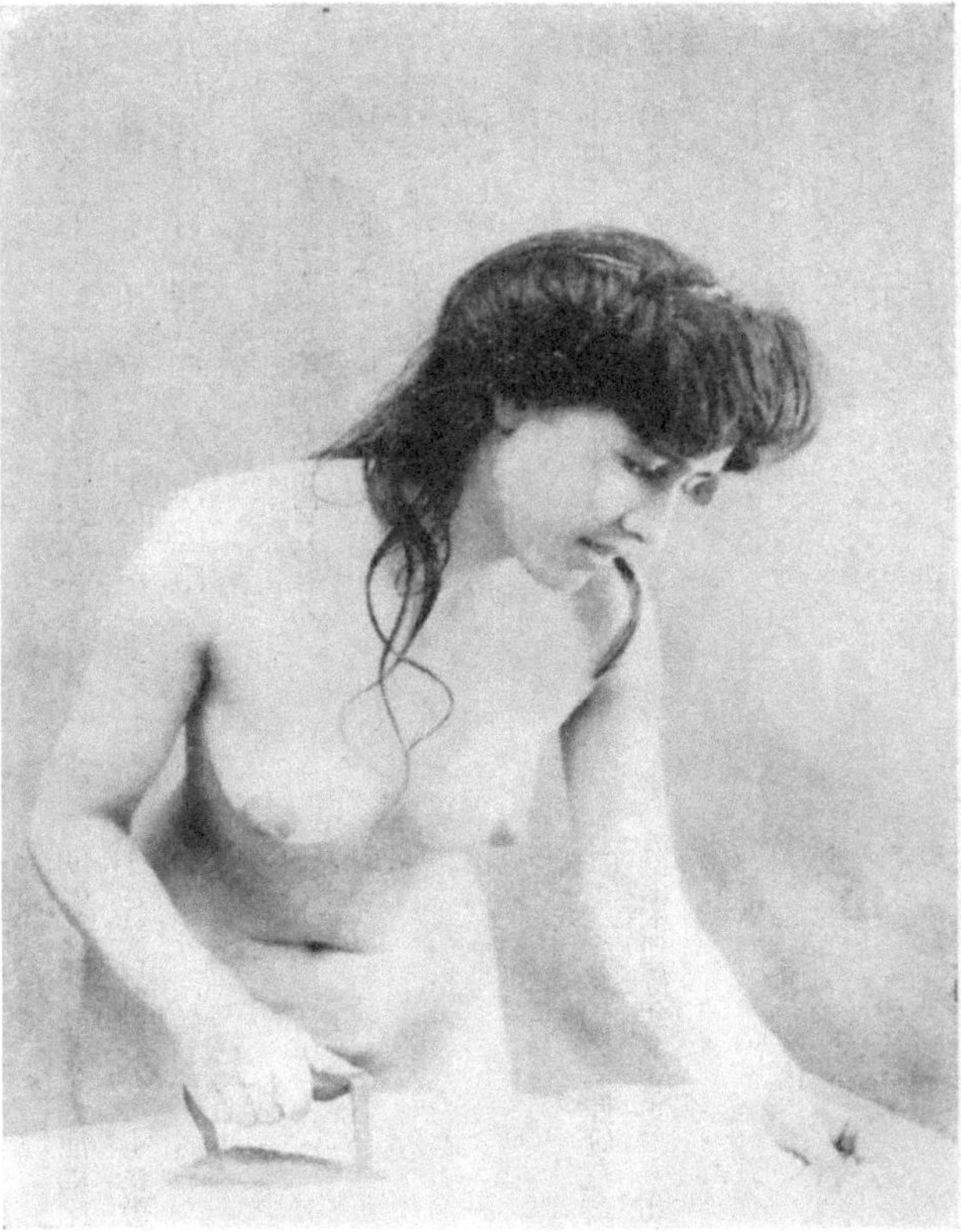

「もっと私を近くで見たいなら、ま《ル》た来《バ》てね《セ》」〔「アイ《ル》ロン《バ》をかけ《セ》る」との洒落〕。1909年。

詩集『女たち』に含まれる淫猥な詩もこれらと同時期の作品である。他に比類ない大胆なこの詩集にも、重たげで果敢な乳房があらわれる。小さげな乳房もともに歌われた一八八九年九月五日の詩から。題して「冷たいと言われる女に」。

春を迎えし王女か英国女を思わせる
可愛き胸までも[*11]
優美で艶なるさまを湛える
誇らしげなるきみの乳房までも

同年十月三十日、ヴェルレーヌは乳房と「乳房の姉」である臀部《でんぶ》に捧げた詩「四つの部分」を書く（ヴェルレーヌ『淫詩集』。エチヤンブル序。貴重本刊行会、パリ、一九六一年）。

乳房よ、海の青と乳いろの二つの山よ
褐色の頂映える山よ
おまえの求むる谷
はたまた聖なる森の何とすばらしいことか

乳房よ、おまえの愛らしい先は生ける果実
よき富に酔う舌と脣《くち》とになぶられて
(中略)
乳房よ、手は可愛いおまえをいとおしみ
もうすっかり夢見心地か
　重たげで果敢な乳房は
　たとえば誇らしげにあたりを睥睨する若芽
左右に、上下に揺れ動き、力充ち満ち、あたかも敵なし
あがめる我らを斜めにみながら

尻よ、もっと自然で
もっと親切な姉、ほほえみは妹同様
そう、尻よ、乳房の姉よ

一八九一年上梓《じょうし》された詩集『女に捧げる歌』には、またしても「わが熱愛する」乳房の

＊11　ロミは「小さき」としている。

讃歌が綴られる。

うるわしの乳房
誇らかなかたちをなす乳房よ
苺の先のきみが乳房の永遠なるを

そのあとに列挙されるのが、詩人が手にした限りの、恋人の宝の数々である。

私が豊かなのはきみの美しいまなざしのせい
きみの胸のせい
途方もなく官能的な巣にして
象牙の臥所《ふしど》たるきみの胸のせい

ヴェルレーヌは力強い乳房、昂然と反りかえった固い乳房に文字通りとり憑かれていた。

女が臥所に来たれるや
反りかえりし形よき乳房は

「ディヴァン・ジャポネ」のプログラム。モーリス・ミリエール絵。

薫る下着のしたにてはちきれんとす
唯一真なる薫りに、女の体はすでにうっとり

乳房について語るとなれば、たとえ卑俗きわまる言い方になったとしても、あらゆる題材が可能になる。『女に捧げる歌』第二十番は、蚤探しの歌である。

きみはいま
ゆったりと
両手でひろげた肌着のしたの
固い乳房のあいだを目で探す
けれど獲物は見つからない
いつものことだけれどね
でももうやめてもいいじゃないか
きみの行為はぼくを悩ませ、苦しめるのだ
嘘なものか、本当さ

卑しい街の女に捧げられた詩「娼婦たち」の次の四行を見れば、「呪われた詩人[*12]」ヴェルレ

ーヌの同時代にもてはやされていた乳房がどういうものであったかを知ることができよう。

黒き帳《とばり》のもと
おまえはすっくと立つ
たしかにぼくらを騙すわけでなくとも
ぼくらは見なくては済まさぬ
締まっているが弾力に富み、男心を思わずそそる
おまえのゆたかなおっぱいを

詩集『カードゲーム《オンブル》』（原題 Hombres は十七世紀に大流行したトランプ遊びの一種だが、発音が「影」と同音。また、中に同性愛の詩もあることから、「男」homme にかけてある）冒頭にはこんな告白めいた言葉がある。

その尻は（そして乳房は）、ぼくらの愛撫のかよう場所

＊12　ヴェルレーヌ自身の言葉。才能にあふれながら、同時代の無知のために不遇に終わった詩人たちを指す。

跪《ひざまず》いて口づけよう、水門の口も舐《な》めよう
指がまさぐり、もうひとつの井戸を探るあいだ
うるわしい乳房をいたずらに休ませるわけがないではないか*13

フランソワ・コペー〔一八四二～一九〇八。民衆詩人〕は十代の少女が好きだった。それは亜麻布でできたコルセットについて書かれたこんな詩をみれば、容易に推測ができよう。

ほんとうさ、正直で優しいやつだと思ってた
簡素だけれど細身で小さな、亜麻布製のコルセットをね
ところが昨日からもう店にない
察するところ、今ごろは
可愛いけれど萎黄病《いおう》の気のある
近所の女の子の愛らしいからだを包んでいるのにちがいない
何だか、心がなごまないか
今ごろあいつが
おぼこ娘のきれいなお乳を包んでいるなんて
きっと昼間は働いてるのさ、その女の子は

それとも門番の娘かもしれない
「恋っていったい何かしら」なんてこっそり考えているのさ
そのうち、あの小さなコルセットの下で
心がときめきはじめるのだろう

ジョゼ＝マリア・ド・エレディア〔一八四二～一九〇五。高踏派詩人〕の場合はもっと抒《じょ》情《じょう》的である。

きみ見ずや、幸多き朝《あした》に
白魚のごとき指がうちふるへ
華奢なる武具をしめるのを
そは薔薇色の胸乳をかくす絹のコルセットなりしが

一八九一年のサロン〔美術展〕に出展されたある絵を見たアルセーヌ・ウーセー〔一八一五～九六。コメディー・フランセーズ支配人などをつとめた文学者〕は、熱狂的なソネット

＊13　ロミは二、三行目を省いているが、原詩に従って訳した。

を書く。それは年刊「サロンの裸像」に収録された。

ローザ、きみの乳房をかたどって対の盃をつくりたいと思う
そうすれば双子の美にこの目はもっと酔うだろう
乳房から出る滋養あふれる乳のように
葡萄の甘き血をその盃からのみたいと切に思う

きみのお尻をかたどって大きな鉢をつくりたいと思う
彫金師のみごとな手により鏤《ちりば》められた
女と花とで鉢を飾ろう——たとい奇妙な装飾だとしても——
小夜鳴鳥《フィロメール》の歌のようにやさしく詩的ではないか

きみの手がうなじにかかる髪をはらうそのうなじに似せて
妙なる曲線のアンフォラ*14をつくりたいと思う
そうしてきみの肉体を永遠に残したいのだ、考えてもごらん

いつの日か、遠い時代に

きみのからだをかたどった器が見つかったときのことを
詩人はきっと叫ぶだろう――この宝はヴィーナスの肉体をかたどったにちがいないと

ボードレールの影響のもとに、暗い精神状態を歌った詩集『神経病』〔一八八三〕を発表したモーリス・ロリナ〔一八四六～一九〇三。詩人・音楽家〕は、二度幻覚症状に襲われたが、その間の時期には、「ルビーのような乳首でいっそう白く映える乳房」に対する執着を書きつけている。

丹精込めて私はつくった、指輪のように艶やかな詩を
きみの胸乳の輝きを永遠のものにするために
たぎりたつ私の欲望がつねに向かうきみの胸乳の輝きを
ああ、胸乳よ、いつまでもすこやかに花咲くがいい
きらめく玻璃《はり》の固い頂を誇って
悪意に満ちた俗世を永久にさげすむがいい
いとしきひとよ、きみの下着に薔薇色の蕾がこすれあうところを

＊14　二つ把手《とって》がある首長の古代ギリシアの壺。

私はまなざしで口づけるのみ
それだけでもう眩暈《めまい》が襲う
我慢できない！　きみはほほえみながら言うかのよう
「我慢しないで」
「わたしの胸乳は愉しむことが好きだから、あなたの脣がほしいわ
愛の涙で濡《ぬ》らしてほしいの」
きみがそれを私に与えなかった幾多の夜を償うために
きみはもう隠さない
隠すのはただ山羊《やぎ》が食《は》む茂みのごとく濃いきみの黒髪のみ
陶酔よきたれ、いまきみの胸乳はわが思いのまま
愛撫に耽る私の指は動きを止めたり震えたりして
ゆっくりと肌をすべってゆく
あるはまた、せわしげに花に羽をやすめる蜻蛉《かげろう》さながら
私の脣《くち》がきみの肌えを
物狂おしくさまようならば
心とろかす胸の先よ、きみらの色は朱に染まる！
乳房のルビーよ、きみらのおかげで乳房はひときわ白く映える

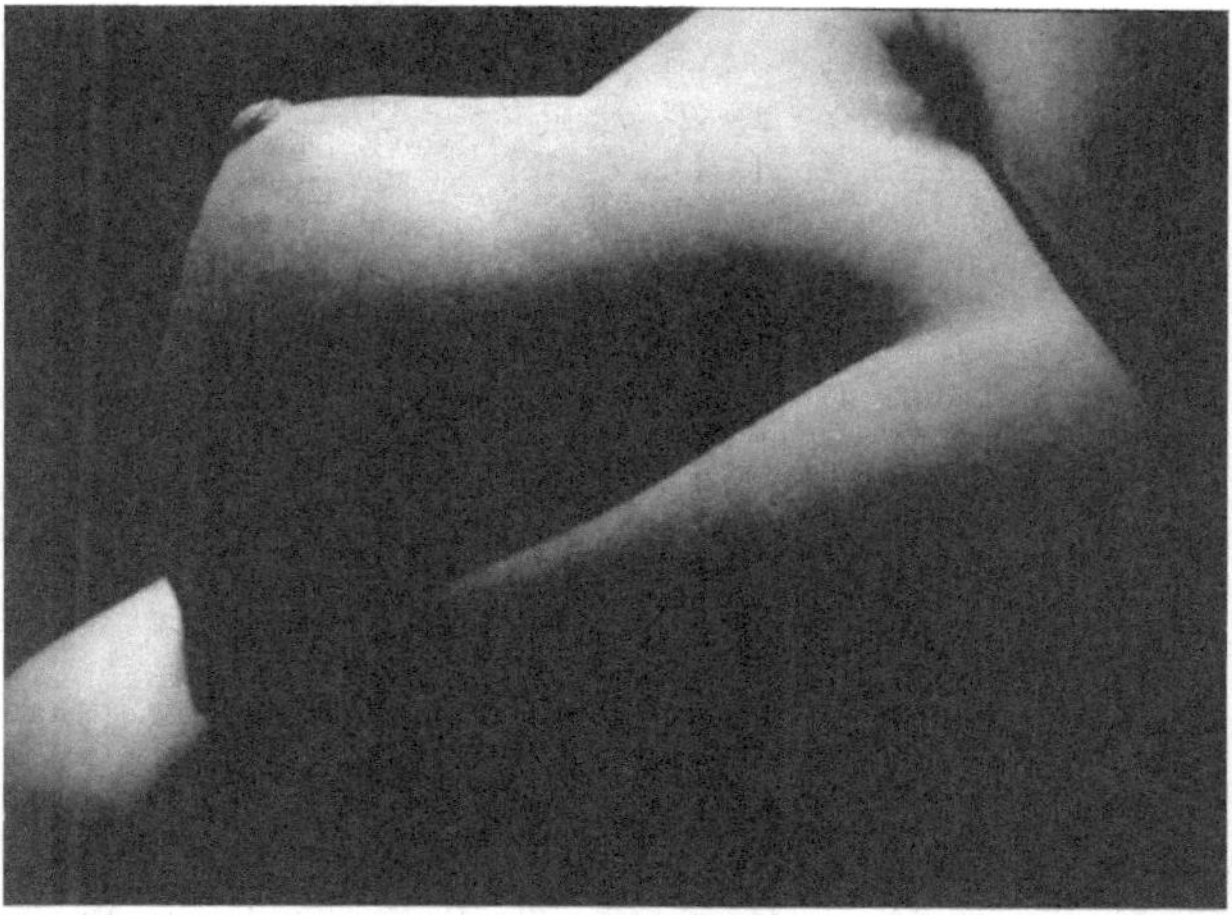

ロジェ＝ジャン・セガラ「乳房と腕」。1960年。

きみらはつんつん固くなり、私の
頬をつつくけれど
それはさながら悪戯《いたずら》好きな小鳥の
嘴ではないか

世紀末になると、商業主義に毒された文学は美術や小唄とおなじく、安手のエロチシズムに向かった。カフェ・コンセールの「おっぱい《ニション》」から、サロンに出品される美しい女奴隷の乳房の絵まで。あるいは、文学でも「モダン・スタイル」の小説〔ここでは世紀末の軽妙な小説を指す〕に見られるように、軽やかな薔薇色の乳房から抜け出した百合さながらに白い乳房に至るまで。

「肉体の酵母」やら「頭脳の絆《きずな》」といったテーマが当たったので、出版社は著者たちに、勤労者階級のために、嘘でもいいから優美な描写をするよう求めた。

当時盛名を馳せたルネ・メズロワ〔一八五六～一九一八。本名トゥーサン男爵〕などはさしずめその代表的存在であろう。乳房に対して「聖体パン《ホスチア》の透明さ」とか、「雪の冷たさ」「百合の花冠の柔らかな感触」といった形容をつけたのはメズロワであった。『悩める肉と心』で彼が書いた以下のような表現は無数の読者を夢見心地に誘ったことだろう。「彼女の胸乳は誇らかに上を向き、尖端は固かった。私は一輪の薔薇を留めるようにして、自分の心をそこに留めた」。「彼女の胸乳の尖端は上下していた、まるでおびえた鳩の嘴のように」。この優美な台詞《せりふ》も、やはりメズロワの作品中の言葉である。

ピエール・グレディは今日では忘却の淵《ふち》に沈んでいるが、当時は、『青い時』『死すべきキマイラ』といったロマンチックな題の小説で一世を風靡《ふうび》した作家である。当時の批評家は『最後の愛人』に「新しい美と現代的な大胆さ」を見出した。「月明かりのなかに、ぞくぞくするほど美しい恋人がいた。レースの肩掛の結び目がほどけて、白いウールの服の胸がふくらんでいるようすがよくわかった。フランソワは気が遠くなりそうになった。さきほど彼女が握ったフランソワの手はいまは彼女の腕から肩へとすべってゆき、(中略)すばらしい胸のさなかにひろがる熱い雪のなかへ沈みこんでいった」。

大衆がこうしたお伽話《とぎ》を夢中になって読んでいたころ、のちのアカデミー会員、モーリス・ドネー〔一八五九〜一九四五。劇作家〕は「シャ・ノワール」で、えり抜きの観客をまえにして、気の利いたバラードを披露していた。たとえば、一八九九年二月三日の「ジル・ブラース・イリュストレ」紙に載った「きみの乳房に」。

いま神聖なる運命の時にあたって
とうとうそんな恥ずかしいつとめに疲れたのだろう
やむなくきみの肌を覆ってきたきみの肌着も
恥ずかしいときみが感じて

きみの子どもみたいな足の下にすべりおちた
そしてこの目にあらわになったのは
女牧羊神《フォネス》の胸もかくやと思わせる誇らしげなる胸
きみの肌着が隠していたのは

まさしくあらんかぎりの若さの輝きだった
はだかの胸に私が見たのは

よく似た双子、乳のみ兄弟
発育のいいこどもたち

今風なのにくずれていなくて
丸くてかたくふくらんで
用心深いコルセットもなく
どうあればいいかを知っている

大理石、なのに絹、だけれど岩、なのにビロード
この難問をきみの乳房はやすやす解決
固さのなかに柔らかさを溶けあわせた
極上の出来具合、それも滅多にないような

(中略)

たとえれば、草原や平原の倦怠《けんたい》とは無縁の
雪積もる高原
あるいは無垢なるひとに対するように
この手をいっぱいにする豪奢な宝

火と燃えるきみの乳房に
わが愛情の渇きをいやすとき
私は神に感謝して思う
英国にはこんな宝はないだろうと

カフェ・コンセールの歌手のために作られたわけではない詩を集めた詩集でも、ポー

「エチュード」。1926年。(レオ出版)

オブセッションとユーモア。ポルシュ「風景」。「ローグ〔いたずらっ子〕」紙、1957年。

シルヴァースタイン「おおい、君！」（「プレイボーイ」誌、1959年）

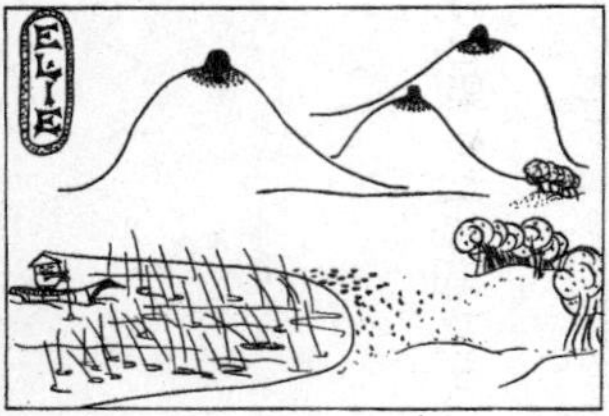

エリー「日本の風景」。「ル・リール」誌、1958年。

ル・マルチネなどは「ネネ〈néné〉」「ニション〔nichon〕」といった用語を使った。

薔薇のつぼみさながらみずみずしい
二人の小さな双子と言おうか
それとも小さなふたりのいたずらっ子と呼べばいいのか
とにかくきれいで、愛くるしいので
肌着のあいだに見え隠れしたとき
思わず知らず掌《てのひら》をあてていた
ぼくの発見に幸いあれ！

激しいぼくの愛撫に応えて
反り返ったり、動いたりして
上下するのを感じたが
これこそぼくの恋人のおっぱい《ネネ》
ときどきぼくの手を押し返し
「もうやめて」と言うけれど
すぐさまぼくの手はまた辿《たど》る

毎日の新聞にみられる乳房のフェチシズム。「私立探偵ロメオ」(「パリ・ジュール」紙、1958〜1965年)

右の大意は「ロメオ・ブラウンを誘惑して味方につけるわ。その目的のためなら何でもするわよ」。

ニトロ「金星〔ヴィーナス〕から来たんだよ、きっと」。「フランス・ディマンシュ」紙、1954年。

上／ミシェル・デジモン「リリートのヴァリアント」
右／乳房肥大症のフェチシズム。アメリカのコミック「ニュートリックス」。

恋人の乳房《ニション》への道を
マラルメ〔一八四二〜九八〕の弟子たちは相変わらず「象徴の森」をさすらっていたが、弟子のひとりサン・ポル＝ルー〔一八六一〜一九四〇。象徴派詩人として出発。のちシュルレアリストに評価された〕は一九〇三年、そんな森のなかでふしぎな乳房に出会う。
わが脣《くち》にかの乳房近づけり、乳色の聖なる光の
わが裡《うち》に入りて、わが精神を活気づけり
つれなさに萎《しぼ》みしわが肉体は、かく元に戻りき
恐らくは硫黄《いわう》の管を通しての業ならん
小窓から入りこむ潑溂《はつらつ》たる流れはいま
乳房を満たし、われをその中に浸さんとす
自然の聖なる血は夢のごとくにわが裡に入りたり
　まさしくわれの呑みしは太陽なりき！
帷《とばり》の裂け目より入りたる太陽をわれは呑みき
　乳房よ、永遠《とは》に栄えあれかし！

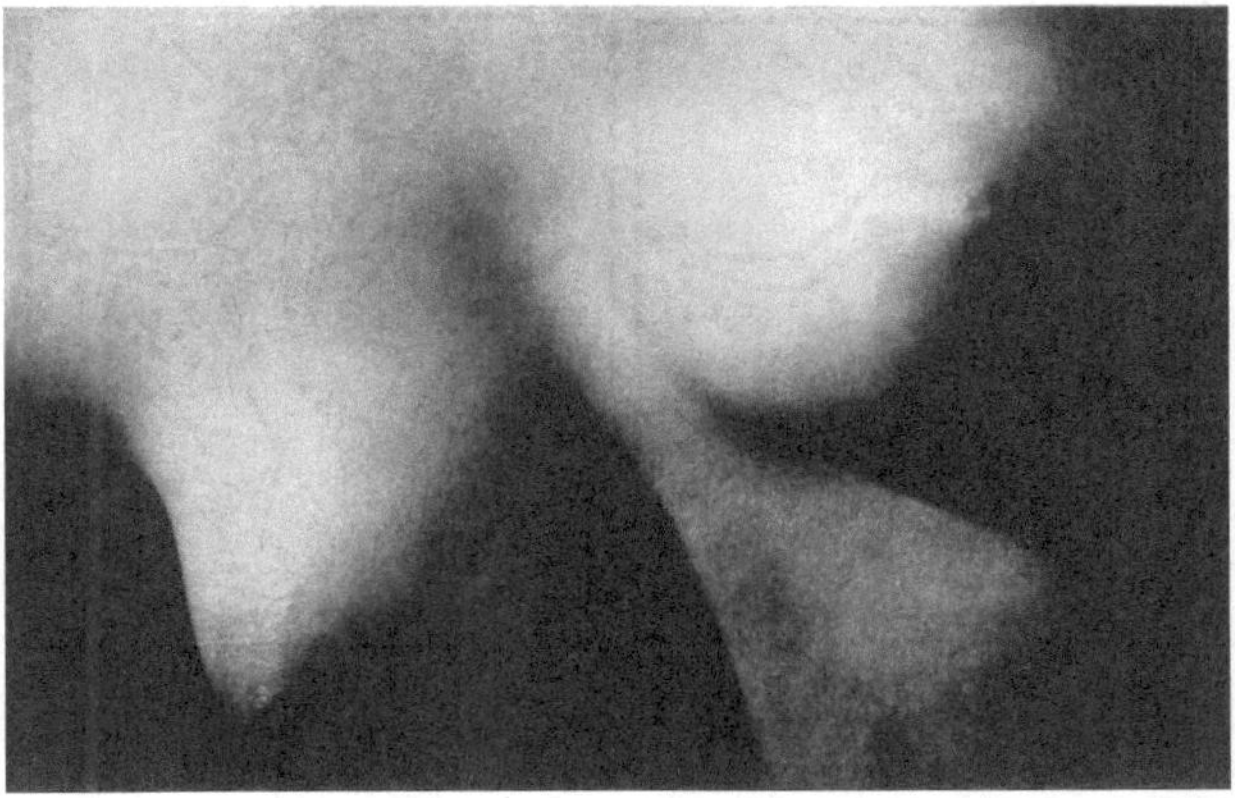

ロジェ＝ジャン・セガラ「優しさ」。ロジェ＝ジャン・セガラは写真における造形藝術の可能性を追求する点で、最も興味深い写真家のひとりである。「ビザール」誌第31号で彼の特集が組まれている（1963年）。

もしビリティスの作者でなければ、ピエール・ルイス〔一八七〇〜一九二五〕の名前はこれほどには知られていなかったであろう。架空の閨秀詩人に託して書かれた『ビリティスの歌』は女性の官能の喜びを高らかに歌った作品である。

「かの女《ひと》はおもむろにチュニカを片手でひらくと、おだやかで優しい乳房をわたしにさしだしたけれど、それはまるで女神の祭壇に生ける小鳩を捧げるかのようだった」

「好きになって、わたしの乳房を。わたしはとても好きよ。いとしくてたまらない小さなこどもたち。ひとりのときはかかりきり。一緒にあそ

一般社会の検閲——1947 年、英国で人気を博していたノーマン・ペットの漫画のヒロイン、ジェーンだが、この「ジェーンの冒険」がアメリカ、フランス、ドイツで出たとき、乳房が隠された。同様のことが、「私立探偵ロメオ」（330 ページ参照）にも起こった。

んで愉しませてあげるの」

「牛乳をかけてあげたり、花で白粉《おしろい》を塗ったりするのよ。乳首に親しいのは細いわたしの髪。いつも髪でふいてあげるから。愛撫するとふるえてしまう。いつもやわらかな羊毛につつんで寝かせてあげるわ」

（「ムナシディカの乳房」より）

ビリティスが自らの乳房を歌ったすばらしい詩も読み直しておこうか。

かつてあなたは心もたぬ大理石のようにかたくて、あたかも彫像の胸のように冷たかった。固さがとれて以来、わたしはいっそうあなたが愛しくてたまらないの。

むろん前から好きだったけれど。
ふっくらとして艶やかなあなたのかたちはわたしの褐色のからだの自慢のたね。金の網飾りに閉じこめても、はだかのままでも、あなたはいつもわたしの先をゆく、みごとなまでにね。

〔「彼女の乳房に」より〕

一九二〇年頃、スペインの作家ラモン・ゴメス・デ・ラ・セルナ〔一八八八～一九六三〕は乳房の心理学を詩のかたちで公にした。最初の仏訳は一九二三年。*15 訳者のヴァレリー・ラルボー〔一八八一～一九五七。小説家〕はゴメス・デ・ラ・セルナを、同時代を代表するもっとも目覚ましい文学者のひとりに数えている。小説、詩集、研究書、劇作品にまたがるゴメスの著作は、三十四歳のときにすでに五十九冊に及んだ〔生涯の著作は百冊を超えるという〕。

一冊の書物をまるまる女性の乳房の記述にあてるということ自体、世に稀《まれ》なことと言え

*15　その後何度か仏訳された。日本では抄訳だが堀口大学の名訳がある。『堀口大学全集』補巻二。近年、『乳房抄』の題で新訳が出た（平田渡訳）。

ようが、ゴメスはあらゆる乳房をうたった。愚かな乳房から親切な乳房まで。あるいは主婦の乳房から人魚の乳房まで〔以下の引用は堀口訳を踏襲せず、ロミの引いているままに訳す。堀口訳は抄訳であり、また、典拠たる仏訳本が異なるからである〕。

静けさでいっぱいの乳房がある
苦悩でいっぱいの乳房がある
別離でいっぱいの乳房がある
災いでいっぱいの乳房がある
毒でいっぱいの乳房がある
苛立ちでいっぱいの乳房がある
涙でいっぱいの乳房がある
夜の生活でいっぱいの乳房がある
慈悲でいっぱいの乳房がある
姦淫でいっぱいの乳房がある
溜めこんだ金でいっぱいの乳房がある
偽善でいっぱいの乳房がある
自家製ジャムでいっぱいの乳房がある

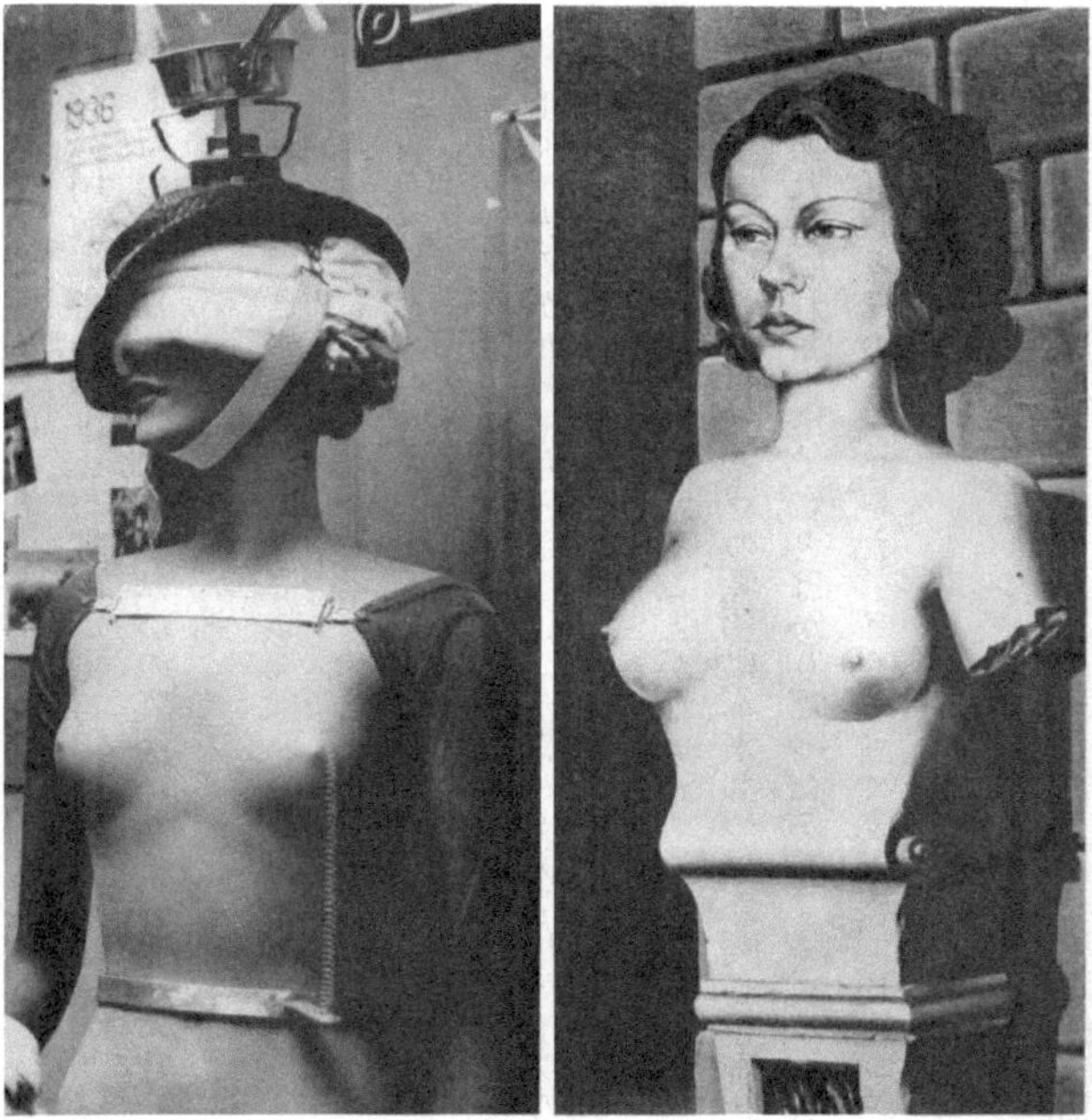

左／1937年、パリ、シュルレアリスム展。ロー・デュカの序文で紹介されている、ピレネーの先史文化の藝術家と、シュルレアリストによって現代化されたレオナルド・ダ・ヴィンチの仮説を具体化すると……（ロベール・ブネイユーン『シュルレアリスムのエロチシズム』参照）
右／フェリックス・ラビス「シモーヌ・エルマンの肖像」。1946年。

衒学趣味《げんがく》でいっぱいの乳房がある
狩猟用散弾でいっぱいの乳房がある
聖母の小さなメダルでいっぱいの乳房がある
儲けた金でいっぱいの乳房がある
みかけの白さのもと、黒さでいっぱいの乳房がある
気球のように、空気でいっぱいの乳房がある

（中略）

ありとある乳房のことを考えながら、イヴの乳房のことを考えた。豊満で肉づきがよく、赤みがかってざらざらした硬質の皮膚をしたイヴの乳房のことを。山に棲《す》む乳母の乳房のように、純粋で体によくて、並外れた乳を出すイヴの乳房。初めての乳の泉はその後も決して涸《か》れることがない。

アダムはしかし、イヴの乳房に本来もつべき関心を寄せなかった。なにしろほかにもあれやこれやと驚くことばかりだったから。イヴの乳房だけが胸の面に対して完全に直角にそそり立っていた。イヴのすぐあとだ、角度を増して垂れてきたのは。

イヴの乳房だけがプディング用の焼き型のかたちをそのまま保った。創造主はイヴの乳房をつくるために金属製の焼き型を用いた。その後焼き型は主の台所の壁に掛け

ルネ・マグリット「ローラ・ド・ヴァランスの乳房」。1948年。

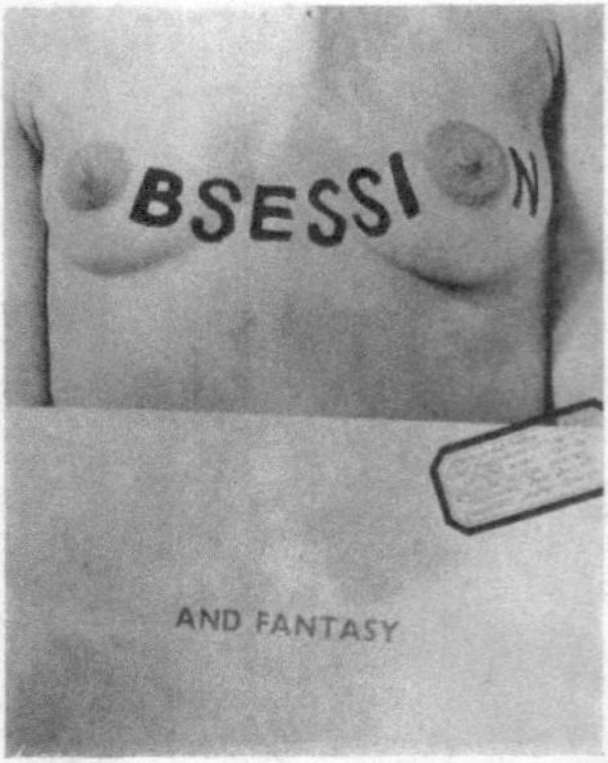

ロンドンの美術展ポスター「オブセッションとファンタジー」

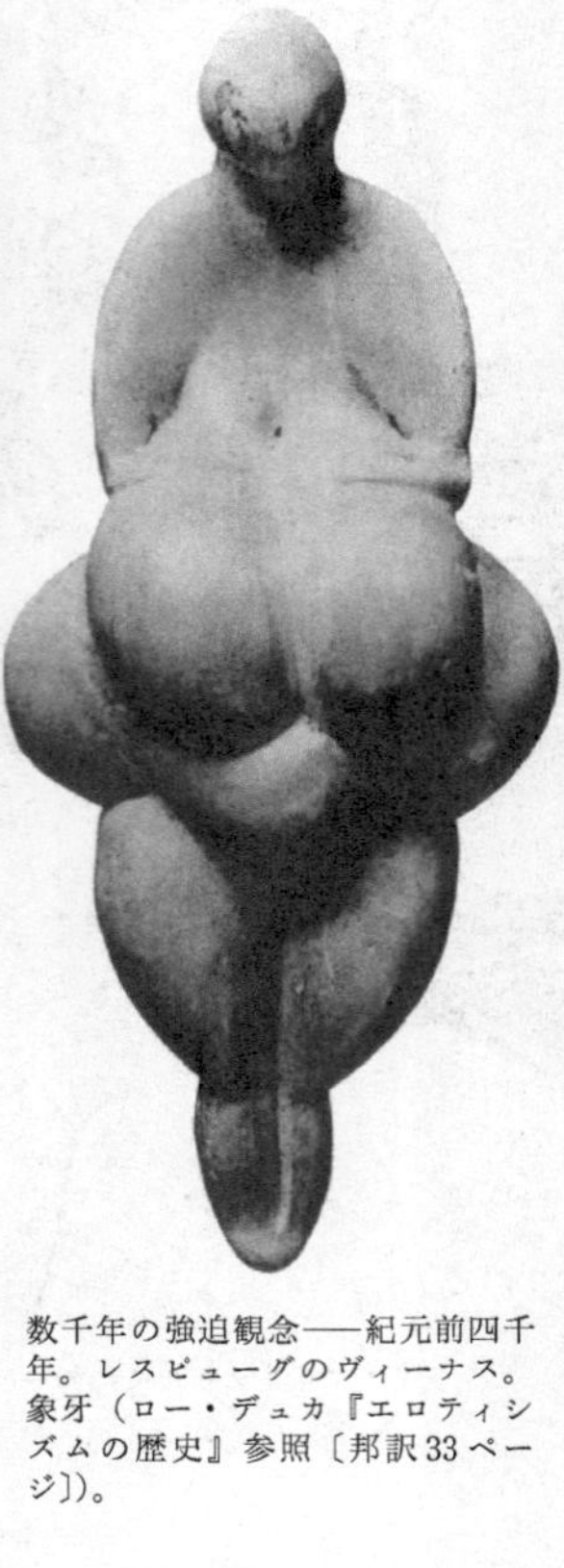

数千年の強迫観念——紀元前四千年。レスピューグのヴィーナス。象牙（ロー・デュカ『エロティシズムの歴史』参照〔邦訳33ページ〕）。

られたのだが。（中略）朝まだき頃、乳房には静謐《せいひつ》と諦念が漂っている。産後間もない産婦のようだ。誰も彼らのことを考えはしないだろう。あらゆる乳房が忘れられるなかで、とりわけて忘却の淵に沈んでいるのは掃除をしている女たちの乳房だ。ときどき、そんな女たちの部屋着の切れ目から乳房を垣間《かいま》みてしまった男だけが朝の乳房のことを考え、朝のこととて力が出ないにせよ、酒に酔うように、ほろ酔い気分になる。

朝、乳房は元気を取り戻す。すっかり夜が明けた頃、乳房は朝のシャワーを浴びて、体のなかから湧き出る朝露で満たされ、魅力たっぷりになる。夏の朝、生で食べるレタスが露にぬれて、潑溂としているように。

（略）朝の乳房は羽帚やはたき、鏡台や戸棚の奥やかまど、そのうえに身をかがめる衣裳箱、新聞、食器棚、食卓のうえ、化粧台の刳《く》り型とよく調和している。

朝の乳房は料理女が昼食のために買ったバナナとよく似ている。あるいは昼間の市場と似ている、どこかしら果物や野菜を思わせる点で。（略）

女中の乳房、それはひそかな奥深い感情を生む乳房。

朝の乳房は、家の中を自由に駆け回り、家をすこし陽気にする犬や猫と似ている。目に見えているのに、礼儀からか、それとも偽善的な政治力学が働いているのか、存在しないもののように考えられている。しかし、とりわけ朝の乳房は犬や猫以上に、家を陽気にするし、もっと親密な、もっと人間的な雰囲気を家に与えるのだ。朝の乳房は女中のように歌っている。ただし、歌い方、歌の種類はまったく違うけれども。そこにはあちらこちらに行き来する田舎の生活の優雅さがある。

それは田園の乳房、森の乳房。あるいは家の空気に味つけをする一種の玉葱《たまねぎ》。人間臭い、官能的な、しかも安価な玉葱。（略）

村の乳房は村に照る月のごとく、思いがけないほど寛大に、村の孤独と寂寥《せきりょう》を慰める。村の夜の闇を照らすのはそうした村の乳房。姿を隠しているから、人の目には見えないけれど、それを持っている者たちだけがまさぐりながら、遠くの町にあるあらゆる優美な品々を思い、金持ちが触れてたのしむ繻子《しゅす》のようにすべらかな手触りを夢見る。それだけが彼らに赦された気晴らしであり、乳房あるがゆえに、彼らは村にと

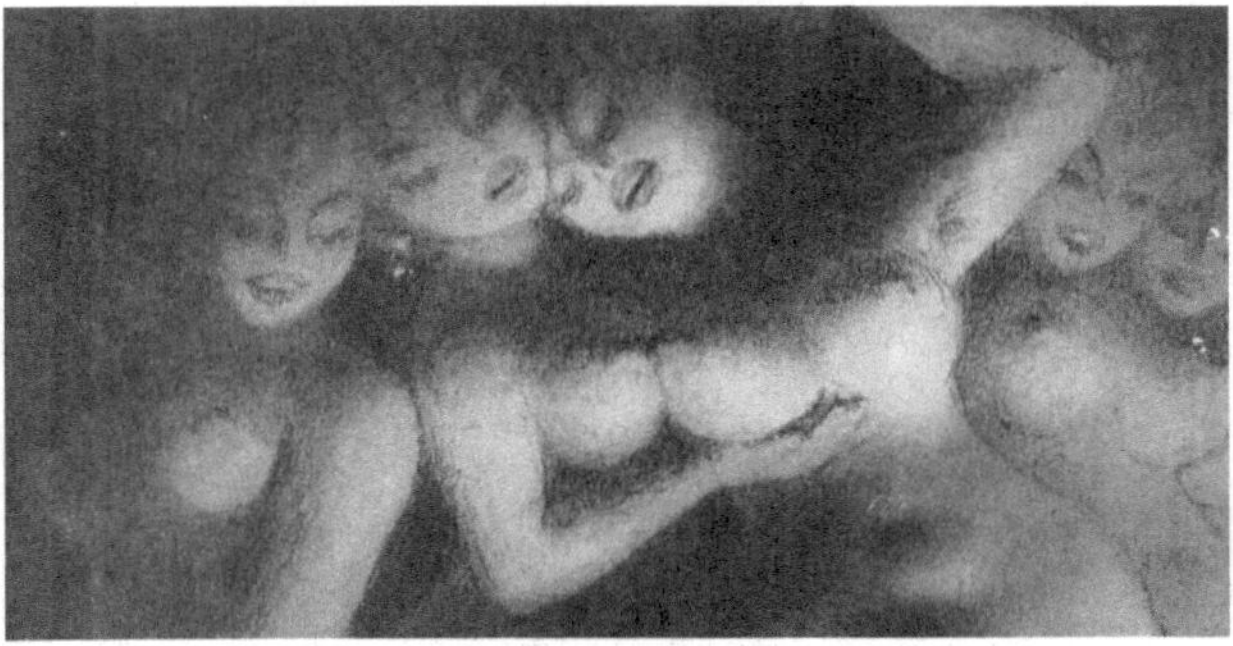

ステファン・ツェコフスキー「夢」。ポーランド、1964年。（アンドレイ・バナーフ『地獄、ポーランド篇』本叢書第18巻参照）

どまり、村に甘んじ、何かを待ち、おだやかに行き来することができるのだ。

ああ、もし乳房が町にしかなかったら、欲望と暴力に酔った猛々しい集団がどれほど町に駆けつけて、乳房を我がものにしようとすることだろう。

あらゆる女は、そう、平穏な生活を運命づけられている女も、波乱に富んだ生活がさだめの女も、乳房の魅力を最大限にひろげるために創案された舞踊《ダンス》を覚えなくてはならぬ。慎ましく、すばやいこの舞踊をすべての女たちが完璧に習得しなくてはならぬのだ。だが、その舞踊を知っていて、実践できるのはただ、専門の踊り子だけである。

乳房は舞踊《ダンス》の熱情をきわめて激しく感じて、ついにはとてつもない状態に陥る。互いに擦れあうところから火が生じて、まさに炎と燃えたつばかり。腕のように下がったり上がったり、まるでゴムで手に結ばれたボールみたいに、胸を離れて下に落ちたり、手から離れることなく勢いよく跳ね返ったり、もとの位置に戻ったり、あんなに遠くに離れていったのに、またもとの胸に戻ったりして。

舞踊《ダンス》のときの乳房はふぞろいで勝手きままだ。必ず、どちらかの方が長い、それも随分と。片方が下に向かうや、もう一方は上にのぼって、高みにとどまり、落ちるのを怖がっているかのよう。かくして、乳房が踊るのは、踊る女性の内側の、狭い舞台の上でのように羽目を外して髪振り乱した舞踊のみ。それはほかの踊りの中心に位置するダンス、恥を知らない中心の舞踊、絶望し、鞭《むち》打たれた踊り、苦しいのに情欲をそそるぶつかり合いにあふれた舞踊。踊り手の乳房がもみくちゃにされ、憔悴《しょうすい》して萎んでしまうかのようなダンス。（略）

舞踊《ダンス》の乳房は荒々しい海に似ている。波のうねりがうっとりさせる眩暈をひきおこすかのよう。（略）

人魚の乳房は悩ましげだった。水が絶え間なく流れていた。いつも幾筋もの細い水

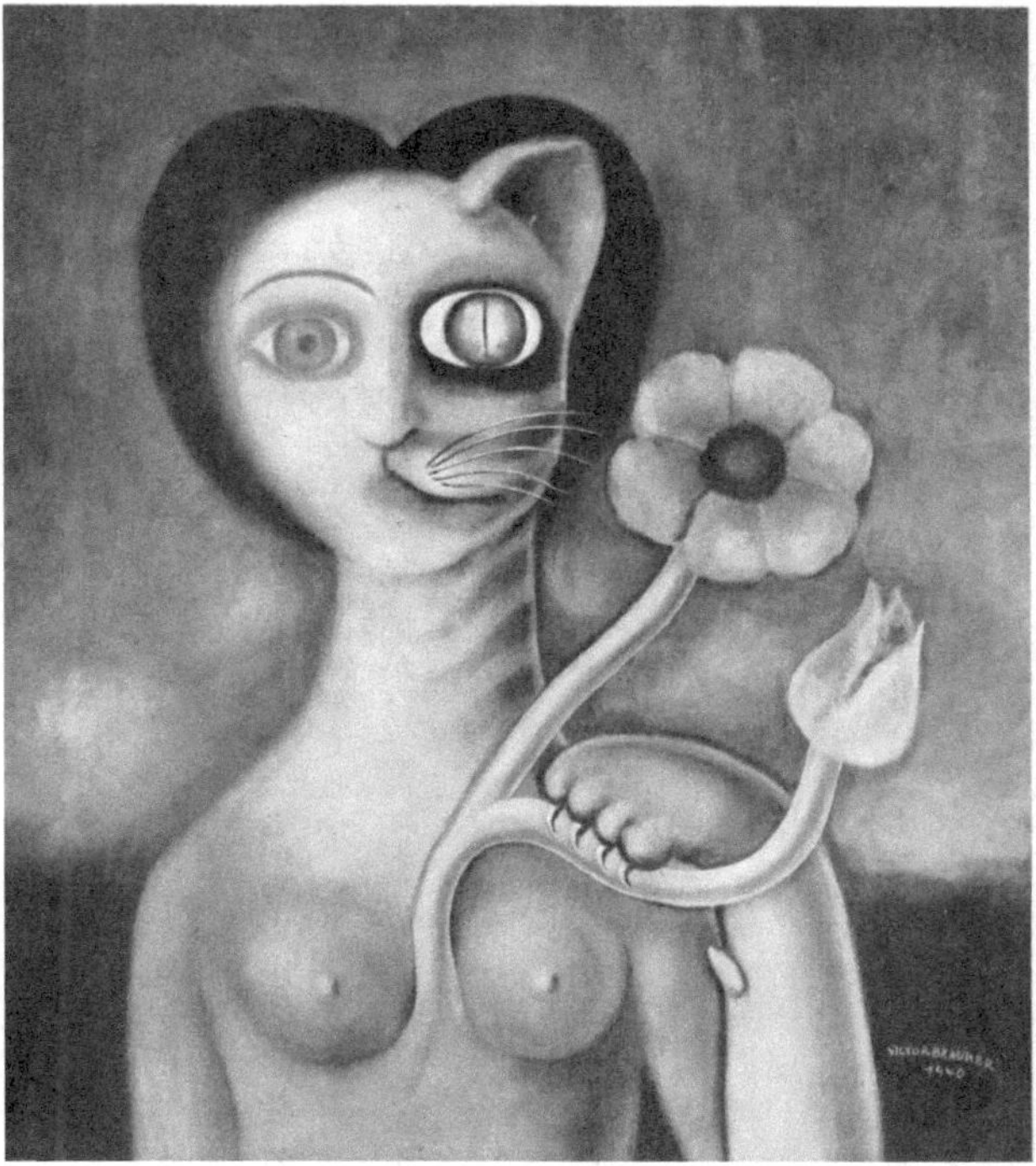

ヴィクトール・ブラウネル「猫女」の花咲く乳房。1940年。

が糸のように流れ、尖端まで届いていた。あたかも乳首が泉で、そこから一滴ずつ滴がでているようだった。いつも、どんなときでも濡れていたので、なまめかしく光り、八本の反射光を放って、その凸面になったつやつやした魅力を照らし出していた。人魚の乳房には強靭《きようじん》な海藻の性質があった。浜辺を歩いているときにふと拾い、捨てかねて愚かにも持ち帰って食べてしまいたいという欲求すら覚えるあの、粗野でぴちぴちした、女性的とも言える海藻の性質である。

人魚の乳房には、海に棲む大蛸《たこ》がぴったりと張りつき、いっかな離れようとせず、乳房をそっと押していた。

人魚の乳房は海豹《あざらし》の乳房を思わせた。どこか引き締まってはいるものの、肉づきがよくてぶよぶよした感じがつきまとった。人魚が自分で叩くと、ひたひたというさざ波の優しい音がした。

手に包みこむと、魚の重さを思わせた。二尾の赤魚のようだった。片手にひとつずつ取ると、魚特有の濃密でしまった、すこし金属的な、されど軽い重さが感じられた。どのようにつねってみても、手ごたえがあったし、決して不平を漏らすことはなかった。手ごたえがありすぎて、つねる方は思わず手をひっこめそうにもなっただろう。

豊穣の女神。バリ島。

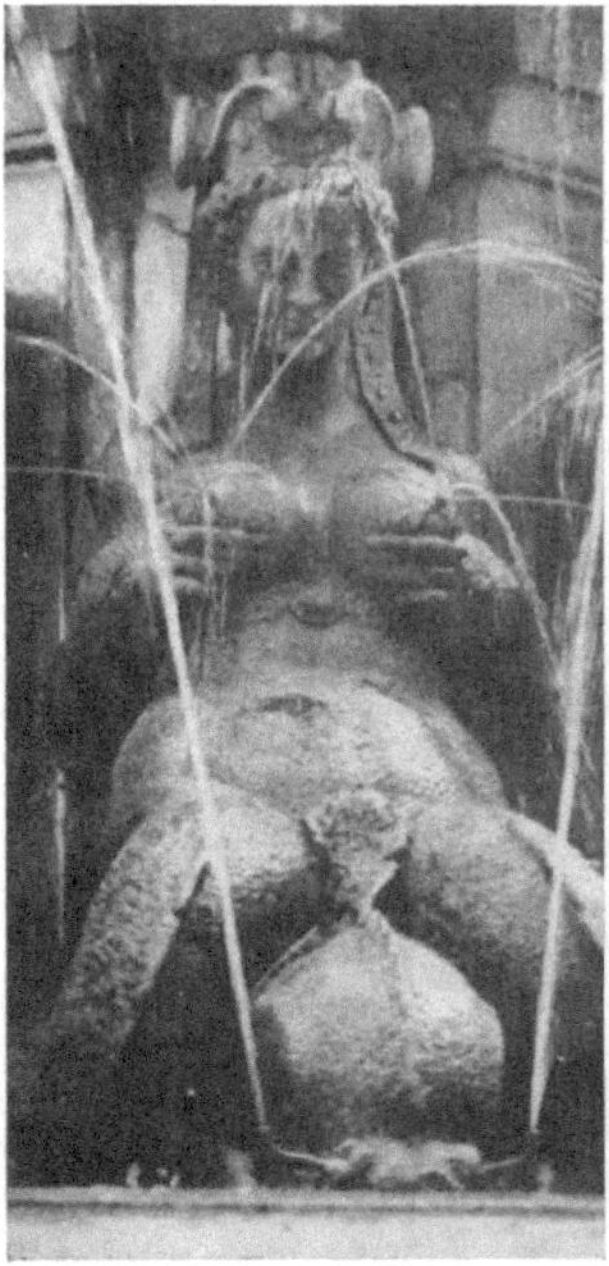

ジャンボローニャ「泉」。ボローニャの「ネプチューン」。

上／ヴィルヘルム・フォン・カウルバッハ「村の娘」。水彩。1880年。（オーストリア・リンツ・パッヒンガー展覧会）
左上／「パリジェンヌ」〔クレタ島出土の本作品があまりに現代的なので、こう呼ばれる〕。クノッソス宮殿。フレスコ画。
左下／エトルリアの胸。紀元前4世紀。

触れた男は、それを赦してくれた女の力を前にして、謙虚になり、いっそう感謝の思いに満ちあふれているようだった。

ラモン・ゴメス・デ・ラ・セルナが見落としたものがあっただろうか。小唄作者がしばしば歌にとりこんだ、舞踊《ダンス》における乳房の役割といった点をも、彼は見逃してはいない。

相手と抱きあって踊るとき、乳房は活気を取り戻し、本来の熱気をつよく感じて、内側から熱くなる。そのとき、触れ合いという行為は、もっと密着した接触に馴《な》れきっていた一部の乳房からは奪われていた、あらゆる無邪気さと礼儀正しさをふたたび乳房のものにしてくれるだろう。

舞踏場へゆく道を教えてくれるのは乳房である。たとえ、実際にそこまで連れてゆくのは脚だとしても、乳房は羅針盤のように道を指し示し、待ちきれぬかのようにふくらんで、走ってゆきたいという気持ち、早く着きたいという思いでいっぱいになる。芝居につれていってもらう子どもたちが、両親より足早に歩き、いつのまにか随分先まで行ってしまうのにも似て。

ワルツやポルカに早くも心とらわれた乳房は、耳よりも先に音楽の調べを聞き、ワルツを踊る女のやさしいコルサージュのなかで、その調べにあわせて左右に動く。舞踊《ダンス》の感動こそ、乳房のもっとも甘い感動であり、踊りのときにこそ、乳房は自らの欲望と他者の欲望とをひときわ強く感じることができる。そう、踊るときにこそ乳房はよろこびにふくらみ、かすかなふるえにとらわれるのだ。

ワルツを踊るとき、乳房は男の腕のうえで休息する。そのとき乳房は白鳥の首のようにも見える。

女を抱きしめてワルツを踊る男は、自分の考えが相手にさとられていると思っている。「彼女の乳房はぼくと向かい合わせになっている。ぼくにぴったりついている。ぼくに触れている。乳房がくずおれ、押し潰される。乳房はもう耐えられない。彼女の乳房が破裂しそうになっている」。

ワルツのとき、乳房は男にがむしゃらで果敢な闘いを挑む。肉体と肉体を寄せ、堂々と対峙《たいじ》しながら、すぐ近くから。

上流社会のワルツでは、デコルテ姿の切り込みのあたり、乳房が肌着と擦れ合うさまが見られる。だがそれは男にとっては、胸を刺す切っ先鋭い細身の匕首《あいくち》。

オルフェオ・タンブリ、ボードレール『悪の華』「呪はれたる女たち」の挿し絵。1962年。「また或る女は、聖アントワーヌが、熔岩のごとく涌き出づる／誘惑の露あらはなる赤き乳房を見たるといふ、／かの幻影の充ち満ちたる岩の間を横切りて／……」〔村上菊一郎訳〕

デコルテを着た女に近づくとき、男たちは眼下の乳房をもっとはっきり見ようとする。だが目が眩《くら》んでしまって、近づく前よりよく見えない。胸の丘のふもとのあたりにわだかまる影のせいで、乳房のふくらみがぼやけてしまうのかも知れない。

乳房にはどこかしら鈍いところがある。耳も口もだ。さらに言って知性や感受性という点においても。どんな男が乳房をいかにみごとに讃え、他の男たちがいかに平凡な讃辞しか連ねることができないか、乳房には決してわからないだろう。不公平きわまりないではないか。（略）

乳房は怪物の眼によく似ている。恐ろしいほど飛び出た目玉。巨大な蟇《ひきがえる》の眼（略）。

ときとしてこういうことはないだろうか。女の顔の印象がふっと消えることが。そういうとき、ぼくたちは自分がいかに汚れた存在であり、世界がいかに汚れていて、失われているかがわかる。世界がどんな義務を負っているかということも。（略）

乳房の尖端は手でいじっているうちに、木蓮の先のように黒ずむ。だが何があろうと、たとえ乳首が木蓮の先のように黒くなり、日焼けしたとしても、女はなおもうっ

とりするような魅力を放ってやまないだろう、おそらく。(略)

大きく切れこんだデコルテと両の乳房のあいだにできる影は、言うなれば影の花、

ヴァルガス「新世界の理想」。米国。1964年。彩色。「プレイボーイ」誌。

影のアイリス、理想の影、美を皮肉っぽく示すもの、乳房の鍵、ときには結婚にもたどりつく感じのよい小径、肉欲の谷間に迷いこむすべらかな道、小粋な手ほどき、淡い光をはかる物差し、慇懃《いんぎん》なる指示。（略）

女たちは、厳寒の冬にデコルテを着るのは危険だということを知っている。しかし、女たちの裡には、小なりと言えども自殺の欲求、若さの盛りで死にたいという思いがあるものだ。死が女たちのデコルテを気に入ったとするなら、女たちが死のあとを追いかけたとして、何の不思議があるだろう。

イエスに乳を与える聖母の絵を思いだしてほしい。イエスは片方の乳房から乳をのみながら、もう一方は手でまさぐっているに違いない。ちょうど子どもなら誰でもするように。（略）

ああ、もしイエスが男ではなくて女だったら、十字架にかけられたのは、どのような乳房だったことだろうか。それにしても、何と高貴な乳房であることよ！

戦争犯罪が悲壮な調子で歌われ、詩の女神たちも喪に服さざるを得なかった時代を経て、ダダの反抗とシュルレアリスムの革命がやってきた。それらによって詩人たちは、非合理なるものを愛するようになった。しかし、運動の立役者だったアンドレ・ブルトン〔一八

デルマン「二つの心に一つの部屋」。イタリア、1964年。

ワード「やさしく」。米国、1960年。

アンドレ・ルーヴェール「カレンダーで、あたし、聖人を探してるの」〔各日にはそれぞれ守護聖人（サン）がいる。「乳房（サン）」と同音〕（「ル・リール」誌、1900年）

ニトロ「説明不要」。「フランス・ディマンシュ」紙、1954年。

トーロ「パリジェンヌ」(「パリジェンヌ」紙、1964年)

「ミス・ジョーンズ、あなたの問題は本当に心理的なことですか？」。イタリア「カランドリーノ〔間抜けの意〕」誌、1964年。

ワード「夜の美女」。米国、1961年。

アブデノーア「それをつけるんだよ」。米国、1961年。

ゲイ「ヴィーナスのように」。英国。1962年。

ワード「反り返った巨乳」。「カランドリーノ」誌、1963年。

パメラ・アンヌ・ゴードン。「ギー・フィッツィ」誌、1960年。

九六〜一九六六）すら、美の讃歌を書こうとしたときは、奔放なイメージの蔭《かげ》に隠しつつも、愛する女の乳房という伝統的観念に頼らざるを得なかったようである。

精白《アンペルレ》[16]してない大麦のうなじをした私の
妻
ヴァル・ドール[17]のような胸をした私の
妻
谷川の急流を寝床にして逢《あ》った私の妻
夜の乳房をした私の妻
海の土竜《もぐら》塚のように小高い丘をなす乳
房をした私の妻
ルビーの坩堝《るつぼ》の乳房をした私の妻
朝露にぬれる薔薇の亡霊《スペクトル》[18]の乳房をした
私の妻

ジャン・ロバーツ。「プレイボーイ」誌のプレイメイト。1962年。

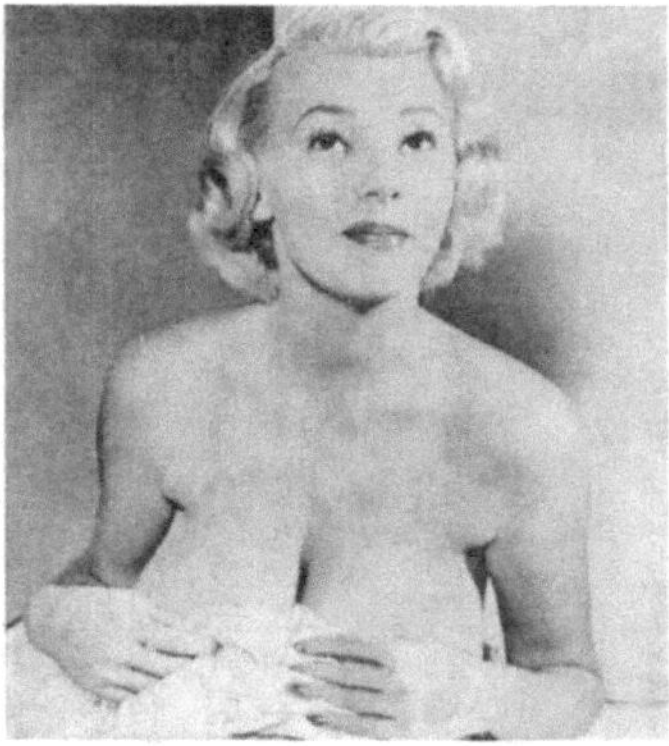

事実は小説より奇なりで、ジョージア・ホールデン嬢の写真は何百万枚も売れた（1958年〜63年）。

このようにして思想的に新しい状況が生まれると、バンジャマン・ペレ〔一八九九〜一九五九。シュルレアリスト〕のような反抗的な文学者は、ここぞとばかりに、単語の滑稽《こっけい》な連繫《れんけい》を追求するようになった。それとともに、乳房はエロチックな喚起力をしだいに失ってゆく。

熊が乳房を食べていた
カナペ*19を食べると、熊は乳房を吐き出した
乳房から雌牛が出てきた

*16 真珠をつけていないともとれる。
*17 「黄金の谷」の意。カナダ・ケベックの地名。
*18 色のスペクトルともとれる。
*19 前菜の薄切りパン。

雌牛は猫の尿をした
猫は梯子《はしご》をつくった*20

一九六〇年になると、乳房はもはや、新世代の文学者の関心をさほど集めなくなる。プロの詩人たちが他のことで手一杯で乳房を詩にしなくなったとき、時代遅れの詩形であるソネットを用いて「ブラジャー」なる詩を作ったのは素人も素人、薬剤師のブリュノー氏だった。

優美なる籠《かご》でできたる何とも素敵な宝石匣《ばこ》で
——盗み見る眼、貪欲《どんよく》な眼、悩ましげな眼から遠く離れて
ものうげに、夢見るように乳房はやすむ
葡萄棚に収まった葡萄さながら

息を呑むふたつの驚異の隠れ処《が》となるのみならず
(もっとも時には小さな雛《ひな》の巣ということもあるのだが)
老女の胸にあてがわれ、古臭い
つまらぬパッドをつつむことだってある

夜が来るや、中身はどこかにいってしまい
チュール〔薄地の網織〕と飾り紐のあわれな小物に逆戻り
洋服掛にかけられて、ひとり侘《わび》しく、やつれるばかり

そんな姿を見るにつけ、心が痛み
無念さも増す、ならば想像だけでもいますぐに
例の宝で埋めよう、さすれば私の欲望もまた燃え上がるから

乳房のエロチシズムは、「黒叢書《セリ・ノワール》」*21の探偵小説に代表されるような、現代でもっとも大衆的な文学のなかで、ふたたび息を吹き返した。いわゆる表舞台というわけではないにせ

＊20　「乳房《サン》」と「聖人《サン》」は同音。「猫」「聖人」は隠語で「女性性器」を、「熊」は「むくつけき男」のほか「月経」を、「梯子」は「靴下の伝線」を、「カナペ」は「男性同性愛者の逢引《あいびき》」を表わすほか、性的な意味の暗示が多く感じられる作品。ただ、言葉遊びの面白さはあっても、「エロチックな喚起力」はあまりない。

＊21　一九四五年以来ガリマール書店から刊行されているミステリー叢書《そうしょ》。

よ、そうした大衆小説におけるラブシーンは生々しく躍動的だ。一九六二年に仏訳されたローレンス・ブロック〔一九三八年生まれ。米のミステリー作家。『八百万の死にざま』など〕の小説『たんまりあるぜ』などはその好例だろう。

四回目に逢ったとき、軽くキスをした。五回目にはもうすこし。六回目に逢ったとき、とうとう彼女の大事なブラジャーをはずすことができた。手で聴診、てなもんだ。きれいなおっぱいだった。しまってて、優しい感じで、しかもデカいときてる。揉《も》みしだいたり、触りまくったりしてたんだが、彼女もおれとおなじように、気持ちがいいみたいだった。

同じ叢書で、一九六四年七月にマルセル・フレール訳で出た、アメリカの作家デイ・キーン〔?〜一九六九。ミステリー作家。『偽りの楽園』ほか〕の『黒い村祭』は、乳房にかかわる話を根本に据えた小説である。

ピストル強盗の証人として、まず読者のまえに登場するのは、褐色の髪をした痩身《そうしん》の若い女ミス・リンドラー。模範的秘書でもある彼女は、警察の捜査に進んで協力する。容疑者のシールマ・バンクスは、ミス・リンドラーとは正反対の、ぽっちゃりした金髪で、数えきれないほど男がいるような女。証言者が次々と登場するうちに、シールマが「デカパイのブロンド」と呼ばれていることがわかってくる。むろん、これはシールマが豊満な胸をしていることに由来するニックネームである。二百四十三ページに至って、探偵のトム・ダリーは、金髪のシールマ・バンクスが誰あろう、褐色の髪の秘書ミス・リンドラーと同一人物であることを見抜く。ミス・リンドラーは、ゴムのバンドを使って乳房を平らにし、体形の目立たないコルサージュを身につけて秘書として振舞っていたのだ。「部屋着が肩をすべって下に落ちた。銃口をそらさぬようにしながら、彼女は胸に巻いていたゴムのバンドを外し、そっと乳房を揉んだ。

『どう？　きれいでしょ、ダリーさん？』

それからシールマは、二言三言説明を加え、銃口はそのままにして、唇を舌の先で湿らせると、探偵に言った。『貞淑で、非の打ちどころのないミス・リンドラーと、〈デカパイのブロンド〉が関係してるなんてこと、だれも考えっこないと思ってたわ』」。

なるほど、どんなに炯眼《けいがん》な読者でも、さすがに気がつかなかったことだろう。

J・C・フォレスト「もう一つの世界」(「フィクション」誌、1960年)

「訪問者」。「ローグ」紙、1958年。

ジョン・デンプシー「空飛ぶ円盤」(「プレイボーイ」誌、1959年)

ビル「ミニチュアの牧神」。「ル・リール」紙、1957年。

乳房の半世紀。無垢の乳房。蜜蜂の小さな林檎。13の品。柔らかいダランペール梨。アルザスの丸い山バロン〔風船とかけてある〕。兄弟なれど敵。

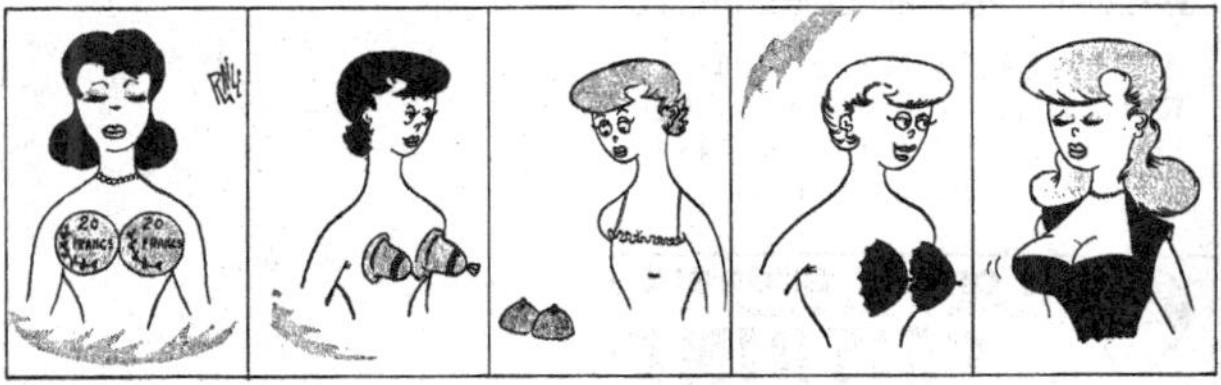

S・ルイ。S・パスカル。S・デジレ。S・メダール。S・プロスペル〔Sは乳房の頭文字。それぞれ、「お金の」「空気圧の」「希望の」「バッジの」「恵まれた」といったニュアンスの名前になっている〕。ラフル絵。「フランス・ディマンシュ」紙、1954年。

侯爵夫人の梨。朝食。踊る革袋。野苺。2ペンス。カフェにゆくよりまし。

永年の強迫観念の行き着く先は……
特異な広告。「アナル」誌、1933年。〔12日間で乳房を大きく、引き締まったものにするというふれこみ〕

特異な広告。「フェミナ」誌、1911年。〔同様の広告〕乳房に固さと理想の形を与えてくれるクリームの宣伝。

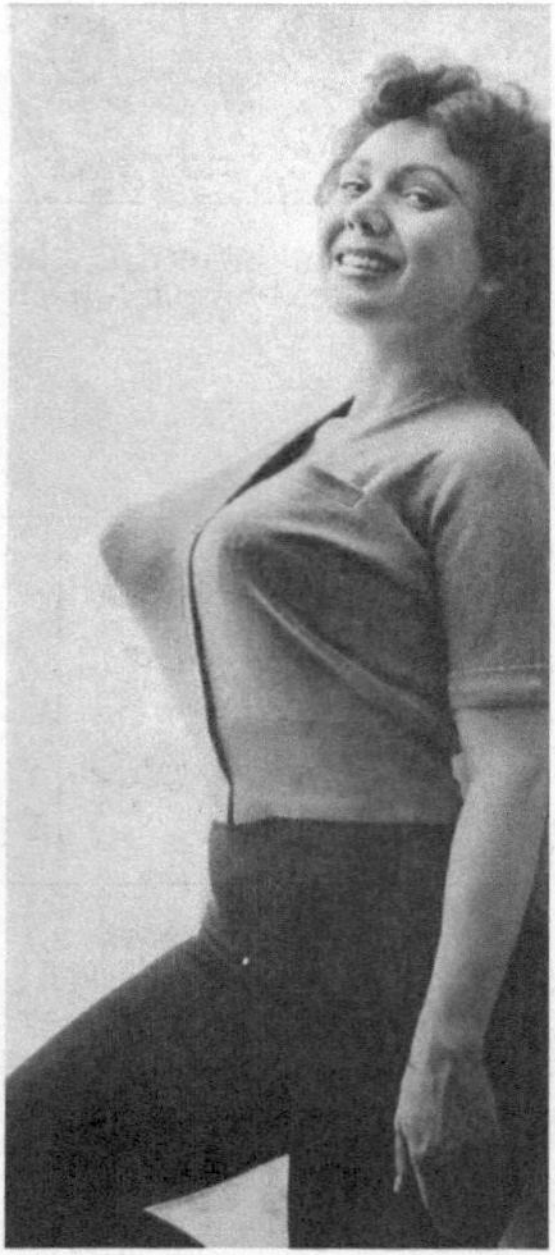

そして特異な夢……。米国、1960年。「女性は乳房を自らのもつ魅力のなかで、最も人に誇りうるものと考えてきた。その証拠に、乳房が豊かな場合は、人に見せることに、また、乳房が貧弱なときはそうでないようにみせかけることに汲々としている」（ピエール・ラルース『辞典』）

「これらの証拠物件があれば、妻に離婚を言い渡せる！」。ドラネール絵。「カリカチュール」紙、1880年。

強迫観念と広告。「私が30日で15センチ、バストを大きくした方法」。「モード」誌。1919年か。

テッツ「夢想」

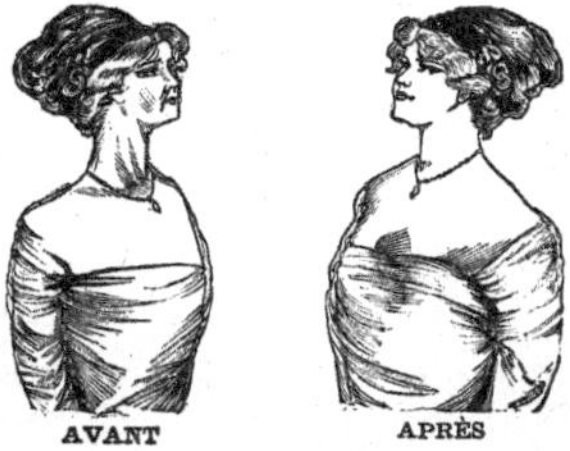

強迫観念と広告。左が使用前、右が使用後。「美しいバスト。何か飲むのではなく、まったく外側につけるものです」

「美しい胸」――「昔から広く知られている」東洋の薬です！

広告も変わる——1900年から1927年まで。すなわち、ベルエポックから植民地展覧会まで。ヴュルリ作。

第三章　乳房用語集

【科学用語】

Hémisphères glanduleux「腺《せん》の半球」―Glandes mammaires「乳腺」―Organes de la lactation「乳汁分泌器官」―Touton《トウートン》〔テトン（おっぱい）とつながる語〕

〈touton《トウートン》〉の《用例》――

一六七二年十月二十三日付け、パリ市法廷召喚産婆組合による、ティスランなる婦人の検査報告から抜粋。「指と目とですべてを検査したところ、彼女は歪《ゆが》んだ touton《トウートン》 をしていた」。

【俗語】〔あえて直訳する〕

Avantages「長所」―Avant-postes「前哨《ぜんしょう》」―Avant-scènes「前桟敷《さじき》」―Boîtes à lait「ミルク缶」―Balochards「遊び人」―Bouteilles de bébé「赤ん坊の瓶」―Devanture「店頭。ショーウインドー（の陳列品）」―Édredons「（毛綿鴨《けわたがも》）羽毛布団。毛綿鴨の羽毛」―Étalages「ショーウインドー（の陳列品）」―Gougouttes「小さな滴」―Roberts「ロベール〔哺乳《ほにゅう》瓶の商品名〕」―Rondins「丸太（薪《たきぎ》）」―Salle à manger du petit et salle de récréation de papa「子どもの食堂、パパの遊び場」―Tétasses「tette (tétin) + asse〔「軽蔑」の意味を表す接尾辞〕垂れ下がった大きな乳房」―Tripes「（家具に張られた）ビロード／動物の腸、人間の腹」

花火のようなスポットライトを浴びて立つ女の子のおっぱい《ロトブロ》。イヴ・デニオー。

【日常語】

Avoir des oranges sur l'étagère「陳列棚に大きなオレンジを持つ」→「豊満な乳房をしている」（民衆の俗語）（シャルル・ヴィルメートル『世紀末俗語辞典』）

Etaler sa marchandise「商品を陳列する」→「大胆なデコルテを着る」（パリの場末の言葉）（アルフレッド・デルヴォー『隠語辞典』（一八六七））

豊満な乳房の表現として―― Avoir du monde au balcon「バルコニーに大勢人がいる」―en avoir gros sur le cœur「心臓の上があれで大きい」―avoir une dilatation d'estomac ou une fluxion de poitrine「胃拡張か胸郭にかかる」

乳房の間の溝の表現として――

Le bénitier「聖水盤」―le porte-bouquet「(壁に掛ける) 花挿し」―la boîte aux lettres「郵便ポスト」

プレシューズ*1の言葉――

穴のあいた絵葉書。鼻《ネ》を出すと子守女の乳房《ネネ》になる。1901年。

乳房《エス》=胃《トマ》がふくらむ仕掛けの絵葉書。1900年。

Les réservoirs de la maternité「母性の貯水池」

【用語集】*2

Avantages「長所」―Avant-cœur「牛の太り具合を調べる肩先の部分 ↑ 心臓の前方」―Avant-mains「馬の前軀®。掌《てのひら》の前部〔古語〕 ↑ 手の前方」―Avant-scène「前桟敷®」

「乳房」の意。前方に突き出た形からの連想。

《用例》――

「『すこし息苦しくないですか』、彼女のコルセットの上部に手を当てながら彼が言った、『avant-cœur が押し潰《つぶ》されていますよ』」（バルザック）

ESTOMAC《エストマ》「胃」

語義が拡がり、「乳房」が「胃」になった。俗語では複数形でいうことすらある。

「白く艶《つや》やかなる estomac をあらわにした魅力的な衣裳《いしょう》をまとったバルブに会うとき…

＊1　プレシオジテ（十七世紀の思潮の一つ「気取り主義」を言う）を体現した女性たち。

＊2　以下、『小学館ロベール仏和大辞典』を引用したときは®の印をつけた。

ルイ・ルグラン「林檎の束」。腐食銅版画。1889 年。

「三人の人魚がつんと立った乳房をみせておりました」。ルイ十一世パリ入城に際して。

野苺。絵葉書。1908 年。

マンダリン〔「乳房」の意味もある〕を売る女（「アンディスクレ」誌、1905 年）

…」

（クレマン・マロ）

「時としてかのひとは優しい estomac を人目にさらしたが、そこには林檎《りんご》によく似た小さなふたつの tétins 乳房があった」

このストラパローラ[*3]の『心地よき夜』の一節では、estomac は胸全体を表わしている。四旬節中日、大胆な仮面をかぶり、妻の不意を襲う嫉妬《しっと》深い夫を描いた版画の下に、グレヴァン[*4]は、こんなキャプションをつけている——

「そうですとも、お若いお方、何度でも申し上げましょう。estomac をつかまなくても、御婦人にはきちんと礼儀正しくできるものなのです」

GIRON《ジロン》「（腰かけた人の）ひざ® → 寛《くつろ》げる場所 → 胸、乳房」

「女性の解剖学的構造において、最も重要な器官の一つ。子どもの食事を確保するために自然が示した素晴らしい先見の明。だが、同時に、野外の愉《たの》しみには特別な利点がある。第一に、冷製チキンの皿の置き場所として、そして第二に、大人の男たちの頭を休める場所として」

（アンブローズ・ビアス『悪魔の辞典』）

MAMELLE《マメル》「哺乳動物の乳房。人間の乳房の意味に使うのは古い用法、または医学用語。

軽蔑して、女性の大きな乳房、垂れ乳®」
「女性の。Mamelles pectorales『胸部の乳房』—Sein『乳房』—Poitrine『胸』—Tétons『おっぱい』—Tétasses『垂れ下がった大きな乳房』—Appâts『肉体的魅力』—Attraits『（女性の）魅力』—Charmes『魅力』—Globe『円球』—Mamelon『乳頭』—Tétin『おっぱい』—Glandes mammaires『乳腺』—Aréole『乳暈《にゅううん》』—Sinus laiteux『授乳洞』」

（シャルル・マケ『類語辞典』）

MAMELOTTE《マムロット》「Mamelle と同義」

太った女に恋をした
とてもきれいな若者さ
彼女の mamelotte の大きいことといったら
喩《たと》えようもないくらいさ

（アンリ・ド・クロワ『韻律詩と定型詩を作るための修辞学の技術』一四九三年）

＊3　十六世紀前半のイタリア詩人。ペローやモリエールに影響を与えた。
＊4　一五三八〜七〇。詩人。

NÉNÉS/NÉNAIS/NÉNETS（同音「ネネ」）（男性複数）「俗語で、乳房、おっぱい®」

〈néné〉の語源を、「子どもをあやすがらくた」を意味するラテン語〈Noenioe〉だとする学者もいれば、スペイン語で「子ども」を意味する〈nenes〉だとする学者もいる。

《用例》――

「『クレマンス、肌着《カミソール》をまた着るのよ』とジェルヴェーズが言った。お姉ちゃんのクレマンスはぶつぶつ言いながらも言うとおりにした。わざとらしい行為だった。通行人には、nénais が見えなかったなんてありうるだろうか」（エミール・ゾラ『居酒屋』）

「nénais と綴《つづ》る者もいる。他の綴り同様、これまたフランス語として通用している」

（アルフレッド・デルヴォー『隠語辞典』）

《用例・一》――

「胸に手を貸して。コルセットがあるでしょう。nénais の上にきちんと合わせてほしいの」（リカール）[*5]

《用例・二》――

「ゆたかな一対の nénais」（ヴェルレーヌ「娼婦たち」）

《用例・三》――

晴れた夏の日曜日には

心はよろこびにあふれ
兵隊さんも銃をおろす
魅力いっぱいの子守女をまえにして
ただ兵隊さんがびっくりして目を見張るのは
とげとげしい顔つきで
たったひとりで並木の道を散歩している
痩《や》せ細って　nénais　のない子守女

（一八九五年頃、イヴェット・ギルベール〔今世紀初頭の大歌手〕が作った小唄）

《用例・四》——

「針のように尖《とが》った　nénés　の十二人の女どもは、みごとに波打って舞台に登場した」

（アルベール・シモナン[*6]『絵入りシモナン選集』一九五七年）

NICHONS《ニション》「話語で、女性の乳房、おっぱい®」

女性の乳房。一八九〇～一九一三年にかけて、カフェ・コンセールの作詞家に特に用い

＊5　恐らくオーギュスト・リカール。一七九九～一八四一。大衆小説家。

＊6　一九〇五～八〇。小説家。『現金に手を出すな』など。

られた男性名詞。

《用例・一》――

若い娘も十六になれば
日がな一日
生まれたての体の魅力をこっそり見るもの
横から前からうしろから
もうつんと出た小さな nichons が
鏡のなかに映ってる

（「鏡台」。一九〇四年作の小唄。C・ルリエーヴル、E・ジロデ共作）

《用例・二》――

「紙玉をコルサージュにこうして入れて、あんたの nichons を作ってあげるのよ」

（エミール・ゾラ）

《用例・三》――

「あたしの牝豚《めす》の nichons には六百リットルのミルクがあるわ。ハムも、倍の脂身も」

（ピカソ『しっぽをつかまれた欲望』[*7]）

POITRINE《ポワトリーヌ》「胸、胸部、女性の胸、乳房®」

「名称として――Poitrine『胸』―Pectoral『胸部』―Giron〔既出〕―Sein『乳房』―Gorge『喉《のど》、喉元。胸、乳房』―Jabot『胸飾り』―Bréchet『胸骨』―Poitrail『(馬などの）胸先』―Pis『(牛や山羊の）乳房』。

関連する服飾用語――Devant『ドレスの前。ブレスト』―Jabot『レースなどでできた胸飾り』―Plastron『婦人服の細くつまんだ胸飾り。プラストロン』―Corsage『コルサージュ。胴着』―Corset『コルセット』―Soutien-gorge『ブラジャー』―Décolleté『デコルテ。ネックライン』―Décolletage『デコルテ』―Vêtement ouvert, fermé, montant『オープンの、肌を見せない、ハイカラー、スタンドカラーの衣服』―Cuirasse『胴鎧《どうよろい》、腰までかかる胴着』―Gorgerin『鎧の喉あて、顎《あご》ぐりの布』―Fichu『木綿、絹レースなどの薄手のショール、スカーフ〔端の部分を胸で結ぶ〕』―Pointe

ドイツのスターの卵。1952年。

＊7　一六四一年作。ピカソ唯一の戯曲。引用は第六幕。

『三角の頭巾《ずきん》。スカーフ』―Débraille『胸をはだけた恰好《かっこう》』」。（シャルル・マケ『類語辞典』）

ROBERT《ロベール》「俗語で、乳房、おっぱい®」

《用例・一》――

「ある種の恋人には、夏にふさわしい服の脱がせ方がある。roberts を覆うビュスチエの輪郭の美しさ……」（アルベール・シモナン『抵抗するキャバレ』）

《用例・二》――

「レオーヌ夫人はモンマルトル中のおカマに、にせの roberts を調達した。それだけでたいへんな客数だった」（アルベール・シモナン『絵入りシモナン選集』一九五七年）

〈roploplos《ロプロプロ》〉という言い方もある。

SEIN《サン》「女性の乳房。稀に男性についても用いる®」

「男性名詞。ラテン語の〈sinus〉、すなわち「曲がること。曲線」から。恐らくサンスクリット語の根源〈si〉「結ぶ」に関係する。そこから、同じくサンスクリットの〈sêtra〉「関係」、〈sêru〉「結びついている」、さらにサンスクリットの古層であるベーダ語の〈sira〉「流れ」と関係がある。『mamelles のある胸の前部』」

（『十九世紀ラルース』一八七五年）

「異教徒の可愛い娘たち」。オペレッタ『フィ・フィ』による。R・デ・ヴァレリオのデッサン。

《用例》——

Poitrines（胸）。女性の mamelles（乳房）。

sein をあらわにする。「自然が叡智《えいち》の限りを尽くして作り上げた、最も美しい sein を、彼女はあらわにしていた」。（ヴォルテール）

軽やかな紗《しゃ》の薄布のした
彼女は sein の宝を隠す
　（アンベール〔一七四七～九〇。詩人〕）

白鳥の羽も新雪も
かのひとの sein の雪花石膏《アルバートル》にはかなうまい
（バウール・ロルミアン〔一七七〇～一八五四。詩人〕）

幸いなるかな、前に進まぬ馬の首を

手で叩《たた》く者、あるいは気まぐれな愛人の
輝く乳房を愛撫《あいぶ》しうる者

（アルフレッド・ド・ミュッセ）

TETASSES《テタス》「大きな垂れ乳」
外見上、醜い乳房。民衆語としてかなり以前から用いられてきた。それはタブロ（十六世紀に活躍した作家）作のこんな諷刺《ふうし》詩をみれば一目瞭然《りょうぜん》である——

大きなる tétasse をしたジャネット
浴場で、それらの分も払おうとした
一回だけだが、殊勝じゃないか
ところがどっこい、三人分を払わされたとさ

（アルフレッド・デルヴォー『隠語辞典』）

TETIN《テ、タン》「乳牛の余分な乳首。古語として、人の乳房、乳首Ⓡ」
男女の乳（sein）の先。
《用例》——

「聖人《サン》、聖人、聖人、ぼくはすべての聖人の加護を祈る。天国の聖人もきみのサンにはかなわないよ」〔聖人と乳房はともに「サン」〕（絵葉書。1917年）

「薔薇《ばら》色の tétin。この子はきちんと tétin を含む」

女性の乳房。

《用例》――

「きれいな tétin。白い tétins」（複数形のこの語義は古語）

（ロレダン・ラルシェー『パリ隠語辞典』）

大勢の嫖客を　漁り取ろうと　乳首 tétin まで
はだけて見せる　張見世の女郎たちに
（フランソワ・ヴィヨン『遺言詩集』*8）

マルタン殿の娘御の
目、脣《くち》、tétin が
諸君を悩ますのだろう
（フランソワ・ペラン〔一五五三～一六〇六。詩人〕）

クレマン・マロは tétin《テタン》、ときに tétinette《テティネット》と書いた。
アルブレヒト・デューラーは tétillon《テティヨン》と書いている。

「ぼくは七十五ミリの砲弾（ペニスのこと）をきみに持ってきたよ」
「わたしは真ん丸の柘榴（乳房のこと）をあなたにあげる」

TÉTON《テトン》「話語で、乳房®」

女性の乳房 mamelle。

《用例》――

「イザボーよ、そなたの白い双つの tétons を黒い二本の瓶に変え、夜昼問わず、そこからボーヌの葡萄《ぶどう》酒を呑《の》めるようにしてくれなければ、ユピテルを有難いとは思わぬぞ」

（ヴィクトル・ユーゴー）

「彼女の téton は片目であることに気がついた〔乳首が片方のみ。『告白』第七巻〕」

＊8　鈴木信太郎訳「バラッド　容赦懇願賦」。

「片時も休まぬ愛らしい teton よ
手は汝《なんじ》にいざなわれ、汝を押す」

（ジャン＝ジャック・ルソー）

かのひとの小さき teton の美しきかな
しまったお尻の動きもいとしけれど
尖ってやさしい、可愛い乳房
それ以上に素敵なものは果たしてありや

（ヴォルテール）

（ランスの宗法裁判官、ギヨーム・コキヤール〔十五世紀後半の詩人〕）

ヴォルテールは「処女《ピュセル》〔二百七十六ページ参照〕」のなかで、聖ドニ*9の口を借りて、王国の運営よりもアニェス・ソレルの tetons を好み、逸楽に耽《ふけ》ったシャルル七世を非難している。

われはドニ、わが務めにおいて聖なる者

ガリアを愛し、ガリアを御教へによりいさめし者
わがよき魂はいまや、穏やかならず、いと騒がし
そはわが愛《いと》しの王、シャルロ〔シャルル七世を指す〕の行状をみたればなり
国乱れ、まさに命脈危うきこの時機に
シャルロは国を守らんがより
ふたつの tétons を絶えず玩《もてあそ》んで愉しむがごとし

モーリス・シュヴァリエが歌って大当たりし、誰もが口ずさんだ曲「ヴァランティーヌ」のおかげで、téton という名詞は現代に蘇《よみがえ》った。

ほんとに可愛い脚をしてたんだ
　ヴァランティーヌは、ヴァランティーヌは
顎だってほんとに可愛いかった

＊9　三世紀のガリアの聖人。パリ近郊サン・ドニで殉教したと言われる。サン・ドニの大聖堂にはフランス王家代々の墓所がある。

ほんとに可愛い téton もしてた
手探りでさわったものさ

TETONNIERE《テトニエール》「話語で、乳房の大きい女。古語で女性用の胸当て®」「自然が潤沢に『恵みを与えた』女性、または娘（子守女の言葉をいまだ使っている民衆の隠語で）」

（アルフレッド・デルヴォー『隠語辞典』）

【最も頻繁に用いられる乳房の修飾語】

Nacrés「真珠色の®」―Pâles「青白い、青ざめた®」―Pointus「とがった®」―Droits「まっすぐな、傾いていない、垂直な、水平な®」―Fermes「しっかりした、肉づきなどが締まりのある®」―Ronds「丸い、円形の、球形の®」―Orgueilleux「傲慢な、堂々とした、威厳のある®」―Polis「磨かれた、艶のある®」―Blancs「白い」―Pleins「いっぱいの、ふっくらした、豊満な、盛り上がった®」―Larges「幅の広い」―Lisses「滑らかな、すべすべした®」

わたしの胸は可愛くて真っ白〔blanche〕

わたしの乳房はかたい〔durs〕のよ
一見、細身に見えるでしょうけど
（ウスターシュ・デシャン）

押さへられし、丸く〔ronde〕小さな〔petite〕乳房
（テオフィル・ゴーチエ）

天を突き刺す締まった〔fermes〕乳房
（バルベー・ドールヴィイ）

丸々とした〔rebondis〕、まろやかな〔rondelets〕乳房
かたく〔dur〕、尖った〔piquants〕、鋳型に入れて作ったような
弩《いしゆみ》さながら張りつめて〔tendus〕
（ギヨーム・コキヤール）

ぼくの乳母のはたっぷりしていて〔puissants〕
こぶしをふたつ埋めることができたっけ

ぼくの叔母《おば》のはすごく尖っていて〔pointus〕
上にすわろうものなら、刺さっちゃっただろう

（ディール『小唄集』）

若き恋人の輝く〔étincelants〕乳房を
愛撫する者……

（アルフレッド・ド・ミュッセ）

あの娘のおっぱい、締まって丸い〔rondelet et ferme〕
あんなどきどき滅多にない
肌はすべすべ、かたちもそそるよ
見たあとも見るまえ同様心ときめく
恥ずかしがるから、いっそうきれいに見えるのさ
なんてきれいなロジーヌのおっぱい

（第二帝政期の小唄「ロジーヌのおっぱい」〔百二十九ページ参照〕）

【文藝作品にみる乳房の形容語の比較いくつか】

象牙、象牙のような白さ®〔IVOIRE〕――

されど、一層思慮深きおまえは、清らかなかのひとの乳房〔mamelle〕のつややかな象牙〔ivoire〕のうえに、おまえの小さな切っ先を押し当てて……

（ピエール・スルフール）

「それから彼女は、自然が叡智の限りを尽くして作り上げた、最も美しい乳房を、あらわにした。象牙〔ivoire〕の林檎の先の薔薇のつぼみは、黄楊《つげ》のうえに置かれた茜《あかね》もかくやと思われた。洗い場から出てきたばかりの小羊も、黄土色に見えたことだろう」

（ヴォルテール『ザディーグ』）

雪〔NEIGE〕――

理性あるあまたの男を病気にする乳房よ
多くの願いが引き寄せられて
愛が伏兵のごとく待ち伏せる
雪なす〔de neige〕山よ、炎の山よ

（ロングヴィル夫人にあてた、国務官デマレ〔リシュリウーの片腕として活躍した詩人〕のマドリガルの一節）

雪花石膏〔ALBÂTRE〕――

白鳥の羽も新雪も
かのひとの乳房の雪花石膏にはかなうまい

（ラマルチーヌ）*10

「ロベールはこうした哀れな肉体を見た。この光を失った目、この腕、丸まるとした腿《もも》、波にただよう雪花石膏〔albâtre〕の乳房を……」

（ヴォルテール『ジュネーヴ内戦』）

百合の胸、雪花石膏〔albâtre〕の林檎
われはそれらを熱愛す

（ボワロベール〔十七世紀の詩人〕。一六一五年）

美しい薔薇と百合《ゆり》の花束がある
雪花石膏〔albâtre〕のふたつの林檎のなかに

（ヴォルテール）

---

*10 三百八十三ページではバウール゠ロルミアン作とされている。

ミス・ストリップ（エレーヌ・ダナ）。フランス。1955年。

「彼女は自分の丸みを生かすすべを知っていた」（アルベール・シモナン）

愛の神よ、
わが熱愛するいとしきイリスとの
甘き語らひのうちに行きて
雪花石膏〔albâtre〕の胸にかかつたベールをかの美しきまなざしの上にもかけよ
（コタン「美しき胸の上に」）

大理石〔MARBRE〕——

「彼処《かしこ》ニユケバ、締マリシ体モ、大理石〔marbre〕ノ胸ニマツスグ立チシ乳房モ見ルコト必定ナリ」

（ルキリウス〔古代ローマの詩人〕）

「彼はナイトドレスを左右に乱暴に広げると、大理石〔marbre〕の乳房を二つともにあらわにした」

（ジルベール・セブロン〔一九一三〜七九。小説家〕『窓にあたる蜜蜂』一九六四年）

月〔LUNE〕——
きみの褐色の髪が好きだ

心に達するきみのまなざしも
月〔lune〕のように丸い美しい乳房も
魔力に満ちたきみの微笑も

切り立った岩、岸壁®〔ROCHERS〕――
かのひとの褐色の乳房の、巌〔roc〕のようにかたきこと
衣服、甲冑《かっちゅう》、僧服も試練にかかるばかりなり

（ヴォルテール「処女」）

果物〔FRUITS〕――
「林檎〔pomme〕型のほうが重たくて、調和がとれていて、古典的で気取った感じがする。梨〔poire〕型のほうが一般的に締まっていて、天を突き刺す感じがする。梨型はそこにキスをするのに、もっともいい形である」

（G・デルマール）

「二つの梨のように、ゆらゆら揺れるのがわかる小さな丸い乳房だった」。

（ゴンクール『日記』）

「彼女は顔色がよく、熱のこもった話し振りの女で、乳首はすぐり〔groseille〕のようだ

った。

真っ赤な脣の
豊満な娼婦《しょうふ》だった
胸の上で
二つのメロンが膨らんだみたいだったな
カヴァイヨン〔メロンの名産地〕の新鮮なメロンみたいなね」
（E・モゼール『ブイヤベースの国への旅』）

陽気なテノール、小夜鳴鶯《ロシニョル》は
過ぎし夏にはいそいそと
楽しいルフランを歌ってはまた
調子を変えて歌っていた
金色の太陽の光が、いかにも森の愛撫にふさわしく
半ばあらわな彼女の乳房に射していた
愛と優雅さと優しさの宝である彼女の乳房に……
突然、鳥が何かに気を取られたかに見え
歌をやめて飛んできた、このいたずら好きな鳥は

そっとリーズの上にとまると
餌だと思ったにちがいない
桜桃〔cerise〕のつもりで
彼女の乳首をつつきにきたのだ
〈カプデヴィーラ〔今世紀前半のアルゼンチンの詩人〕『鳥のあやまち』〉

羞《は》じらいを秘めた乳房よ
はっきりと二つに分かれ、締まった、丸い乳房よ

そしてキャバレでも……。シャンゼリゼ、1956年。

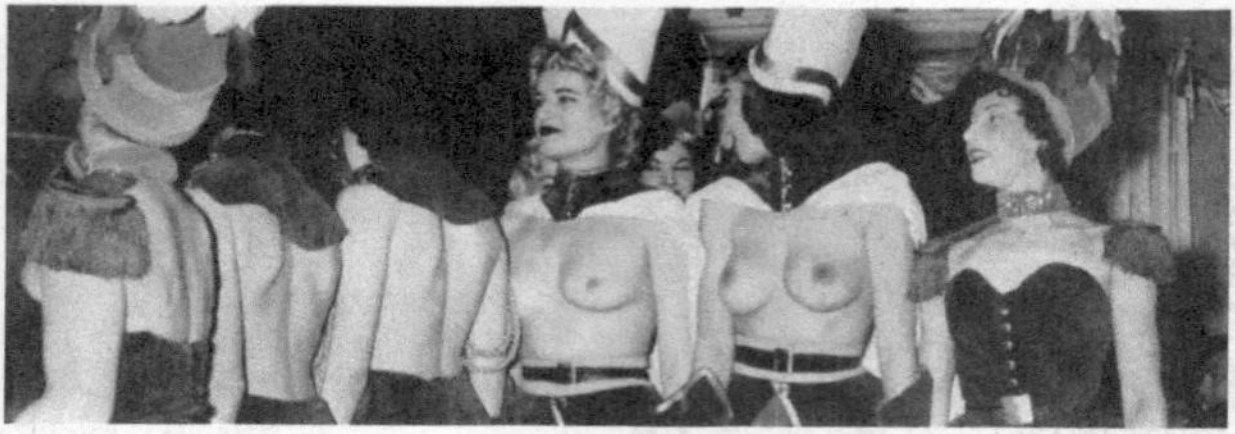

コンクールからレビューへ――「隠すものは、ほら、ブラだってつけないで、あたしは全裸、そんな裸のあたしをみたのよ、あの人は」（ミスタンゲットのヒット曲、1931～45年）

モンマルトル。1950年。

左／「スターの巣」パリ、フォーブル・モンマルトル9番地1950年5月26日金曜日22時「最高に美しい乳房をいかに素敵に見せるか」の大コンクール（賞品多数）

二重の苺《いちご》〔fraise〕で彩られている乳房よ
おまえに口づける者は
キリスト教徒であれユダヤ教徒であれ
これ以上ないというほどきれいな乳房に口づけるのだ
（パルニー〔一七五三〜一八一四。詩人〕『神々の戦争』）

紐《ひも》の先でぶらぶらゆれてるコルクが
こっそりと、彼女の乳房の苺をくすぐってるよ
（モーリス・ロリナ）

「まろやかな乳房の先にやわらかく突き出て、百合のごとく純白な肌と対照をなす薔薇色の、みずみずしく滑らかな赤い葡萄〔raisin〕の種」
（ジャン・ドゥーヴィル〔二百四十六ページに同じ詩が引かれている〕。一五一七年）

ある朝、彼女にでくわした

LE NID DES VEDETTES
9, Rue du Faubourg Montmartre - PARIS-9e
✶
VENDREDI 26 MAI 1950 A 22 H.

GRAND CONCOURS
DES PLUS BEAUX SEINS
et les mieux présentés
NOMBREUX PRIX

（略）

目は炎のごとく燃えているかのよう
そして、ああ、何という眼福！
ふたつの絹の丸みの先に
洋紅色《カルミン》の苺がぽっちり突き出ているのを見たのだ
「熟れたら果実は摘むものよ」彼女が言った
口づけているうちに
熱い象牙《ぞうげ》色した液体が湧き出てきた
何と甘かったことだろう
極上の料理、神々のソースというほかない
乳のかかった愛の苺は

莫迦らしいかもしれないが
（略）

（シャルル・ピトゥー）

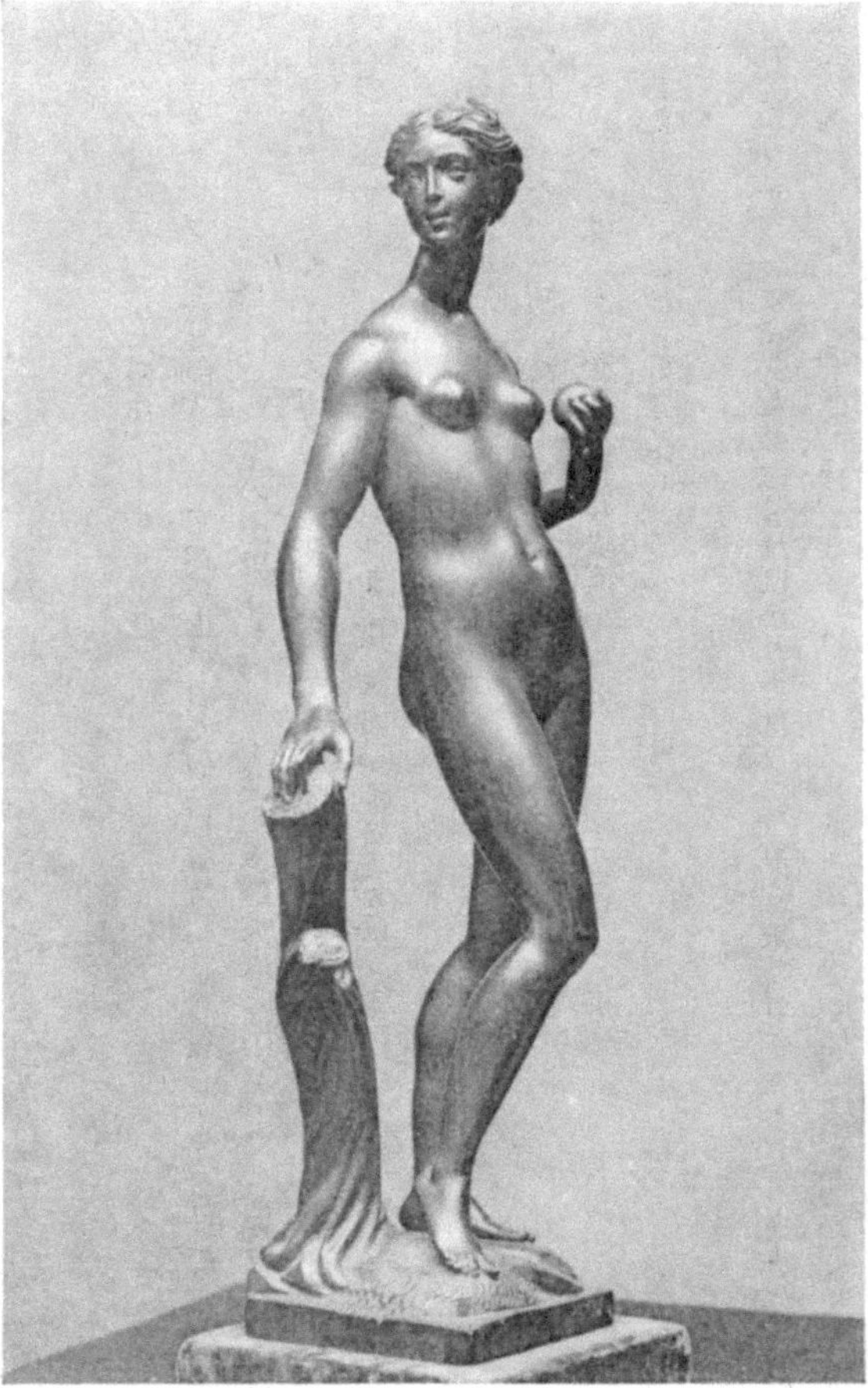

「美乳コンクール」。サンフランシスコ。1964 年。

苺の先のきみが乳房の永遠なるを

（ヴェルレーヌ『女に捧げる歌』「肉体」）

プチパン®〔PETITS PAINS〕——

リュクサンブール元帥夫人のために催された仮装舞踏会で、ブフレール勲功爵《シュヴァリエ》〔一七三八〜一八一五。詩人〕はパン屋の出で立《い》ちのローザン侯爵夫人と出会った。色好みのブフレールはさっそく、その場だけパン屋のおかみになった侯爵夫人に抒情短詩《マドリガル》をおくった。夫人のコルサージュがふかいデコルテになっているさまを歌ったのである。

あなたのコルセットに
自然がそっと置いた
ミルクのはいったプチパンの風情が
わたしはどれほど好きでしょうか

乳房をプチパンに喩えたのはこればかりではない。世紀末のカフェ・コンセールでも同様である。「リゼットのおっぱい《アヴァン・セーヌ》」というドゥロルメル作の小唄に、こんな二行詩が挟まっている。

「開き」から「デコルテ」へ。中世では，乳房は多かれ少なかれ、しどけない服装の開いた部分から見えていた。17 世紀以降はデコルテにより、計算された奔放さという形になった。『白い声』のバーバラ・スティール。1964 年。

かわいいきみをつまんであげよう
大事にとっておいたきみのパンを

語調はブフレール勲功爵《シュヴァリエ》の詩よりもずっとくだけてはいるものの、発想は変わっていないのだ。

蕃薇〔ROSE〕——

うら若ききみのふたつの円球は
百合かあるいは蕃薇〔rose〕の蕾か
わが心には、炎と燃える
豊饒《ほうじょう》なるエドム〔イスラエルの地名〕の産の
心地よき葡萄酒にも似て

（ヴォルテール『雅歌について』*11）

鎧の紐がほどけ
いま目のまえにあらわれたのは

（おお、天よ、よろこびよ、驚異よ）
ふたつの大きな乳房であった
すべらかな、半円をえがく
ふたつのひとしき乳房であった
何とその先には
目を奪う薔薇《ばら》〔rose〕にも相似た
ふたつの小さな蕾《つぼみ》がついていた

（ヴォルテール「処女《ピュセル》」）*12

*11　二百七十八ページと同じ詩。
*12　二百七十六〜二百七十八ページと同じ詩。

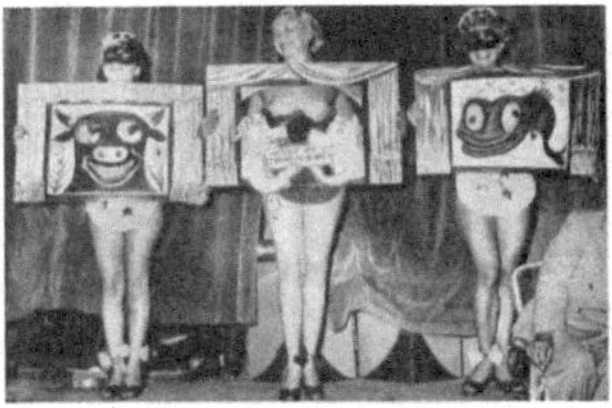

「動くおっぱい《デ・サン・アニメ》」〔アニメ＝dessins animés の洒落〕。

ロミ『乳房の神話学』に寄せて

ロー・デュカ

MAMELLES《マメル》（女性名詞・複数）　乳の分泌器官。哺乳《ほにゅう》類（人間を含む）の特徴をなす。ギネコマスト〔女性型乳房の男子〕以外、男子においては退化している。女性においては、極めて重要な第二次性徴であり、エストロン〔卵胞ホルモンの一種〕分泌の状態によって決定される。胸郭前方に球状に張り出し、形状、質感は、年齢、人種、生理状態（思春期の変化、月経周期、乳汁分泌、性的興奮、閉経期）等によって、無限に変化する。

機能的に言えば、乳腺《にゅうせん》と呼ばれる大きな腺で構成され、骨と筋でできている胸郭の表面の滑らかな皮膚に左右される（筋肉の鍛練によって、垂れた乳房を元通りにすることができるなどというのは全くの誤りである）。乳腺が完全発達を遂げるのは授乳期間である。乳は乳腺管から排出される。

乳腺を包みこむ皮膚は特に肌理《きめ》が細かく、デリケートにできており、乳輪を除けば全体が、人体中最も目立たない体毛で覆われている。ほぼ中心部には尖頭《せんとう》ないし円筒形の乳頭があり、乳腺管が繋《つな》がっている。その大きさと色合いは多種多様である。乳頭の周囲には乳暈《にゅううん》、あるいは乳輪と呼ばれる、色素沈着した部分があり、モルガニ〔十八世紀の解剖学者〕小突起と言われる多数の突起のため、表面は平らになっていない。乳頭と乳輪は皮膚の下で、乳輪筋という筋肉層で繋がっている。その筋収縮が乳頭勃起《ぼっき》を促す。

乳房と乳頭は重要な性感帯である。心理的、性的な意味が極めて大きいため、時として、豊胸を目的とした外科手術が正当化される。

乳房は乳腺突起の発達によって形成される。乳腺突起は、胎児の場合、鎖骨上窩《じょうか》から鼠蹊《そけい》溝に至る、左右対称の突起である。乳腺の位置と数は、豚から鯨まで、哺乳類それぞれの種によって異なる。女性の乳房で、数が通常より多い場合の原因は、乳腺突起の変形としての小さな乳房の発達である。そうした異常発達の場合は、両側に左右対称にあるが、通常乳頭は一つである。神話に登場する乳房をいくつも持った怪物はそれに由来している。

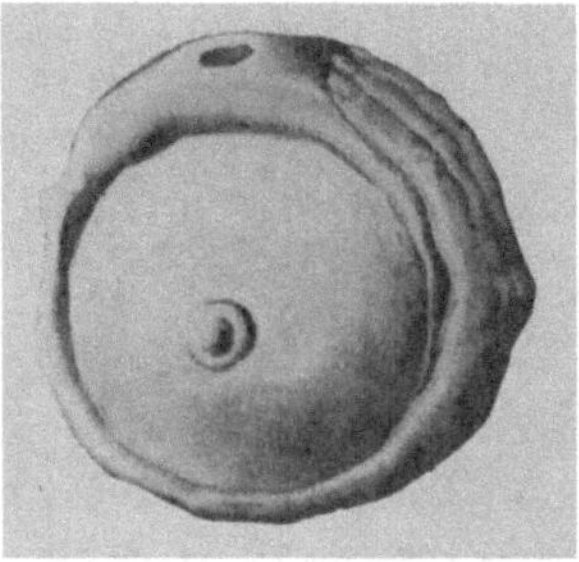

奉納用首飾りの粒玉。紀元前1180年、ギリシア南部アイギア島「女性」（マックス・バルテル＆プロス命名）

以上が、『性科学辞典』（第一版、J＝J・ポヴェール社、一九六三年）の説明である。筆者は、明晰《めいせき》さと知識をともに愛する医師、ジェラール・ズヴァン博士（一九三〇年、パリ生まれの性科学者）。事実、ここではすべてが言い尽くされている。あるいは少なくともすべてが記述されている。生理学からエロチシズムまで。形

「聖母の乳房」。カルヴェール〔ブルターニュ地方に多いキリスト受難群像〕（ブルターニュ・フィニステール県トロノエン）。1520年頃。

態学から神話学まで。「豚から鯨までの違い」にまで筆を割いているということは、ある種の現代性を考慮した結果かもしれない。『性科学辞典』「補遺」（第二版、J＝J・ポヴェール社、一九六五年）になると、主題はきわめて多様な範囲に及ぶ。たとえ、聖人の場合（聖アガタ、聖クリスチナ、聖マルグリット）から世間一般の場合（アニェス・ソレル、シモネッタ・ヴェスプッチ、ガブリエル・デストレ、マリア・マンシーニ、カスティリオーネ伯爵夫人）にいたる乳房特有の図像学を考慮にいれないとしても、口で吸う行為へのコンプレックス（母親の乳房に対するつよいノスタルジー）、乳房肥大症、自己色情（自分自身の身体に向けられた性行動）、シネピマスティー（乳房で挟まれたオルガスムス）などが採り上げられているのだ。

リトレ大辞典では、乳房〔sein〕は「乳〔mamelles〕を有する人体の部分。mamelles が同義になることもある」と説明されている。[*1]

私たちの眼前に繰り広げられるのは、それゆえ、厖大《ぼうだい》な乳房の現象学にほかならない。

乳房はなぜ重要なのか。それは情意的な想像力がつよく刺戟《しげき》されるから、あるいは、ある部分に特に性的な関心を寄せる肉体のフェチシズムと深くかかわるからというだけではない。文明化された男にとって、生殖器官それじたい、最初の段階では肉欲的というより、嫌悪をもよおすものであり（恋人たちが性器と和解するのは事後に決まっている）、それを補う「第二次的な」性的部分を目にすることが必要だからである。

「男性は女体の、調和のとれたリズミカルな動きにとくに惹《ひ》かれる。（中略）たとえば、突然肉体を動かしたときの乳房のつつましやかな揺れや呼吸の際の上下の動きなど」（エ

＊1　ちなみに日本語の辞典数種の「乳房」の項目の記述を紹介しておこう。

「外分泌腺の一。哺乳類の胸・腹部の左右に対をなしてある。雌では乳腺や皮下組織が発達して隆起し、哺乳期には乳汁を分泌する。おっぱい。にゅうぼう」（大辞林）

「①哺乳類の雌の胸・腹部にある隆起で、中央に乳頭があり、そこに乳腺が開いている。分娩後、一定期間乳を分泌する。蘇摩呼童子請問経承暦点「妙房嵩高く」

②心をこめた養育」（広辞苑）

「人ノ胸ノ左右ニ凸《たか》ク出デタルモノ。小サキ頭アリ。乳首ト云フ。男ナルハ、低小ニシテ更ニ用ナシ。女子ナルハ、大キク出デ、児ヲ生メバ、乳首ヨリ乳汁ヲ出ス、児ヲ哺育スルニ、大切ナルモノナリ。獣ナルハ、胸、腹ニアリテ、其数、許多アルモアリ」（大言海）

ナール）。本能的な荒々しい性衝動のなかで、乳房は解剖学的な性質と理想化された美的特質とを一体化する力を持っているかのようにみえる。かつて藝術家たちはそうした力を具体的に表現した。トゥールーズ美術館にあるピレネー（紀元前千年頃、金石混淆《こんこう》文化が発達していた）の原始藝術の浅浮彫《バ・ルリエフ》（オート・ギャロンヌ県オー湖出土）を思いだそう。クリトリスと乳首が外側の管で結ばれた「色欲」と題する作品である。ウィンザー城の図書室にもおなじ意匠の、ただし、こちらは管が内側を通ったレオナルド・ダ・ヴィンチのデッサンがある。

　レオナルドは性器そのものを嫌悪していたが、乳房の放つ魅力には抗することができなかった。そこで彼は、女性器と乳房をむすぶ一種の天与の細管が、クリトリスと乳首（二つとも勃起可能という点にレオナルドは惹かれた）の間を通っていることを証明しようとした。実際に発見することはできなかったが、性器の「嫌悪すべき」性質に対し、乳房の持つ抑えがたい不思議な性的魅力を解明しなくてはならないと考えたレオナルドは、無名のピレネーの藝術家のように、手を尽くしてその不可思議な管を考え出し、解剖学デッサンの一枚に描き加える。いまや美しい乳房は、「性的対象」になり、「美しい顔」とともに、女性が男性を、恥ずかしがらずに惹きつけることができる部分になったのである。

　エジプトやクレタ文明のようにあらわにしていようと、アテネやローマ、フィレンツェやヴェネチアやパリのように巧妙に隠されていようと、乳房は時代を超えて、男の欲望のなかで中心的な役割を果たしてきた。乳房に対するこうした欲求は、やさしく触れたり、吸ったりするコンプレックスでとどまっている場合もあれば、アメリカ的ないしラテン的な幼児症から、異常発達した乳房、真性の病的な異常肥大した乳房までのように強迫的な形態をとる場合もある。

性科学的に比べると、乳房の大きさについてこれだけの相違があるというのは実に驚くべきことである。解剖学的には一種の恒常状態にあると考えても一向に差し支《つか》えないような気がしていたのだが、本書でロミが文献とともに豊富に提示している図版資料をみれば、

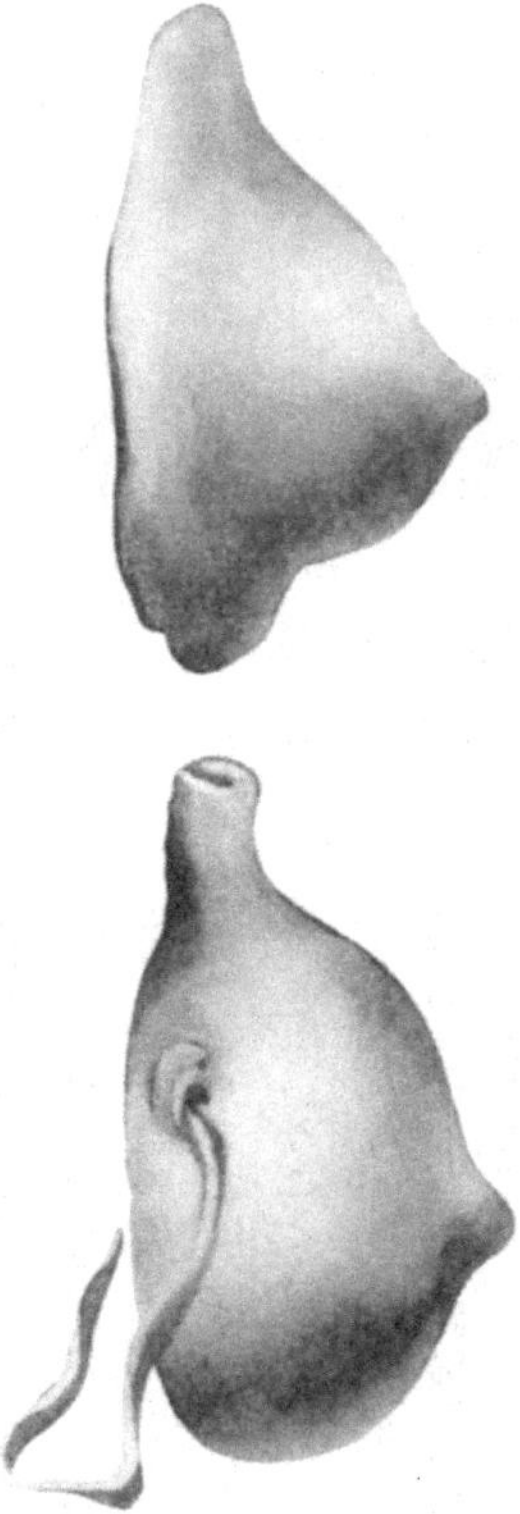

乳房形の壺。アメリカ・インディアン、ズーニス族。アリゾナ州（カッシングによる。J＝M・カプレッティ・コレクション）

女性の乳房の大きさに対する性的嗜好《しこう》が随分変化してきたことがわかる。たとえばエジプトの美学では比較的小さく平らな乳房がよしとされてきたのに対して、ギリシアやローマやエトルリアではたくましい大きな乳房が好まれたということ。あるいは中世の小さな乳房から、ルーベンスの豊満な乳房、世紀末や映画の時代の豊かな乳房にいたるまでの変化というように。

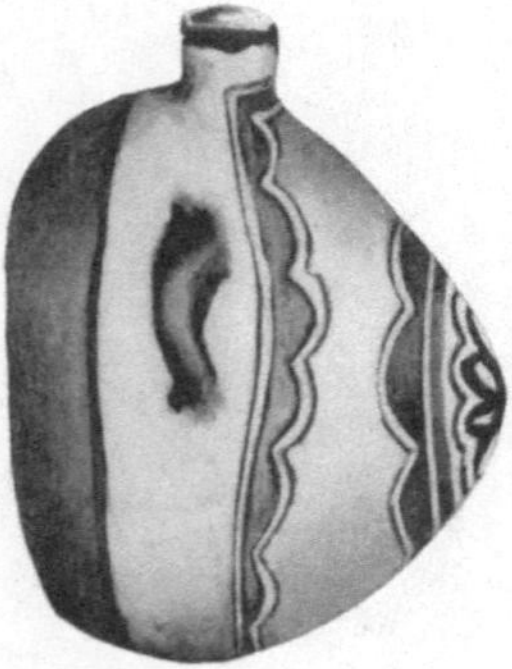
乳房形の壺。前頁と同。

　乳房の大きさは性的魅力が目指す目的からすれば、二義的に思われる。口唇愛の問題に帰するフロイトの立場はとらないことにしよう。フロイトの天才はときとして目をくらますばかりで、明証性に欠けることがあるから。有名な例で言えば、子どもを吸乳に向かわせるという「性本能」説。これは甲状腺がなかったり切除されたりすると起こらないのである（拙著『エロティシズムの歴史』参照（邦訳百八十八〜百九十一ページ））。こうした粗漏によって、精神分析学に対する建設的な批判がなされる機会が相当失われたのではなかろうか。同様に、乳房に対して成人男性がおぼえる口唇愛は、幼年時代の記憶、それも聖なる母親の乳房の記憶に拠《よ》っているというのもかなり疑わしい。女性でも、同じような幼年時代を送ったのだから、成人後にはおなじ口唇愛にとらわれるはずではないか。例外をのぞけば（それが少ないとは言わないが）、その説はやはり間違っている。

フロイトはおそらく、吸う行為（口唇愛）がもつ魅力のことを考えていたはずである。彼の下意識は、肉のふくらみの部分を官能性の台座のごときものとみなし、乳房の魅力を正当にも、乳首と乳暈に限定していたのだから。彼は性周期によって色を変える「性的刺戟を受けた肌」がもつ性的な「亢奮剤」の役割を、生体記憶の助けを借りて証明し、合理的な無意識的思考が胚胎《はいたい》する、あらゆる精神分析学的含意を提示することができただろう。別の面から言えば、デコルテや乳房の曲線（下側の曲線も含む）に対しては終始寛容だった検閲が、乳房の先についてはむやみに厳しかったことも暗示的である。

男性にとって乳房は、文明化した者に特有の記憶と結びついた、視覚的魅力のみなもとにほかならない。触覚は後に来る。女性にとっての乳房はこれとは逆で、まず触覚があって、視覚は二の次になる。恋人同士では、乳房はとりわけて性的な煽動《せんどう》者の役割を果たす。言うなれば、それは「セックスのとき、女性の生体で用いられる重要な道具のひとつ」（「ニュー・サイエンティスト」一九六四年第九号所載のグッドハート博士の論文参照）であり、男性にとっては、記号性と触覚の快楽が合一して欲望を解き放つ器官なのである。

そう考えれば、女性の乳房に対する性的嗜好の歴史的なメカニズムも、いきいきした本来の姿をあらわすのではないかと思う。美の基準とて季節季節の流行と大差ないのであれば、歴史的メカニズムが明らかになることで、美意識がどのように関係していたかを正確に見てとることができるだろう。図像学的資料をみるかぎり、古典時代はたくましい乳房が求められたのに対して、バロック期には固さは犠牲にしても、豊満な乳房が讃《たた》えられたのである。現代はさしずめ、あらわな乳房が堂々と自らを主張するという点で古典的であり、重力の法則を度外視して豊満な乳房が好まれるということからしてバロック的である。

自然の形態学は、乳房をむき出しにしている社会は別にして、二の次になっている。時代によっては、乳房を人工的に変化させるという試みが行われ、呼吸や消化作用が生理的に変更を余儀なくされてきたばかりか、各器官の正常な発達が妨げられたこともあった。おおまかに言えば、古代の巻き布、節度ある胸衣《ブラシエール》（米語のブラはここから生まれた）、新しいところならカザック（ゆったりした婦人用ブラウス）、現代のコルセットやゲピエール（腰を細く見せる肌着の一種）などは、男性の欲望の変化に合わせて、胸をつんと上向きにさせる高い踵《かかと》と同様に女性の胸をさらに価値のあるものにするために用いられてきたのだった。肋骨を強く締めつける下着がそうであるように、乳房のすぐ下のあたりで胸郭を締めると、必然的に乳房は高くなり、花咲けるがごとくひろがる。反対にウエストを低くすると、乳房は小さくなる。表面でしっかり抑えるものがないからである。

豊満な乳房に対する強迫観念が進むと、ブラジャーの紐《ひも》を単に調整するだけで胸がある

トランプ。エミール・ベカ絵、フランス、1955年。

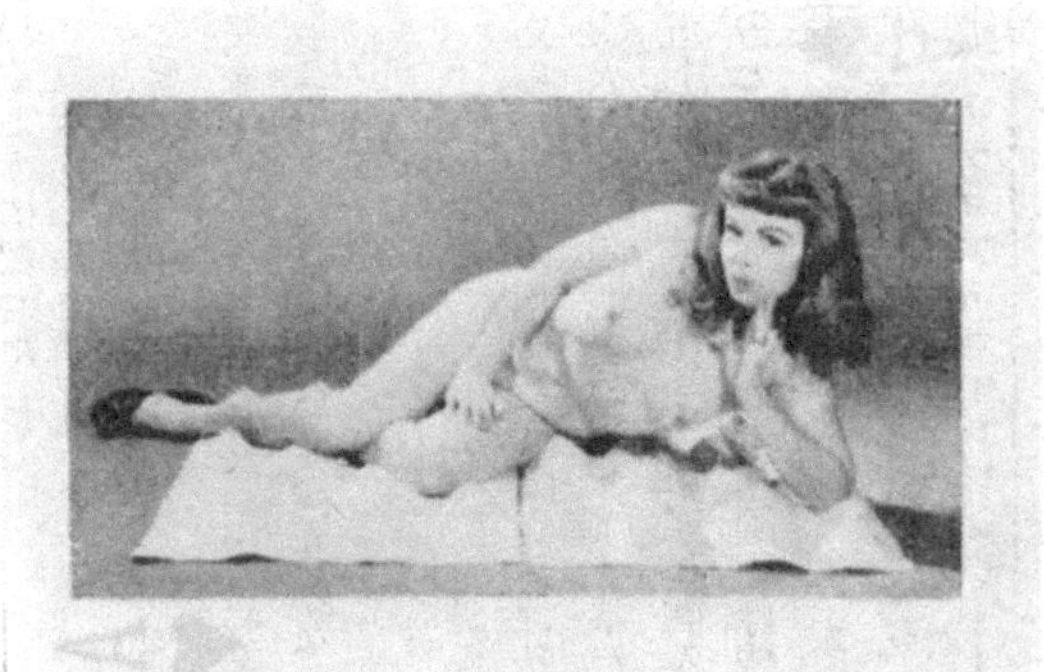

ブリッジのカード。米国、1950年。カーペットの上でくつろぐモデルの乳房の部分が柔らかいゴム製の浮彫になっている。

ように見せたり、柔らかいゴムを詰めたり、目玉のとびでるくらい巨大な乳房も可能にする空気パッドを入れたりといった技術が追求されるようになった。

(「道徳に関する」注をここに挟んでおこう。聖職にある方々とその見習いの人たちにぜひともお教えしたいことがあるからである。十九世紀の中ごろまで、カトリックの教会で告解をするときには、巻き布も、胸衣《ブラシエール》もカザックもコルセットもゲピエールも身にまとってはならなかった。霊魂の死をもたらす大罪とされたのだ)。

ロミが提示する夥《おびただ》しい図版資料と、博識に支えられた気の利いた文献資料は私たちにいくつものことを教えてくれる。たとえば、第一次大戦後、同性愛のデザイナーたちが必死の復讐《ふくしゅう》を試みたせいで平らな胸が流行《はや》った一九五七年から五九年までの二年間をのぞけば、催眠作用を促すかのごとき映画や誇大妄想的広告の力によって、欧米諸国では皆が皆、巨大ともいえる乳房を好むようになったという事実(パリのとある駅前にある巨大なネオン広告の文字が、数年間は「スキャンダル」だったのが、「妄想《オプセシオン》」に変わって、夜になると煌々《こうこう》と輝いていることを考えよう)。エリザベス・テイラー、ソフィア・ローレン、ジェーン・マンスフィールド、アニタ・エクバーグ、サブリナ、ブリジット・バルドーといった映画界のスターたちは、頭よりも大きな乳房を銀幕上で披露しているのだ。

とはいうものの、地球上の半分にも達する国々で、過度の発達を遂げた身体の一部分を聖なる牛さながらに、突然崇《あが》めはじめたのにはそれなりの理由があった。アンリ＝フランソワ・レイ〔小説家。一九一九～八七。『裸の少女』など〕は、誰でも簡単にホルモンが入手できるようになった時代を踏まえて、ここ三十年来着実に考えられてきた到達点というべき、バスト百五十センチの女性を自作に登場させたが、まだまだ慎ましいと言わねばなるまい。事実、バストが百三十センチの女性は「自然に」存在するのである。現代男性は豊満な乳房のスターの子どものような存在であって、スターたちは彼らのために、ぴったりした服をまとい、乳房の先までデコルテにしているかのようではないか。「平均的な男は」とレイは書く、「悩みを抱えた夜のみなしごで、ハリウッドの子守女の豊満な乳房につつまれて揺すられたいのだ」。いや、ハリウッドは当然にしても、それだけではない。劇画に登場する挑むかのような乳房も忘れてはならないだろう。いまや劇画の成功は恐ろ

「おやめ下さい。現物を賭けるのは禁じられております」（「フー・リール〔爆笑〕」誌、1962 年）

しいほどなのだから。

強迫観念になることもあれば、フェチシズムの対象にもなる乳房は、たくみに性的刺戟にかかわる器官として、私たちのエロチックな美意識のなかで新たな価値をもつようになった。その価値というのが、騙《だま》された大衆を魔術のように「懐柔する」ために、映画やジャーナリズムを意図的に利用して作られてきたのか、今はまだわからない。たしかに、国家の検閲が質の高いエロチシズムには滅法うるさいのに、大部数のジャーナリズムのひどい露出趣味には寛大だというのは奇妙なはなしではある。

大衆を集団的な強迫観念にわざわざ駆り立てるという発想は、今に始まったことではない。政治にはすでに先例がいくつもある。ヴェネツィア共和国政府は、男たちを国事から逸《そ》らし、自らの権力を保持するために、「自国民」の女たちが乳房をあらわにするよう仕向けたし、フィレンツェでもすでに、一三八〇年当時、同様の手が使われたのだ。ダンテが書いているではないか。

その時来らば、聖職者は固く禁ずるであらう、
フィオレンツァの厚顔鉄面の女どもが、
乳首まる出しの胸もあらはにのし歩くのを。〔寿岳文章訳〕
(『神曲』「煉獄篇」第二十三歌・第百行前後)

一三八八年、ジャン・ド・ミュシはこう書く。「カノ女タチハ、乳房ヲミセテ歩ケリ。カノ乳房ハ胸カラソビエ立ツバカリナリ」(原文ラテン語)(『映画のエロチシズム』第三巻参照。J＝J・ポヴェール社、一九六二年)。

だが、二十世紀の平均的な男性がかかっている幼児症についてはやはり大部数を誇る世界中の新聞や雑誌の力を考えないわけにはいかない。新聞雑誌はたしかに読者の風俗や好みに大きな影響を与えるからだ。しかし、それは同時に、読者の鏡にほかならない。読者が最も望んでいるものを新聞雑誌はばらまく。もしそうした新聞雑誌に、世界の美女のバ

巨大な乳房に対する嗜好は日々つくられてゆく——「大きな乳房とサプライズ・パーティー」、ブルノ絵(「冬・No.5」(部分)、1965年)

ストのサイズが毎月載ったり、破れたデコルテやみだらな服装の話題が、日々の勧誘という目的のために、宗教界や市民の暗黙の了解のもと、性懲りもなく載っているとするなら、それは読者諸兄諸姉の明らかな要求、ないし、いつも変わらぬ疑似エロチックとも言える好奇心が前提として存在しているからである。このような好奇心が拡がっているのは、ただに母性幻想が求められているせいでもなければ（「子どもが口で求めているのは乳房であって、母ではないことは証明されている」〈G・L・ビブリンク〉）、いまやしだいに数を増す、吸いつくべき母親の乳房を持たなかったかつての子どもたちのリビドーが堆積《たいせき》しているからだけでもない。

他方、藝術家たちは乳房を表現することで藝術的霊感を得た。神話に出てくる多乳の存在（英国のヘンリー八世の妃《きさき》は乳房を三つ持っていたらしい）から、乳房にまつわる伝説のたぐいの描写にいたるまで。あるいは、純粋な美の観念から、肉欲をかき立てる観念まで。いわゆる女性性器にくらべれば、乳房のタブーのほうがはるかにゆるやかである。彫刻、絵画、写真、映画といった藝術でも、乳房は広汎《こうはん》に登場する。聖母、王妃の乳房、遊女の乳房、聖女の乳房——これらが私たちの記憶にはあふれている。

映画の場合はむしろ「シネマスティー」（「動くもの」＋「乳房」の造語）という語のほうがぴったりするかもしれない。乳房を毛嫌いする検閲のある国（米、ソ連〈刊行当時〉、イタリア、スペイン）では、異国趣味の仮面をかぶることがふつうである。しかし、そこにはどことなく人種差別の臭いがする。
　乳房には何も高級な文学など必要ないのだが、アンドレ・マルローが文化を牛耳っているような時代〔マルローはド・ゴール政権の文化大臣を務めた。一九五九～六九。当時の文化行政におけるマルローの発言力は強力で、フランス国内で猛反対のあった、日本での「ミロのヴィーナス展」を実現させたのもマルローの一言だった〕では、心理学やオペラの本までもが検閲を受ける羽目になる。それならば、いっそ聖書に身をひそめたほうがよさそうだ。そこならば、いやらしい彼らの手もまさか伸びてはこないだろう。

　われら小さき妹子《いもうと》あり　未だ乳房あらず（文語訳『聖書』「雅歌」第八章―八）

　わが愛する者は我にとりてはわが胸のあひだにおきたる没薬《もつやく》の袋のごとし。（同。第一章―十三）

　なんぢの両《もろ》乳房は牝鹿の双子なる二箇《ふたつ》の小鹿が百合《ゆり》花の中に草はみをるに似たり。（同。第四章―五）

リズ〔エリザベス〕・テイラー、あるいは英国風悪口〔豊満な乳房の意〕。絵葉書、1963年。

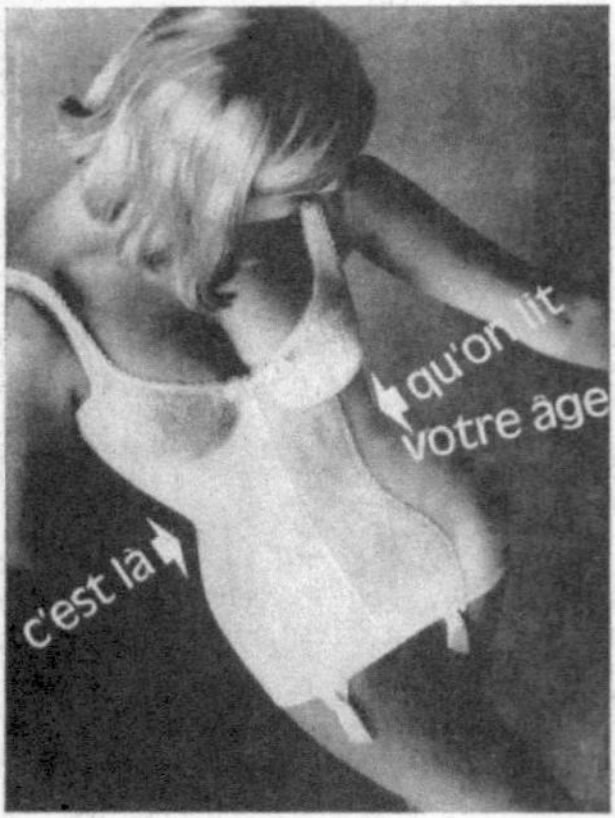

オブジェ、広告、そして強迫観念——雑誌広告（半年で、七千万部に掲載）。「ここであなたの年齢がみんなにわかります」

強迫観念も、時にはユーモアにつつまれて、穏やかになる。「プレイボーイ」誌、1965年。

「どうしても気になるところです」。フランス、1965年。

なんぢの両乳房《もろちぶさ》は牝鹿の双子なる二《ふたつ》の小鹿のごとし。（同。第七章―三）

なんぢの乳房は葡萄のふさのごとし。（同。第七章―七）

本書を飾る言葉として、「雅歌」の調べにまさるものはない。

乳いろの花の庭から——ロミのために

高遠弘美

辞書によれば、アンソロジー〔anthology〕とはもともとギリシア語で、「花《アントス》」を「摘む《レゲイン》」、すなわち「花のコレクション《アントロギア》」を意味する。であれば、アンソロジーが愉《たの》しいのはあたりまえ。きままに花々を摘む行為が愉しくないはずがない。

アンソロジストなるものがおしなべてアマチュア（amateur〔何カヲ愛スル者〕）なのもむべなるかな。澁澤龍彦《しぶさわたつひこ》や塚本邦雄《つかもとくにお》のように、すぐれたアンソロジーをいくつも編んでいる文学者でも、プロのアンソロジストとは言えないだろう。彼らのつくったアンソロジーが依然として貴重なのは、全編にアマチュアの精神が脈々とみなぎっているからである。

そして本書の著者ロミもあるいは乳房、あるいは淫食《いんしょく》、あるいは自殺、あるいは悪魔、あるいは三面記事的出来事といった事柄について、およそ権威主義とは遠い、旺盛《おうせい》なアマチュアの精神を発揮して、挿話や資料の花々を自由に渉猟《しょうりょう》する作家であった。

本書第二章を「文学にあらわれた乳房」にあてたロミに倣って「日本文学にあらわれた乳房」を編むとすれば、記憶に残る乳房の歌、あらたに目に留まり心に響いた優しい花の数々を、遺漏や疎漏を恐れずに書きつけてゆくほかないだろう。ただし、その際、古典作品は敢《あ》えて省き、近現代に絞ったことに加え、小説の引用をなるべく少数にとどめ、詩歌の花壇を中心に小さな散策をするにとどめたことはお断りしておかなければならない。

古典と一口に言ってもせいぜい『古事記』、『日本書紀』や『日本霊異記』、『源氏物語』

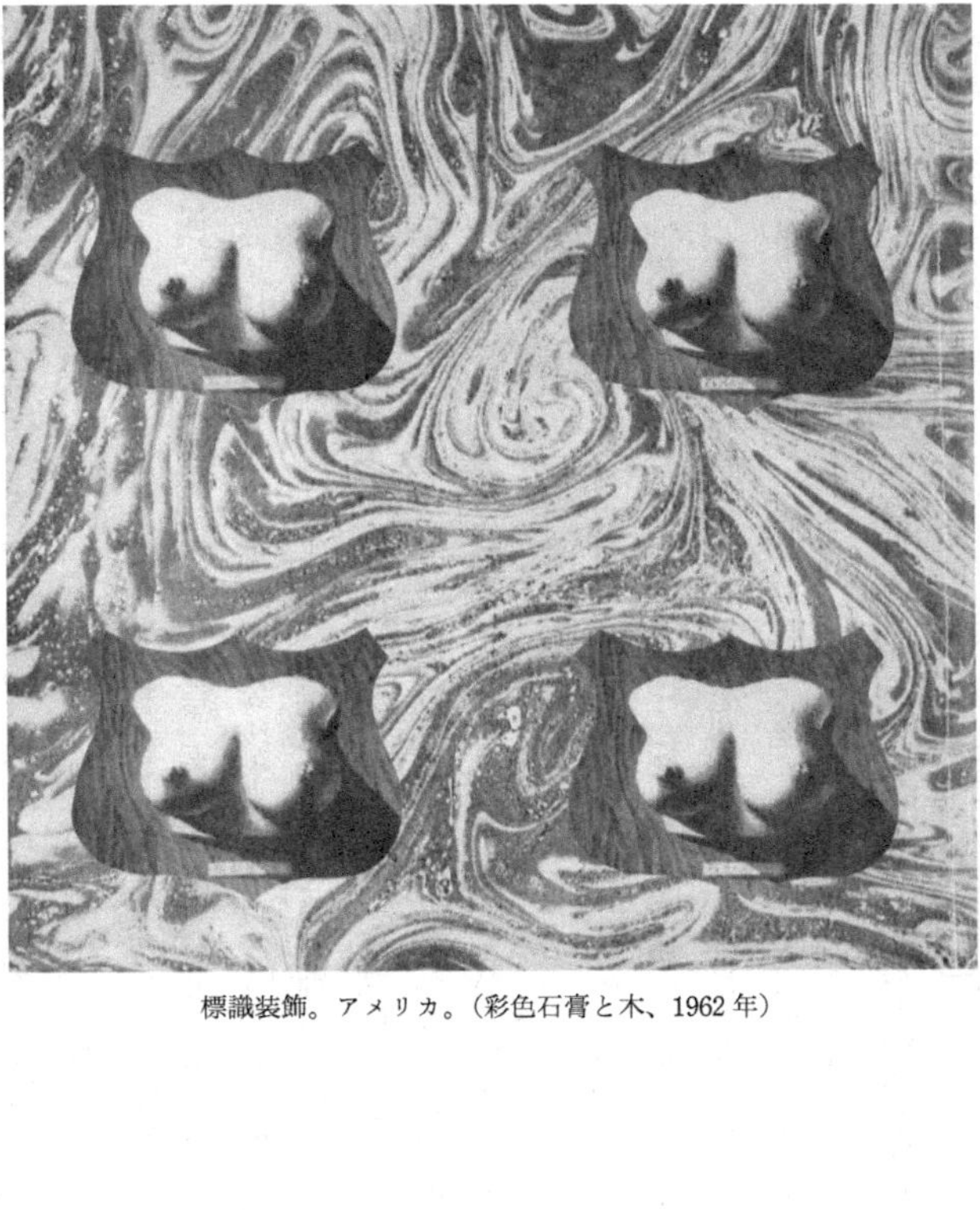

標識装飾。アメリカ。（彩色石膏と木、1962年）

「横笛」、『大鏡』、『狭衣物語』や『宇津保物語』、それに『好色一代男』くらいが関の山、あとは『万葉集』『拾遺集』『後拾遺集』『俳風柳多留』等にみられる、性愛とはかけ離れた母性的乳房しか浮かばず、自らの無知を棚上げにして言うなら、性愛におおらかだったはずの日本古典文学では、性愛の重要な器官たる乳房に対して、不当な冷遇をしていたのではないかとさえ思われるほどである（歌舞伎十八番『鳴神』の次のような描写はむしろ例外中の例外に属するだろう。鳴神《なるかみ》上人が絶世の美女雲絶間姫《くものたえまひめ》の誘いにのって、胸が苦しいという姫の胸もとに手を入れる場面。「生まれてはじめて女の懐中へ——見れば、アノ胸郭の間に、何やら柔らかなくくり枕のやうなものが二つ下がつて、先に小さな把手のやうなものがあつたが、ありやなんぢや／お師匠様としたことが、ありや乳でござんすわいな」）。

また、詩歌を多く引いたのは、乳房なるものが際立ち、乳房の表現が読後も記憶につよく残るのは、性愛の場面を具体的に描くことの多い小説の類《たぐ》いよりもむしろ、性愛その他を象徴的に表現する詩歌のほうではないかと愚考したからにほかならない。

さは言うものの、小説でも忘れ難い一節をもつものは少なくない。あまりに有名すぎて気が引けるのだが、本好きの少年なら、性に目覚める頃に必ずや胸ときめかしてきたに違いない三島由紀夫『潮騒』（一九五四）にみられる「まだやつと綻びかけたばかりで、それが一たん花をひらいたらどんなに美しからうと思はれる胸」の、お互ひにはにかんでゐるかのやうに心もち顔を背け合つた一双の固い小さな乳房は、永い潜水にも耐へる広やかな胸の上に、薔薇いろの一双の蕾をもちあげてゐた。（中略）彼の胸は乳房に軽く触れた。

「この弾力だ。前に赤いセエタアの下に俺が想像したのはこの弾力だ」

まだいくばくの固みを帯びたそのふくらみは、今や覚めぎわの眠りにゐて、ほんの一瞬、ほんの微風の愛撫で、目をさましさうに見えるのである。この健康な処女の乳房は、しかしえもいはれぬ形をしてをり、老婆はあらい掌を、思はずその乳首に触れて初江を飛び上がらせた。

といった描写から、砂と汗の触感がやけになまなましい、安部公房『砂の女』（一九六二）のこんな乳房まで。

男も一緒になって、女が体の砂をはらう手伝いをはじめる。かすれた声で女が笑った。乳房から、腋の下へ……腋の下から、腰のまわりへ……男の手はしだいに丹念さを増していき、首にかかった女の指に、力がこもり、ふいに驚きの声があがった。

石鹼をぬった手で、じかに女の体を撫でまわしはじめた。耳朶からはじめて、顎の下にうつり、肩をさすりながら、片手をまわして乳房をつかんだ。女は、声をあげ、男の胸から下腹に、ぬるぬるすべって、しゃがみこむ。

乳首を口にふくみ、石鹼と汗と砂で、鉄粉まじりの機械油のようになった体を叩きつけ合っては、興奮をかきたてるのだ。

あるいは乳房を描くことの多かった川端康成であれば、やはり「眠れる美女」（一九六〇）の「薄い血にぬれた」乳首。

娘の親の目がきびしくなつて、たまの忍びあひははげしかつた。ある時、江口が顔をはなすと、乳首のまはりが薄い血にぬれてゐた。江口はおどろいて、しかしなにげなく、こんどはやはらかに顔を寄せると、それをのみこんでしまつた。

またはカフカの城のように、いつまでも届きそうで届かない乳首。見えそうで見えない乳首（そういえば、子どものころ、街角に貼ってあったストリップ小屋のポスターでは、踊子は豊満な胸の曲線はさらしつつも、乳首の上だけは星や花のかたちをした小さな紙などで蔽《おお》っていた。どうしてそこだけと子供心に不思議に感じていたことを思い出す）。

僕はただ廊下に誰かの足音がしないうちに、一度だけでも彼女の乳房をまるごと眺めたいと思っているばかりだった。勝子は話しながら、手を頭にやって二の腕を高くもち上げたり、上体をゆらゆらさせたりした。そのたびに紺色の浴衣の胸もとは、ふわりと拡がったり、また下へだらりと垂れたりした。そのくせ、どうしても乳房の乳首のところだけは、まるで竿の先に洗濯物がひっかかったまま落ちてこないときのように、浴衣の襟がかすかにかかってとれないのだ。

（安岡章太郎『花祭』一九六二）

さらには人間の女ならぬ人魚の乳房から、虱《しらみ》になって眺める妻の「巨大な乳房」まで。

年のころは十七八かと思はれますが、一絲をもまとはぬ裸身で、すきとほるやうに白い肌はあたかも大理石のやうになめらかに光つてゐます。どこひとつ角ばつたところのないなだらかな身体の曲線は、縦横にうねりまじはり、ぷつとふくらんだ二つの乳房の先にある薄桃いろの乳首が、紅玉をちりばめたやうに見えます。

（火野葦平『河童曼荼羅』一九五七、「人魚」）

彼の行く手には、一座の高い山があつた。それが又自らに円みを暖く抱いて、眼のとどかない上の方から、目の先の寝床の上まで、大きな鍾乳石のやうに垂れ下がつてゐる。その寝床についてゐる部分は、中に火気を蔵してゐるかと思ふ程、うす赤い柘榴の実の形を造つてゐるが、そこを除いては、山一円、どこを見ても白くない所はない。その白さが又、凝脂のやうな柔かみある、滑な色の白さで、山腹のなだらかなくぼみでさへ、丁度雪にさす月の光のやうな、かすかに青い影を湛へてゐるだけである。まして光をうけてゐる部分は、融けるやうな鼈甲色の光沢を帯びて、どこの山脈にも見られない、美しい弓なりの曲線を、遙な天際に描いてゐる。

（芥川龍之介「女体」一九一七）

小説で乳房の描写に出くわすたびに、さてもさても女性の乳房は永遠の魅力をかく保ちうるものよと改めて心打たれずにはいられない。現代の小説からあと三つばかり引くなら最初はこんな一節はどうだろうか。

三浦哲郎「蒼い断章」（一九七〇）。特攻隊員の桂《かつら》は十八歳。出撃の前日、村の娘で、十六歳になる小夜《さよ》と藁《わら》麦畑で結ばれる場面。

乳房のふくらみは、思ったほどに高くはなかった。それはむしろ平たく、ひろくひろがっていて、鳩尾の谷のところで、わずかに隆起《りゅうき》をみせていた。薄褐色のまるい暈《かさ》、その真中の小豆粒ほどの乳首。――黒くて、サクランボほどもあった母の乳首が、ちらと彼の脳裏をかすめた。

桂は、子供のころの夏、母が肌着の胸元をはだけて昼寝をしているのをみるたび覚えた衝動を、そのときも覚えた。十八の自分がそんなことをしては笑われるかもしれない、そう思ったが、彼は顔を寄せてそのちいさな乳首を口に含んだ。それは、初めは耳たぶよりも柔かく、やがて干した葡萄の実のように硬張《こわ》ってきた。もう一方は、初めから固かった。それもおなじように口に含むと、小夜は唇を尖らせて、口笛を吹くような音を立てて吐息をした。

そしてもうひとつ。

「ばかね」

菊江の細い手が、啓一の手を穏やかにつかむ。それを啓一の頬のあたりにそつと持つてゆく。濡れた冷たいあとが、脂のやうに瞼の下に残つてゐる。やはり泣いてゐたのは自分だ、と気がつくと、はだけた菊江の胸から、急に二つの乳房が眼に入つてきた。

啓一はふと眼をそらさうとしたが、ためらひの心の裏で、眼は乳房の方に向はうとする。小さく膨らんだ乳房の先の、桜いろの蕾がすこぶる印象的だ。ものがよく見えるといふことは、まつたく素敵なことではないかと思ひはじめる。

（中略）

最後の秋の夜といふのは、菊江が息を引取る七日前のことである。

その夜更けに、菊江は白い裸像になつたのだ。

「……もうお別れだわね。遠くから、お迎へが来てゐるの。よくわかつてゐるのよ。前に啓ちやんは怖い夢を見た。それからあと何度も、泣きながらしのびこんできた。姉さんは優しくしてあげたつもりよ。今度は、姉さんの方が抱かれたいわ。お迎へが来てゐるの……。怖いのよ！」

啓一は狂つたやうに菊江の胸をひろげてゆく。その指先が、草の穂のやうに揺れる。

二十二歳で夭逝《ようせつ》した姉との、ある種の近親相姦《そうかん》を描いた結城信一の小説「白い落ち葉」（一九七一）からの引用だが、ここに描かれた菊江の乳房はただただはかなく美しい。

さらに、性愛を描いてみごとな中村真一郎『夏』（一九七八）の一節。仏訳されている中村唯一の小説である。

彼女は起き直ると少女のように盛りあがりの小さい胸を私の眼のうえに前後させる運動を開始したのだが、私のさしのばした掌のなかに充分包まれてしまうその柔かな乳房は、快楽の昂進とともに乳首を持ちあげさせてくるにつれ、頂きの茶色の帽子状のまわりを取り巻く部分は、以前に西洋の絵で見て、私がそれを画家の想像だとばかり信じていて、現実の女性にあるとは思われなかった、見事な桃色を呈してきた。その眼にしみ入るような桃色の美しさは、暫く純粋の美的感動を私に惹きおこし、それが快楽への官能的な衝動から、注意を外らしたほどだった。

だが、それにしてもなぜ乳房なのか。石川淳はこう書く。

閨房では、女人は窮極のところ乳房でしかない。なぜ、とくに乳房といふか。それが肉體全體であつても、いいではないか。また乳房よりほかの、肉體の部分、他の器官であつても、いいではないか。いや、どうもそれではよくない。乳房にかぎる。たとへば豚について、豚の肉體全體といふとき、ひとはなにをかんがへるか。それはかならずや豚プロパーといふかんがへに突きあたるだらう。女人についても同様に、女人プロパーから分離的に女人の肉體全體を取り上げることはできないだらう。女人プロパーとは、一般には人間プロパーの謂にほかならない。すなはち當世流行の人間論である。新聞雜誌の文藝欄などならば、それも商賣のたねの、演舌の材料になるかも知れない。しかし、これから閨のむつごとで、ぢれつたいとか、にくらしいとか、せつかく濡場にならうといふときに、まかり出たものは人間論で候では、野暮天にもほどがある。さういふ無粋な眞似はこのところ願ひ下げにしたい。

ふだんはキモノをかぶつてゐるから判らないが、その下の中みをまぢかに展望すると、女人の肉體には女人相應にこまかい部分、小癪な器官が備はつてゐて、どれも重寶のやうで、見た目がにぎやかで、この世のものともおもはれない。つまり、キモノこそ地上の皮膚で、中みは幻影でしかないといふことを、たれでも痛感するだらう。幻影といふならば、とりわけ乳房こそ一番形態がととのひ、丸くて、やはらかくて、なめらかで……ええ、まはりくどい、かういふ愚劣ないひ方をする手はない。もつと俗つぽく、もつとべらぼうに、ぬけぬけと一事を主張するつもりであつた。すなはち、女人の肉體の中で、もつとも上等なものは乳房だといへばよい。笑ふべし、他にれつきとした豐饒な器官もあるのに、それをさし措いて、乳房を高いところに祭り上げるとは何事か。そもそも肉體のある器官が他の器官にくらべて上等とか下等とかいふのは、何たる無意味な、ばかげた心配だらう。しかし、一般に俗物といふものは、達人の大観とはちがつて、そのやうなばかげた心配に意味をなすりつけて、人生観の體裁を作りたがる。こちらも極めつきの俗物だから、體裁を作ることは大好物で、せいぜいきどつて、じつはワイセツなことがいひたいのを我慢して、偽善とすれすれに見えるまでの危険をおかしても、おくめんもなく乳房が一番上等だときめこんで、涼しい顔をしてゐたい。この涼しい顔は心臓をもつて人體の一番高尚な微妙な器官だと信じこむところの思想に關係してゐる。事が心臓となつては、さしあたり女人にもやはり心臓の設備があると假定しても、それを取り出してみせるためには、刀をふるつて胸を割り裂き、手を體内に突つこんで、血だらけにならなくてはすまない。それでは野蠻であるうへに、手数がかかる。所詮、位置的に心臓に一番近いらしい乳房をもてあそぶことの、小ぎれいで便利なのに如かない。何といつても、これは撫でるにたのしくて、たれでもわるいきもちはしないだらう。けだし、俗間に聖心の信仰のおこる所以である。

（「かよひ小町」一九四七）

だとすれば、どれほど有名であっても、わが国の近代随一のエロチック詩人、堀口大学の「乳房」（一九四七）を落とすわけにはいかないだろう。

1　徳は孤ならず　　2　乳房は二つある

乳房は二つある
掌《てのひら》も二つある

3 乳房はわたしの
掌のかたちをしてゐる

4 乳房は掌のためにある
掌は乳房のためにある

5 乳房 掌の饗宴

6 乳房 双子山

乳房 円味の極楽

乳房 両半球

7 乳房 白い羽ばたき

8 乳房 女の肉体の幾何学

乳房 紅い嘴の鳩

乳房 女の肉体のバランス

9 乳房 恋愛の詩法

10 乳房 眠る白蛇《しろへび》

乳房 愛撫の旋律

乳房 温帯の気候

11 乳房のかたさで
夜の時間が知れる

12 乳房 わなく生きもの
乳房 息づく果実《くだもの》

13

あかつきの乳房
白いマグノリア

14

浴室の乳房
ときいろの蓮花

15

乳房　かたちのない形
乳房　慎み深い淫逸

16

乳房　まなざしの矢で射る
男の欲念の的

17

乳房の散るのをおそれて
彼女は薄紗《うすぎぬ》で包んだ

18

乳房　男の最初の餌食
乳房　男の最後の渇き

19

乳房　女体のバルコニー
乳房　情欲の円屋根

20

彼女が眠つてゐる間
乳房は眼《まなこ》を閉ぢてゐる

21

乳房　女の肉体の月あかり
乳房　恋人のシャボン玉

22

乳房　フェミニティの住家《すみか》
乳房　人体美学の望楼

23

乳房　乳房　乳房
掌の恋びと

堀口大学がいなければ、わが国のエロチック詩はずいぶん寂しいものになっていたはずである。一休『狂雲集』について中村真一郎が書いた「そこには何の淫靡な影はなく、快い颯爽無双の印象を漂わせている」(『古韻余響』一九九六)という的確な表現は、堀口大学にもそのままあてはまる。もうすこし彼の詩を引いておこう。

春が来て
あなたの胸のブラウスの
絞りの豆がかたくなる
そよ吹く風の指の下

(「乙女子に」)

マシマロは乙女の乳房
(信じて口を当て給え!)
甘くかなしく香ぐわしく
おいしいだけの味のもの
口の中
溶けてしまって無いみたい

(「マシマロ」)

拒まれた唇の薔薇
許された腰のリラ
闇に浮く乳房の紫陽花
一つ咲く腰のアネモネ
（「断章」）

いにしへの奴奈川姫にあらねどもわかやる胸の久比岐をとめは
いにしへもかくやありけん淡雪のわかやる胸は忘れがたかり
（「初夜」）

堀口大学ほど生涯を通じてエロチック詩にこだわらなかった詩人たちにも、乳房を歌った作品がないわけではない。気ままな連想にまかせて、年代を敢えて無視していくつか並べて引いてみる。まずは堀口大学の親友だった佐藤春夫の名高い作品を二つ。最初は「支那歴朝名媛詩抄」と題された翻訳詩集『車塵集』からだが、これはすでに佐藤春夫のオリジナルの詩作品と言って差し支えないと思う。原作者は趙鸞鸞。

湯あがりを
うれしきひとになぶられて
露にじむ時
むらさきの玉なす葡萄

（『車塵集』一九二九、「乳房をうたひて」）

よきひとよ、はかなからずや
うつくしきなれが乳ぶさも
いとあまきそのくちびるも
手をとりて泣けるちかひも
わがけふのかかるなげきも
うつり香の明日はきえつつ
めぐりあふ後《のち》さへ知らず
よきひとよ、地上のものは
切なくもはかなからずや。

（『殉情詩集』「よきひとよ」）

あとに引く与謝野晶子の歌とも響きあう薄田泣菫『暮笛集』（一八九九）のこんな調べ。

乳房さはりて吾胸の
力ある血に気は立ちぬ
（「尼が紅」）

君妻ありや、すさびゆく
風あらあらし人の世に、
胸やはらけき女子《をみな》こそ、
頼みの宿と知りたまへ。
（「加古河をすぎて」）

萩原朔太郎の『月に吠える』（一九一七）と『純情小曲集』（一九二四）からはこんな詩の一節がよみがえる。

ああわたしはしつかりとお前の乳房を抱きしめる、
お前はお前で力いつぱいに私のからだを押へつける。
さうしてこの人気のない野原の中で、
わたしたちは蛇のやうなあそびをしよう、
ああ私は私できりきりとお前を可愛がつてやり、
おまへの美しい皮膚の上に、青い草の葉の汁をぬりつけてやる。
（「愛憐」）

うすくれなゐにくちびるはいろどられ
粉おしろいのにほひは襟脚に白くつめたし。
女よ
そのごむのごとき乳房をもて
あまりに強くわが胸を圧するなかれ
（中略）
女よ
そのたはむれをやめよ
いつもかくするゆゑに
女よ　汝はかなし。

（「女よ」）

朔太郎の富を現代に引き継ぐひとり、『音楽』の詩人那珂太郎は乳房をこう歌う。

はかなく過ぎた病む歳月《としつき》の空しさを
乙女はそこに想ひみるのか　現つとはなしに
指はほのかに汗ばむ乳房のふくらみを

甘いはだへの感触を　自らいとしみ愛撫しながら

（『ETUDES』一九五〇、「白鳥」）

詩の音楽性をひらがなのなまめかしさのなかに求めた大手拓次にはこういう一節がある。

鏡のおもてに
魚のやうに　ゆらゆらと　うごくしろいもの、
まるいもの、ふといもの、ぬらぬらするもの、べつたりとすひつきさうなもの、
夜の花びらのやうに　なよなよと　およぐもの、さては、うすあかいけもののやうに
（中略）
つつみきれない肉のよろこびを咲きほこらせる。
ああ、みだれみだれて　うつる白いけむりの肉、
ぽつてりとくびれて、ふくふくとあがる肉の雨だれ、
（中略）
よれよれにからみつく乳房のあはあはしさ

（『藍色の蟇』一九三六、「鏡にうつる裸体」）

たわわなふくらみをもち　ともしびにあへぐあかしや色の乳房の花
（同「白いものにあこがれる」）

こういう詩に比べればあるいは生硬さが残るにせよ、その硬さがむしろ魅力になっているのがたとえば村山槐多の「モデル女に」（一九一五）だろうか。

あゝ美しきかな
汝の全体
先づ吾を戦慄せしむるは
汝の胸上なる二つの肉感的なる球なり
美しくとがりたる乳房なり
汝の腕なり

とがった乳房という点でいうなら、澁澤龍彥の処女作「撲滅の賦」（一九五五）の、「西洋人参のようにとんがっていた」乳房を忘れたとしても、吉野弘「乳房に関する一章」（一九五七）を失するわけにはいかない。

若い娘——
あなたがどんなにつつましく
仕合わせに向かって控え目でいても
あなたの胸のふくらみは
青白く緊張し
不当と思えるほど上向きに突き出し
夏のうすものの下では
殆ど
とがってさえ見える。

あるいは川崎洋「あなたに」（一九七一）も。

のぼっていくと
やがて
僕のばらばらの指をしびれさせる
ぷくりとふくれてやわらかく尖った乳房

または大岡信「秋景武蔵野地誌」(一九七七)。

とがった乳房をかくしている
石の匂いがびんびんとしてくるまでは
アドリブで前進するのが夜の掟
このとき時計は気炎となって流れ去り

そう言えば、大岡信には名作「光のくだもの」があった。

きみの胸の半球が　とほい　とほい
海のうへでぼくの手に載つてゐる
おもい　おもい　光でできたくだものよ
臓腑の壁を茨のとげのきみが刺し　きみが這ふ

恋人同士の愛を歌った作品ならば、谷川俊太郎『女に』(一九九一)に収められた「雑踏」などはどうだろう。

幻が私たちをみつめている
大きな澄みきった目で
だからこんなにもはっきりと分かるのだ
枝々があなたの乳房をつかみ
川が私の腿に流れこむのが
この夕暮れの市場の雑踏の只中でさえ

または、「マチネ・ポエティク」の詩人でもあった中村真一郎の「愛の歌　V」（一九四二）の一節。「る」「の」「の」「る」の脚韻が心地よい。

見よ、泡分けて生れ出る
女人の肩に光る陽の
真珠母色に。金色《こんじき》の
汗は乳房に匂ひ出る。

あるいは一風変わっているかもしれないが、北原白秋の「どんぐり」(一九一一)。

どんぐりの実の夜もすがら
落ちて音するしをらしさ、
君が乳房に耳あてて
一夜《ひとよ》ねむればかの池に。

だが、恋のさなかの乳房を歌った詩歌にして、与謝野晶子の一連の歌にまさるものがあるだろうか。岩波文庫の自選歌集からは巧妙に省かれた晶子若き日の絶唱である。出典は言うまでもなく『みだれ髪』(一九〇一)。

みだれごこちまどひごこちぞ頻《しきり》なる百合ふむ神に乳おほひあへず
乳ぶさおさへ神秘のとばりそとけりぬここなる花の紅ぞ濃き
春みじかし何に不滅の命ぞとちからある乳《ち》を手にさぐらせぬ

最後の歌については道浦母都子氏の卓抜な解説がある。「この一首が、単なる相聞、私はあなたを愛していますといった、平板な愛の告白のうたの域を、数段も飛び越えた感があるのは、うたの背後に、道徳、倫理、家制度など、もろもろの強圧、人々の批判の声、それら全ても、私たち二人の愛の前には何ら恐れることはないのです。と強い調子で訴えてくるものが、滔々と漲っているからだろう」（『乳房のうたの系譜』筑摩書房。一九九五）。ちなみに道浦氏自身の「乳房のうた」を紹介しておこう。

乳首《ちちくび》は突起したまま性愛を潜《くぐ》ることなき眠りの中を
人知りてなお深まりし寂しさにわが鋭角の乳房抱きぬ

現代の女流歌人は晶子のように、乳房を通して性愛をたからかに歌うことに抵抗があるようで、読んで心ときめく歌に出会える機会はさほど少なくない。性愛とまで言わないとしても、女性であることに肯定的なうたのほうが少なくとも記憶にのこると思うのだが、これは筆者《わたし》が男性であるがゆえの妄執だろうか。そういうなかでの例外的一首。

八月の朝日のいろに咲《ゑま》へるは珊瑚の胸のをとめなるべし
（山中智恵子『青章』一九七八）

もっとも、単に無知のせいかも知れないのだが、男女を問わず、いわゆる現代詩において、すすんで記憶の書棚に仕舞っておきたくなるような乳房の詩にはそうお目にかかれないことからすれば、現代の女性歌人の作品には、ときとしてどきりとする作品があることはやはり急いで附言しておく必要があるだろう。

たとえば、大田美和のこんな歌。

夢で子に乞われるままに与えたる乳房ひやりと皿に盛られて
（『水の乳房』一九九六）

こういう歌ならロミが図版で紹介している聖女アガタだけではなく、吉田一穂の詩「マクベス夫人」第三章（『故園の書』一九三〇）の次のような一節と響きあうではないか。

マクベス夫人は人々を招じて卓を囲み、月光酒の杯をかち合せて、先づバベルの塔への祝禱を捧げた。今宵の給仕人メフィストの手によつて、饗応の珍味を盛つた銀盤が、次から次へと運ばれて来た。銀皿に伏せたふくよかなサロメの二つの乳房から人々は温い鮮血を啜つた。

白い乳房を紅く染める鮮血にときとして杳《くら》い情熱を感じるのは、凡夫の身とて同じこと。

何も吸血鬼の専売特許ではないはず。いくつか並べて、円山応挙《まるやまおうきょ》や伊藤晴雨《いとうせいう》の傍らにでもかけておこう。

彼女と共に踊り狂つてゐる医科大学生は、抱擁の片手を解いて、グッサリとふくよかな処女の乳房に手刀《メス》を突き差した。

（吉田一穂『故園の書』「影の劇場」）

夫人の面《おもて》は蒼然として、……、真白く手を動かし、辛うじて衣紋を少し寛《くつろ》げつつ、玉の如き胸部を顕し、「さ、殺されても痛かあない。ちつとも動きやしないから、大丈夫だよ。切つても可い。」……　いふ時晩《おそ》し、高峰が手にせる刀《メス》に片手を添へて、乳《ち》の下深く掻切りぬ。

（泉鏡花「外科医」一八九五）

胸は仰向けに拡がつて、肉づきのいい肩は短く太い首に直角に近い豊かさではびこり、乳嘴も乳暈も娘としては大きく熟し過ぎてゐた。……傷を見せるためだらう、血はきれいに拭き取つてあつた。薄墨の乳暈の下に、ゐぐれた深さを思はせる黒で、傷口が写つてゐた。

（川端康成「散りぬるを」一九三三）

左の肩の青いお召物の下から、深紅のかたまりがムラムラと湧き出して、生きた虫のようにお乳の下へ這い拡がって行きました。……血の網に包まれたような白いまん丸いお乳の片っ方が見えましたけれども、お母さまは、うつ向いたままチャンと両手を膝の上に重ねて座っておいでになりました。

（夢野久作「押絵の奇蹟」一九二九）

とはいえ、年経てもノスフェラトゥになりきれぬとすれば、ふくむ乳房はやはり、若い娘のものが悩ましくも好もしいのではあるまいか。

現代の女性歌人、水原紫苑『びあんか』（一九八九）に収められた作品。

うすずみのさくらが雪に咲く夜は祖父《おほちち》と眠る乳房ふふませ

澁澤龍彦が「乳房について」（『エロスの解剖』）で書いているように、若い娘が老人に乳房をふくませるのは、今村昌平の映画『にっぽん昆虫記』だけではなく、ルーベンスその他の画家のテーマである。「うすずみのさくら」といういかにも日本的なこしらえでありながら、西洋絵画の伝統を一気にひきずりこんだところにこの歌の魅力の一端がある。
だが、女性歌人に続いて男性歌人による乳房の歌を採りあげるとしたら、まずもって塚本邦雄がふさわしい。

戦争のたびに砂鉄をしたたらす暗き乳房のために禱るも　（『水葬物語』一九五一）
渇水期ちかづく湖《うみ》のほとりにて乳房重たくなる少女たち　（同）
聖母像の乳房狙へる銃孔の中の螺旋に眼をまきこまれ　（同）
乳房その他に溺れてわれら在る夜をすなはち立ちてねむれり馬は　（『水銀伝説』一九六一）
乳房ありてこの空間のみだるるにかへらなむいざ楕円積分　（『感幻楽』一九六九）
男鏖殺されてしづけき夜の五月花青素《くわせいそ》はさかのぼる乳房に　（同）
憑かるる前に憑け絵のマリア青桃《せいたう》のかたき乳房をイエスに乞《あた》ふ　（『星餐図』一九七一）
蠟燐すりて娼婦の乳房より赤き凍蝶よみがへらしむ　（『透明文法』一九七五）
つむじ風きたれ男に白珠の妹ありいまだ乳房あらず　（『新月祭』一九七六）

もちろん、以下のような近代の佳品を忘れているわけではないが、塚本邦雄の彫琢《ちょうたく》された「ぎこちなさ」は乳房の質感とみごとに相反しつつ、両性具有にもつながるふしぎな読み味を醸し出していると言えよう。

いぢらしさ忘れもかねつ泣き居たる浴衣の胸の乳のふくらみ　木下利玄
われまよふ照る日の海に中ぞらにこころねむれる君が乳《ち》の辺《へ》に　若山牧水
昼の湯の光は寂し黒みたる女《をみな》の乳をわれは見にけり　島木赤彦
杉沢の乳観音に来しわれは模型の乳房を欲しくなりたり　結城哀草果
つと入れば胸おしろいに肌ぬぎし君ありわれに往《い》ねと言ひける　吉井勇

あらためて断るまでもなく、乳房についての佳什は短歌だけではない。尾崎放哉「すばらしい乳房だ蚊が居る」や室生犀星「はしけやし乳房もねむらぬ春の夜半」といった伝統を継ぐ現代俳句や川柳のほうがむしろ字数は少ないのに、耳に響く作品があまたある。もとより網羅などできるはずもないのだから、いっそ思いつくままに書きつけてみる。

麦秋の乳房をふたつとも熱く
西瓜抱き産まざる乳房潰すなよ
胡桃割るとき双乳房役立たず　鷹羽狩行

早鐘の乳房しづめて毛糸編む　竹久夢二
雪女郎乳房の傷はこの世のもの

女人の乳ふくらみてゐるや蛙なく　森澄雄
紅梅や乳房おもたき雪の朝

冬夕映の褪せたる乳房こくこく吸ふ　坪内稔典
乳房撫づるごとき時間冬夜の稿にあり

たそがれの乳首ちちちち牡丹雪　真鍋呉夫

花冷のちがふ乳房に逢ひにゆく　齋藤愼爾

深深と乳房混みあう蛍狩　金子兜太

森暗く桃色乳房夕かげり
乳房もむ飛騨の籠り灯水気含み

裸婦ひしと抱く乳房の秋光る　高柳重信

おそるべき君等の乳房夏來《きた》る　西東三鬼

乳房や　ああ身をそらす　春の虹　富澤赤黄男

炎昼の軒塞《ふた》ぎたる乳房かな　永田耕衣

ふところに乳房ある憂さ梅雨ながき　桂信子

辛夷さき胸もと緩《ゆる》し人妻は　中村苑子

乳房より重き柘榴と思ひけり　河野南海

蛇の宴見てより固き乳房もつ　河野多希女

乱鶯《らんおう》や乳首の尖りゆく思ひ　秦夕美

髪洗ふ乳首といへる紅ふたつ　松尾隆信

双の乳房重し雪の夜帯とけば　吉野義子

たわたわと乳房揺るるや昆布干し
夏の雲白きに乳房向けて泳ぐ
こがらしや女は抱く胸をもつ
寒さやか双掌に乳房弾ませて　加藤楸邨

水を打つ遊び女等乳房そろひ揺れ
若き母汗腋の下乳房の下
子を抱くや林檎と乳房相抗ふ
肩ごしに見下ろす乳房岩の春
子のための又夫《つま》のための乳房すずし　中村草田男

子にあたふ乳房にあらず女なり　　林ふじを

いや、話は現代俳句や歌ばかりではない。民衆詩人と言われる井上俊夫にも、「風呂場でひとり、真赤な藁とともに燃える、濡れた乳房よ。今度は思いきり熱くした湯の中で、お前ははじめて、ふかい夜を迎える」（「乳房」）というような作品があるし、それこそそこではあまり採り上げなかった現代小説ならば、野坂昭如、中上健次、富岡多恵子、山田詠美、中沢けい、村上龍、村上春樹、佐藤正午、森瑶子、松浦理英子、伊集院静をはじめ、枚挙にいとまのないほど無数のすぐれた乳房の描写があるはずだ。

乳房という窓から覗《のぞ》けば日本文学も、またあらたな相貌《そうぼう》を見せてくれるに違いない。私たちに陶酔と悔恨とをあたえ、情欲と憧憬《しょうけい》とをかさね、肉体と魂とを融合させ、視覚と触覚と味覚を一挙に満たしつつも、永遠の渇望状態に置く乳房なるものの現在《プレザンス》。

アポリネールの「テレシウスの乳房」は最後に宙に飛んでゆく。そう、あえて言うなら、たかだかと中空を舞いとぶ乳房にすがることによって、私たちは、つまらない日常の良識や閉塞的な制度から脱出し、新たな飛翔にむけて旅立つことができるのだ。

いや、こんな堅苦しい言い方はやわらかな乳房にはそぐわなかったろうか。

まずはその美しさに我を忘れ、「息づく果実《くだもの》」の甘くかなしい感触のうちにひたすら時を忘れるにしくはない。

たとえばこんな、言葉以前のつぶやきを口にしながらであれ。

汝《な》が乳の不思議さに酔ふ
ゆびも手も眼もくちびるも
それよりもなほわがこころ

訳者あとがき

本書は Romi:Mythologie du sein, J.-J. Pauvert, 1965 の全訳である。ただし、原書で巻頭に置かれていたロー・デュカのエッセイは後ろに置いた。

『乳房の神話学』は言わば直訳だが、「乳房の伝説」と訳すことも可能である。すなわち、乳房をめぐるさまざまな物語=逸話集成であって、純粋に「神話」にまつわる部分はあるにせよ、体系的な神話「学」ではない。むしろ、乳房がどう捉《とら》えられてきたかの実例集と言えばいいだろうか。そして、これが重要だと思うのだが、そこに本書の魅力がある。

ロミ（一九〇五〜一九九五）については、すでに何度か書いただけでなく、拙訳『完全版　突飛なるものの歴史』（平凡社、二〇一〇）の解説で現在わかる限り詳細に記したが、それでも、本書ではじめてロミを知った方々のために、平凡社版『突飛』の解説に拠《よ》りながら紹介したいと思う。

ロミは本名ロベール・ミケル。姓名の最初の音節を組み合わせた筆名である。一九九三年に私が作品社から『突飛なるものの歴史』を出したときは、日本はおろかフランスでも一部の好事家にしか知られていなかった。フランスでもなかなか入手ができず、ジャン・

フェクサスとの共著二冊を含む全著作二十五点、雑誌掲載記事や共編著数十点を集めるのに十数年かかった。それが今ではフランスのみならず、日本のウィキペディアにも載っているのだから、二十数年前からロミを紹介してきた者としてはうたた隔世の感を禁じ得ない。それぞれの記事を書いて下さった未知の筆者の方々に感謝と敬意を捧げるばかりである。

わが国で翻訳ないし紹介された著作に絞って書くことにしよう。数字は二十五点の著作を刊行順に並べたときの番号である。


8『パリの恋人たち』。三百十一頁。一九六一年。高遠弘美注釈による仏語教科書用抄録版（一九九四年。駿河台出版社）がある。

9『三面記事の歴史』二百八頁。一九六二年。土屋和之訳。二〇一三年。国書刊行会。

10『自殺の歴史』。三百三十一頁。一九六四年。前著同様、土屋和之訳で国書刊行会より刊行予定。

11『突飛なるものの歴史』。百九十二頁。一九六四年。高遠弘美訳。種村季弘序文。一九九三年。作品社。「完全版」が二〇一〇年、平凡社から刊行された。

13『乳房の神話学』。二百四十五頁。一九六五年。本書。

22『娼館の黄金時代』。アルフォンス・ブーダールとの共著。百九十二頁。一九九〇年。

吉田春美訳。一九九三年。河出書房新社。

23『おなら大全』。ジャン・フェクサスとの共著。ラブレー賞受賞。二百六十一頁。一九九二年。高遠弘美訳。一九九七年。作品社。ジャン・フェクサスの追加資料を加えた増補版。

24『悪食大全』。二百九十六頁。一九九三年。高遠弘美訳。一九九五年。作品社。

25『でぶ大全』。ジャン・フェクサスとの共著。百九十二頁。一九九六年。高遠弘美訳。二〇〇五年。作品社。これが遺著となった。


ロミは単に文筆の世界だけではなく、骨董屋《こっとう》やシャンソン酒場の経営などの傍ら、風俗ポスターを二万五千点以上蒐《あつ》めるという一大コレクターでもあった。紙数の関係でここでは省くが、弟子のジャン・フェクサスから聞いた楽しい話もいろいろある。もしご関心がおありなら、ぜひ平凡社版『突飛なるものの歴史』の訳者解説をご覧頂ければ幸いである。

さて、そんなロミが書いた『乳房の神話学』は、先年他界した作家・出版人のジャン＝ジャック・ポーヴェール（一九二六〜二〇一四）が、ジョゼフ＝マリー・ロー・デュカ（一九一〇〜二〇〇四）監修で刊行したシリーズ「国際性愛研究叢書《そうしょ》」の第十六巻にあたる。同叢書はロー・デュカ自身の名著『エロティシズムの歴史』（出口裕弘訳。現代思潮社・北宋社）ほか、ジョルジュ・バタイユ『エロスの涙』（森本和夫訳。現代思潮社・ちくま学芸文庫）などが入った、一九六〇年代屈指のシリーズの一つである。

改めて言うまでもなく、乳房には大きく分けて性愛の面と母性の面がある。さらには中城ふみ子『乳房喪失』に代表される悲しみの可能性を併せもつ人体の重要な器官という点も忘れてはならないだろう。さりながら、アルフレッド・ド・ミュッセの芝居の題を借りて言えば、「人はすべてのことを考えることはできない」（On ne saurait penser à tout）のであり、乳房についてどの視点も満遍なく網羅して語るなどというのはロミでなくても難しい。まずは私たちの生きる根源の力たり得る性愛の面から乳房を考えるのはむしろ自然の成り行きである。そして、性愛の面から乳房について考えたのはもちろんロミだけではなかった。

本書を別にすれば、性愛における乳房について考察した本には、本書の最初の邦訳の翌年に翻訳が出たマリリン・ヤーロムの『乳房論　乳房をめぐる欲望の社会史』（平石律子訳。トレヴィル、一九九八。のち、ちくま学芸文庫、二〇〇五）がある。学問的な良書であり、翻訳も誠実で高く評価すべき一冊である。そう確言した上で書くなら、翻訳者《わたし》の贔屓目《ひいきめ》かもしれないが、ロミのほうがいっそう自由闊達《かったつ》に乳房の魅力について語っているのではなかろうか。ロミはいわゆる学者ではない。評論家ですらないだろう。好きなことはいくらでも調べて書くけれど、為にするようなことには決して筆を染めないし、頭でっかちな書生論とはもとより縁がない。世の常識に縛られることもない。あえて言えば「突飛なる市井の反画一主義的歴史家」。それがロミなのだ。

そういう歴史家が拠って立つのは飽くまで具体的逸話であって、小賢《こざか》しい理論や理窟《りくつ》ではない。理論などすぐに次の理論に取って代わられる。様々な意匠、とでも言おうか。ヴィリエ・ド・リラダンではないが、理論など家来に任せておけばいい。ロミは小声でそう呟《つぶや》いているような気がしてならない。逸話はそうした変化の波をかぶることなく、人の世の歴史のあちらこちらで闇のなかの燐光《りんこう》のように光っている。逸話の放つ力は意外に強靭《きょうじん》である。逸話はときに寸鉄人を刺す力を発揮する。たとえば、白人の女が乳房をあらわにした写真や映像にはすぐに目を剝《む》いたり亢奮《こうふん》したりするくせに、昔ふうに言えば肌の黒い「原住民」が上半身裸でいる映像がテレビで流れても何も言わない(あるいは何も感じない)のはなぜか。その根柢には単なる理論では片づかない厄介な人間の差別意識がある。ロミはそれをさりげなく示すだけだ。大上段に構えて非難するのはロミのやり方ではない。ロミが提示する逸話や図版は、どれも同列に並べられている。マリアの乳房に手を伸ばすイエスも、若い娘の乳房に触ろうとしている老人も、ルイ王朝時代の逸話も現代のヌーディスト運動も、乳房にまつわるカリカチュアも、どれが上等でどれが下劣という意識はなく、すべてが等価値の例として「この謎なるもの」乳房を讃える役割を果たしていると言えばいいか。

とは言うものの、逸話集成という形で何かについて語るという仕事は、途方もない時間と労力を必要とする。関連する逸話や図版がどこに転がっているか皆目わからないからだ。暗闇のなかを手探りで進むしかない。著作のほとんどでそのスタイルを通したロミに、私は今さらながら深い共感と深甚の敬意を覚える。

逸話や関連する図版は理論を振りかざすよりはるかに乳房の魅力を私たちに伝えてくれる。もし座右に置いて繰り返し読む乳房にまつわる本を選べと言われたら私は躊躇《ちゅうちょ》なく本書と、本書にも引かれているラモン・ゴメス・デ・ラ・セルナの散文詩集『乳房』（邦訳は抄訳。フランス語版は新書型で三百ページを優に超える）を挙げるだろう。

青土社版あとがきで書いたエピソードをひとつだけここでも書いておきたい。

一九八〇年代後半から一九九〇年代前半にかけて、夏になると毎年仕事で行っていたフランスの温泉町のヴィシーで、地元の連中とすっかり仲良くなって、夕方になると決まって町の中央広場の一角にあるカフェでペルノー片手に与太話をして過ごした。そんなある夕べのこと、目の前を、豊かな胸を昂然《こうぜん》と突き出して歩いてゆく女性がいた。隣で呑《の》んでいた水道屋のミシェルが「すげえバルコニー《ケル・バルコン》！（Quel balcon!）」とつぶやいた。さすがにそれが「大きな乳房」を意味することはわかったから、思わず目配せしたのがいけなかったのだろう、たちまちカフェは遠来のジャポネに、乳房をあらわす俗語を教える教室と化した。そのとき、ペルノー酒のもたらす酔いで朦朧《もうろう》とした頭のなかをいくつもの単語が行き来して、大小、老若、硬軟さまざまな乳房の幻影があちこちにぽこぽこ浮かんでは消えた。いわく、「愛の丘」「蜜柑《みかん》」「オレンジ」「林檎《りんご》」「皿の上の卵」「犬の枕」「頭陀袋《ずだぶくろ》」「仔《こ》牛《うし》のモツ」「クッション」「東方の美」「お転婆娘」「綿のような嘘」「煙草入れ」「毛糸の玉」「針刺」「丸太」「円球」「鏡」「山」「熱気球」「愉《たの》しむもの」「やたらに触るもの」……。その晩から数日のあいだは、何を喋っていても、興味津々、いや、正直なところ、戦々兢々《きょうきょう》とならざるを得なかった。なにしろ、フランス語はどこで裏に性的な意味が隠されているかわからない言語だからである。

むろん、中野栄三『陰名語彙』などにあるように、日本語でも男陰女陰自体の表現には事欠かないのだが、乳房に限って言えば、種々の表現に満ちたフランス語に対して、日本語の語彙《ごい》は貧しいというほかない。「乳房」（ちぶさ、にゅうぼう）「乳」「胸」「胸乳」「おっぱい」「パイオツ」「でかパイ」「巨乳」「美乳」「貧乳」等々、とかく変化に乏しい。それは語彙だけにとどまらない。辞書などでも、乳房に対して、妙に冷やかなような気がするのだ。たとえば、〈aréole〉という言葉。中型の仏仏辞典には必ず載っているこの単語に相当する日本語「乳輪」「乳暈《にゅううん》」を見出し語として載せている国語辞典はいまでこそ増えてきたものの、かつてはむしろ稀《まれ》であった。一九六〇年代半ばに出た本書『乳房の神話学』は、それゆえ、性愛だけでなく、ある種の東西文明論のきっかけにもなりうる書物として、現在も依然として有効性を失わないし、さらに言えば、性愛を性器中心主義・射精第一主義という陰湿な桎梏《しっこく》から解き放ち、恋人たちを花々の香気あふれる庭園へといざなう絶好の書物でもある。

願わくは魅力的なあまたの図版とともに、古今の詩人たちが歌った乳房の詩や数々の逸話を文字通り愉しんで頂ければと思う。

＊

本書はもともと、二〇〇九年に急逝した青土社の編集者、津田新吾さんの発案で訳したものである。津田さんはロミに関するそれまでの私の文章で本書の存在を知ったのだった。刊行は一九九七年十二月。装訂は髙麗隆彦さんだった。それから二十年近く経ち、いまでは朽ちた墓のように訪《おとな》う人もいないと思っていたら、株式会社KADOKAWA文芸・ノンフィクション局の麻田江里子さんのお目に留まることになった。老齢の訳者としては、うら若く美しい麻田さんのような有能な編集者の方が本書を読んで下さっただけで有り難いと思っていたのだが、角川ソフィア文庫に入れて下さるとのお話で、望外の喜びを味わった。幸い、青土社側も文庫化に格別難色を示すことなく、今回の出版が実現したことを、ロミのためにも、そして今は亡き津田さんのためにも寿《ことほ》ぎたい。出版社が変わっても、津田さんの努力は今また生かされたのだから。

なお、図版については版権の問題もあり、すべてそのままに収録することはできなかった。ただし、図版の位置については、必ずしも適当な場所に配置されていない場合はもっともふさわしいと判断したところへ入れて頂いた。キャプションはそのまま訳さず、わかりやすく書き直したところもある。附録としてつけた日本文学に見られる乳房に関する拙文は、青土社版ののち、拙著『乳いろの花の庭から』（ふらんす堂。一九九八）に収録されたが、今回再録するに際して、訳文や註《ちゅう》と同様、加筆修正を施した。

本文中の訳詩は文語体の場合は原則として歴史的仮名遣いにした。基本的に用字は私がふだんから使い慣れているもので統一した。

末尾になりましたが、本書の価値を認め、文庫化を進めて下さった麻田江里子さん、青土社との交渉役まで買って出て下さった大林哲也編集長に深甚の感謝を捧げます。ともに、校閲、装訂、印刷造本、製本にそれぞれ関わって下さった方々皆さまに心からお礼を申し上げます。

二〇一六年八月

高遠弘美

【著者紹介】ロミ。本名ロベール・ミケル。一九〇五〜一九九五。歴史家・小説家・シャンソン研究家・コレクター。「ビザール」誌創刊メンバー。著作は二十五点に及ぶ。おもな著書に『完全版　突飛なるものの歴史』『悪食大全』、ジャン・フェクサスとの共著で『おなら大全』『でぶ大全』（以上高遠弘美訳）、『三面記事の歴史』（土屋和之訳）などがある。

【訳者紹介】高遠弘美（たかとお・ひろみ）。一九五二年生まれ。早稲田大学第一文学部卒業、同大学院博士課程修了（フランス文学）。明治大学商学部、同大学院教養デザイン研究科教授。著書に『乳いろの花の庭から』『七世竹本住大夫　限りなき藝の道』など。訳書に、カリエール＆ベシュテル『珍説愚説辞典』、レアージュ『完訳　Ｏの物語』、プルースト『失われた時を求めて』（個人全訳中）ほか多数。

本書は、一九九七年十一月三十日に青土社より刊行
された単行本『乳房の神話学』を改訂したものです。

乳《ち》房《ぶさ》の神《しん》話《わ》学《がく》

ロミ　高《たか》遠《とお》弘《ひろ》美《み》＝訳・解説

平成28年 9月25日　初版発行
令和6年 10月25日　8版発行

発行者●山下直久

発行●株式会社KADOKAWA
〒102-8177　東京都千代田区富士見2-13-3
電話　0570-002-301（ナビダイヤル）

角川文庫 19988

印刷所●株式会社KADOKAWA
製本所●株式会社KADOKAWA

表紙画●和田三造

ISBN978-4-04-400162-9　C0139

角川文庫発刊に際して

角川源義

第二次世界大戦の敗北は、軍事力の敗北であった以上に、私たちの若い文化力の敗退であった。私たちの文化が戦争に対して如何に無力であり、単なるあだ花に過ぎなかったかを、私たちは身を以て体験し痛感した。西洋近代文化の摂取にとって、明治以後八十年の歳月は決して短かすぎたとは言えない。にもかかわらず、近代文化の伝統を確立し、自由な批判と柔軟な良識に富む文化層として自らを形成することに私たちは失敗して来た。そしてこれは、各層への文化の普及滲透を任務とする出版人の責任でもあった。

一九四五年以来、私たちは再び振出しに戻り、第一歩から踏み出すことを余儀なくされた。これは大きな不幸ではあるが、反面、これまでの混沌・未熟・歪曲の中にあった我が国の文化に秩序と確たる基礎を齎らすためには絶好の機会でもある。角川書店は、このような祖国の文化的危機にあたり、微力をも顧みず再建の礎石たるべき抱負と決意とをもって出発したが、ここに創立以来の念願を果すべく角川文庫を発刊する。これまで刊行されたあらゆる全集叢書文庫類の長所と短所とを検討し、古今東西の不朽の典籍を、良心的編集のもとに、廉価に、そして書架にふさわしい美本として、多くのひとびとに提供しようとする。しかし私たちは徒らに百科全書的な知識のジレッタントを作ることを目的とせず、あくまで祖国の文化に秩序と再建への道を示し、この文庫を角川書店の栄ある事業として、今後永久に継続発展せしめ、学芸と教養との殿堂として大成せんことを期したい。多くの読書子の愛情ある忠言と支持とによって、この希望と抱負とを完遂せしめられんことを願う。

一九四九年五月三日

角川ソフィア文庫ベストセラー

パリ、娼婦の館　メゾン・クローズ　鹿島　茂

19世紀のパリ。赤いネオンで男たちを誘う娼婦の館があった。男たちがあらゆる欲望を満たし、ときに重要な社交場になった「閉じられた家」。パリの夜の闇にとける娼館と娼婦たちの世界に迫る画期的文化論。

パリ、娼婦の街　シャン＝ゼリゼ　鹿島　茂

シャンゼリゼ、ブローニュの森、アパルトマン。資本主義の発達と共に娼婦たちが街を闊歩しはじめた。あらゆる階層の男と関わり、社会の縮図を織りなす私娼の世界。19世紀のパリを彩った欲望の文化に迫る。

大人のための世界の名著50　木原武一

『聖書』『ハムレット』『論語』『種の起原』ほか、世界の文豪や知識人たちが著した知の遺産を精選。独自の「要約」と「読みどころと名言」や「文献案内」も充実。一冊で必要な情報を通覧できる名著ガイド！

大人のための日本の名著50　木原武一

『源氏物語』『こころ』『武士道』『旅人』ほか、日本人としての教養を高める50作品を精選。編者独自のわかりやすい「要約」を中心に、「読みどころと名言」や「文献案内」も充実した名著ガイドの決定版！

日本の民俗　祭りと芸能　芳賀日出男

写真家として、日本のみならず世界の祭りや民俗芸能の取材を続ける第一人者、芳賀日出男。昭和から平成へと変貌する日本の姿を民俗学的視点で捉えた、貴重な写真と伝承の数々。記念碑的大作を初文庫化！

角川ソフィア文庫ベストセラー

日本の民俗　暮らしと生業　芳賀日出男

日本という国と文化をかたち作ってきた、様々な生業と暮らしの人生儀礼。折口信夫に学び、宮本常一と旅した眼と耳で、全国を巡り失われゆく伝統を捉えた、民俗写真家・芳賀日出男のフィールドワークの結晶。

愛の空間　男と女はどこで結ばれてきたのか　井上章一

性行為専用の空間を持ち、独特の趣向を求めるのは日本だけに見られる現象である。なぜ屋内を好み、意匠にこだわるようになったのか――。日本人の男女が愛し合う場所の変遷をたどる、性愛空間の文化史。

日本人とキリスト教　井上章一

近世から近代にかけて、日本ではキリスト教にまつわる多くの説が生まれ、流布した。奇想天外な妄説・珍説を、人々はなぜ紡ぎ出したのか。キリスト教受容をめぐる諸説をたどり、歴史が作られる謎を解明する。

旅人　ある物理学者の回想　湯川秀樹

日本初のノーベル賞受賞者である湯川博士が、幼少時から青年期までの人生を回想。物理学の道を歩き始めるまでを描く。後年、平和論・教育論など多彩な活躍をした著者の半生から、学問の道と人生の意義を知る。

性と進化の秘密　思考する細胞たち　団まりな

三八億年前、とてつもない偶然が重なり、たった一つの細胞が誕生する。この細胞が人間のような複雑な生物へ進化したのは何故か。「細胞は考える」という観点から、生命と性の秘密を易しく解きあかす生物学入門。